高等院校新形态一体化系列教材

汉语基础

主　编　季　芳　王　婷　王　蕾
副主编　孙亚利　王金兰　陈金凤　宋开春
　　　　李　国　李绍妮　李珍珍　王　梅
　　　　叶　翠　颜　彦　院继恒

中国言实出版社

图书在版编目（CIP）数据

汉语基础/季芳，王婷，王蕾主编.—北京：中国
言实出版社，2022.6
ISBN 978-7-5171-4173-0

Ⅰ.①汉… Ⅱ.①季… ②王… ③王… Ⅲ.①现代汉
语—基本知识 Ⅳ.①H109.4

中国版本图书馆CIP数据核字(2022)第087186号

汉语基础

责任编辑：史会美
责任校对：王建玲

出版发行：中国言实出版社
　　　　地　址：北京市朝阳区北苑路180号加利大厦5号楼105室
　　　　邮　编：100101
　　　　编辑部：北京市海淀区花园路6号院B座6层
　　　　邮　编：100088
　　　　电　话：010-64924853（总编室）　010-64924716（发行部）
　　　　网　址：www.zgyscbs.cn　电子邮箱：zgyscbs@263.net

经　　销：新华书店
印　　刷：廊坊市广阳区九洲印刷厂
版　　次：2023年1月第1版　2023年1月第1次印刷
规　　格：787毫米×1092毫米　1/16　16.5印张
字　　数：411千字

定　　价：49.80元
书　　号：ISBN 978-7-5171-4173-0

前言 PREFACE

"汉语基础"是汉语言文学、新闻、小学教育等专业的基础课。语言是人类最重要的交际工具和思维工具，现代汉语则是现代汉民族的交际工具，现代汉语普通话既是现代汉民族的共同语言，又是我国的通用语言。本课程具有一定的理论性和实践性，在探讨理论问题的同时，紧密联系语言运用实际。

《汉语基础》一书的编写立足基础与实践，以马克思主义理论为指导，以国家的语言文字政策为依据，吸收本学科最新的研究成果，结合现代汉语实际，系统讲授现代汉民族共同语——普通话的基础理论和基本知识，在重视内容的基础上训练基本技能，培养和提高学生理解、分析、运用现代汉民族共同语的能力，使学生在知识理论和文化素养两个方面都能够得到提高，并为其将来从事语言文字工作打好基础。

全书共分六部分，包括绪论、语音、文字、语汇、语法、修辞。从汉语言最基础的语音和文字入手，所有的知识均围绕语言要素的主要内容展开，知识点突出，行文简洁活泼，语言通俗易懂，概念阐释明晰。

本书在编写过程中做到理论结合实践，运用大量生动鲜活的例子使理论知识更加清晰，从而加深学生对概念和理论的理解，提升学生的理论水平和语言技能，以便为下一阶段的学习和日常的语言运用奠定坚实的基础。

本书在编写过程中参阅了大量相关资料，在此向所有作者表示衷心的感谢。由于编者水平有限，书中如有不足之处，敬请广大读者提出宝贵意见。

编　者

目录 CONTENTS

绪论

学习目标

1. 掌握现代汉语的含义、特点和现代汉语方言的分区。

2. 掌握现代汉语共同语和方言的相互关系以及现代汉语规范化的含义和标准。

3. 熟练掌握"语言""现代汉语""现代汉民族共同语""普通话""汉语方言"等基本概念以及现代汉语的特点。

第一节　现代汉语概说

一、现代汉语的定义

广义地说，现代汉语就是现代汉民族使用的语言，包括汉民族共同语和各种汉语方言；狭义地说，现代汉语就是现代汉民族共同语。1956 年，国务院发布《关于推广普通话的指示》，正式确定现代汉民族共同语是"以北京语音为标准音，以北方话为基础方言，以典范的现代白话文著作作为语法规范的普通话"。它提出了现代汉语在语音、词汇、语法三方面的标准，即现代汉语的规范形式、标准形式就是普通话。狭义的现代汉语一般不把"现代汉语"和"方言"并举，如一般说成"现代汉民族共同语（普通话）和方言"，而不说成"现代汉语和方言"或"现代汉语和现代汉语方言"。单独使用"现代汉语"这个概念时，一般多指现代汉民族共同语（普通话）。

知识拓展

推广普通话的意义

语言是最重要的交际工具和信息载体。在中国现代化建设的历史进程中，大力推广、积极普及全国通用的普通话，有利于消除语言隔阂，促进社会交往，对社会经济、政治、文化建设和社会发展具有重要意义。

随着改革开放和社会主义市场经济的发展，社会对普及普通话的需求日益迫切。推广普及普通话，营造良好的语言环境，有利于促进交流，有利于商品流通和培育统一的大市场。

我国是多民族、多语言、多方言的人口大国，推广普及普通话有利于增进各民族各地区的交流，有利于维护国家统一，增强中华民族凝聚力。

信息技术水平是衡量国家科技水平的标志之一，而语言文字规范化标准化是提高中文信息处理水平的先决条件。推广普及普通话和推行《汉语拼音方案》有利于推动中文信息处理技术的发展与应用。

总之，推广普及普通话有利于我国先进生产力和先进文化发展的需要，符合全国各族人民的根本利益。

二、现代汉语的地位

汉语是世界上历史悠久的、发展水平最高的语言之一。无论过去还是现在，汉语在国内国际都有很大的影响，具有重要的地位。在世界上的数千种语言中，现代汉语是使用人数最多的语言。

在国内，我国各民族的相互往来有着悠久的历史。由于政治、经济、文化等原因，各民族的语言在发展的过程中，自然地、不断地接受着汉语的影响。现在，在各少数民族地区，学习和使用汉语的人越来越多。现代汉语已不仅是占我国人口总数90%以上的汉族人民相互交际的工具，而且成为我国各民族之间最重要的交际用语。可以说，现代汉语为我国各族人民之间的交往和学习作出了积极的贡献，有力地促进了国家的统一和民族的团结。

在国际上，汉语是我们国家具有代表性的语言。1973年，联合国把汉语正式列为6种工作语言之一（另外5种是英语、法语、俄语、西班牙语、阿拉伯语）。在国际交往中，汉语发挥着重要的作用。现在，使用汉语的人数占世界人口的1/4，分布在世界各地的华侨和华裔仍在学习和使用汉语。汉语也是某些国家（如新加坡、马来西亚）使用的语言之一。自我国进入改革开放和社会主义现代化建设新时期以来，对外开放步伐加快，世界各国同我国的交往越来越频繁，我国的国际影响愈来愈显著，汉语的国际地位也在不断提高，世界各国也更加重视汉语的学习和研究。对外汉语教学成为一门新兴的语言分支学科，1993年汉语水平考试（HSK）被正式确定为国家级标准考试。

现在，中文信息处理以及自动化服务系统的研究与开发，已成为世界电子技术领域的主攻方向之一。中文信息处理中的汉字键盘输入技术、汉字自动识别技术和汉语语音识别技术，都取得了引人注目的成果，大大推动了社会文明的发展进程。可以想见，随着相关的社会科学和自然科学研究的进一步深化，汉语必将在国际范围内产生更大的影响，发挥更为重要的作用。

第二节　现代汉语共同语

一、现代汉语共同语的形成

现代汉语共同语的形成可以从书面语和口语两个方面来考察。

（1）书面语方面：以北方方言为基础的书面语经历了一个长期的发展过程，最终成为现代汉语共同语的书面形式。

一般认为，汉语共同语的书面形式在先秦时期就产生了，当时口语和书面语基本一致。但由于口语灵活多变，书面语较保守，时间一长就会发生口语和书面语脱节的情况，即"言文不一"，如嘴上说："哎呀，我真是痛苦呀！"写下来却是："呜呼，痛哉！"这种"言文不一"的情况在汉代就已经出现了（汉代出现了一批注释家，说明当时的人们已经读不懂先秦时期的作品了）。到了隋唐时期，"言文不一"的状况更加严重，人们已经很难读懂古人的作品，严重削弱了语言的交际作用。于是，一种接近口语的书面语形式开始在民间产生，这就是早期的白话文。

白话文学的源头可以追溯到唐代的变文。谈到变文就要谈到佛经。佛教自汉代传入中国，隋唐时期大盛，当时为了普及佛经的教义，许多僧人或学者对佛经进行了翻译和讲唱。从普及的角度讲，宣讲佛经的对象主要是市民阶层，因此在翻译佛经著作时，往往带有明显的口语化色彩。

宋元时期产生了话本小说，这是白话小说的雏形，文字通俗，多以历史故事和当时的社会生活为题材，是宋元民间艺人说唱的底本。古人把讲故事称为"话"，话本就是故事的底本。因为讲故事的对象是市民阶层，所以口语化程度很高。

明清时期，在宋元话本小说的基础上涌现出大量的白话小说，如《红楼梦》《西游记》《水浒传》《儒林外史》《三国演义》等。这批艺术成就极高的白话小说广泛流传，使北方方言成为最有影响力的方言。

五四时期，长期流传在民间的这种白话文日臻成熟。五四运动中，陈独秀主编的《新青年》杂志高举"废除文言文，提倡白话文"的旗帜，在全国发动白话文运动，使白话文最终取代文言文成为文学语言的正统。

（2）口语方面：北方方言的代表——北京话，有着特殊的地位，它在全国范围内广泛传播，逐步发展成为现代汉语共同语的口语形式。

在白话文学作品流传的同时，北京话作为政府的通用语言，也逐步传播开来，并成为各方言区之间共同的交际工具。北方方言区的中心——北京，从元代以来一直是中国政治、经济和文化的中心。来自全国各地的官员都不同程度地受到北京话的影响，同时又把北京话带到他们任职的非北方方言区，因此逐渐确立了其官话的地位。这种形成中的民族共同语在明清时代被称为"官话"，清末正名为"国语"。进入20世纪，辛亥革命、五四运动相继发生，加快了现代汉语共同语的发展。特别是在清朝后期开展的国语运动中，一些进步的知识分子提出"言文一致"和"国语统一"，又在口语方面增强了北京话的代表性，促使北京语音成为汉语共同语的标准音。这对汉语共同语地位的进一步确立及在更广阔范围的推广，产生了积极的影响。中华人民共和国成立后，"国语"这一称呼在我国大陆被含义明确的"普通话"所取代，普通话在全国范围内得到了前所未有的推广和普及。

在现代汉语共同语的形成过程中，口语和书面语两种存在形式相互影响、相互结合，共同促进了现代汉语共同语的形成，并使其不断完善和发展。

二、现代汉语共同语的特点

（一）同印欧语系语言相比显现的特点

（1）语音方面：汉语是有声调的语言，声调是音节的重要组成部分，具有音位价值；在音节中元音占优势，没有复辅音；音节总数有限，音节简短，界限分明。

汉语的每个音节都有声调，声调的高低升降变化不仅使汉语富有音乐性，而且具有区别意义的作用。印欧语则属于非声调语言，词的意义与音节的高低升降没有关系。

元音是汉语一般音节中不可缺少的成分。一般情况下，音节中必须有元音，且元音最多可有三个，而且连续排列。汉语不是每个音节都有辅音，而且没有复辅音，辅音只能出现在音节的开头，只有少数可以出现在结尾。

汉语的基本音节只有410个左右，加上不同的声调，总共也只有1300多个。印欧语音节的总数则大大超过汉语。

（2）词汇方面：现代汉语按语素可分为单纯词和合成词。在日常应用中，合成词占绝对优势。汉语构词主要采用词根复合法，其词法关系与句法关系基本相同，即语素与语素组成词跟词与词组合成短语的构造规则基本一致。而在印欧语中，附加式构词法是主要的构词方式。

（3）语法方面：现代汉语缺乏形态变化，表现语法意义最重要的手段是词序和虚词；词类具有多功能性；与句法成分之间不存在简单的对应关系；句子和短语的构造规则基本一致；量词十分丰富。

现代汉语没有严格意义上的形态变化。虽然有些词和词形的变化，但数量很少，不是严格意义上的形态变化。如在表示"人"的普通名词后加"们"表示复数，在动词后加"着""了""过"表示"态"，等等。

语言的魔术

现代汉语实现语法意义的手段主要是词序和虚词。如"他打我"中的"他"是主语，我们是通过"他"的位置——在动词前面判断出来的，而不是像英语那样用"he"这样的形式来表示。

现代汉语中，同一类词可以在句子中充当多种成分，反之，同一种句子成分又可以由几类词充当。所以，现代汉语的词类和句法成分之间不是印欧语那样比较简单的对应关系。

现代汉语中，无论是语素组合成词，还是词组合成短语，或是词和短语组合成句子，都有主谓、动宾、补充、偏正、联合 5 种基本的语法结构关系。

现代汉语量词十分发达。当数词和名词结合时，数词后面一般要用量词，而且不同的名词要求用不同的量词，如"一头牛""两匹马"等。

（二）同古代汉语相比显现的特点

（1）语音方面：语音系统总体上有简化趋势，现代汉语共同语没有入声。

（2）词汇方面：古代汉语中，单音节词占优势；现代汉语中，双音节词占优势。如"月→月亮""木→木头""目→眼睛"。

由单音节词占优势发展为双音节词占优势，可以使表义更加精细。如"护"在古汉语中有很多意义相近的词义，但发展成为双音节词后就可以明确了，如"护→爱护、保护、庇护、辩护、防护、监护、救护、看护、守护、袒护、维护、卫护、掩护、养护"等。

（3）语法方面：现代汉语中量词越来越丰富；先秦时代没有的动态助词已成为常用的词类，"把"字句、"被"字句成为基本的句法结构和句式；词类活用现象显著减少；代词宾语在否定句、疑问句中的位置发生改变；句子连带成分增多，结构更加复杂，表意更加确切、严密。

古代汉语量词不多，数词常与名词直接组合。在现代汉语中，数词一般不直接修饰名词，而要同量词组合成数量短语，所以量词日渐丰富。现在常用的"把"字句、"被"字句也是古代汉语没有的句式。

词类活用现象在古代汉语中十分常见。如"老吾老，以及人之老"（《孟子·梁惠王上》）中第一个形容词"老"活用作动词。这种现象在现代汉语中已不常见。

先秦时期，宾语前置是句法结构上一个很突出的特点。如"我无尔诈，尔无我虞"（《左传·宣公十五年》），否定句中代词宾语"尔""我"分别放在动词"诈""虞"前面。在现代汉语中，无论否定句还是疑问句，宾语一般都放在动词后面。

现代汉语的句子，特别是书面语句子，短语充当句法成分的现象很常见，附加成分明显增多，还常有多层次的定语、状语，句式有所增长，结构趋于复杂，表意也更为精确。

思政小课堂

第三节　现代汉语方言

现代汉语方言是现代汉语的地域分支，俗称地方话，只通行于某一地域，具有地方性特征。同一个民族的各种地方方言和这个民族的共同语，一般总表现出"同中有异，异中有同"的语言特色。汉语共同语和方言之间存在着明显的差异，甚至有的方言与方言之间不能直接通话；但是汉语共同语和汉语方言之间有着共同的历史来源，语音上有整齐的对应关系，基本语汇和语法系统也大体相同。因此汉语方言并不是独立的语言，而是从属于汉民族共同语的，是汉语的地域分支。汉语各方言之间的差异，语音方面最大，语汇方面次之，语法方面较小。

为了更好地学习和推广普通话，有利于全民的社会交际，我们应该了解现代汉语方言的基本情况，找出方言与普通话的对应规律。

一、现代汉语方言的分区

关于汉语方言的分区，目前主要有两种意见。

（一）七区说

1.北方方言

北方方言（官话）是现代汉民族共同语的基础方言，以北京话为代表，内部一致性较强。在汉语各方言中，它的分布地域最广，使用人口约占汉族总人口的37%。

北方方言可分为四个次方言：①华北、东北方言，分布在北京、天津两市以及河北、河南、山东、辽宁、吉林、黑龙江等省，还有内蒙古自治区的一部分地区。②西北方言，分布在山西、陕西、甘肃等省和青海、宁夏、内蒙古、新疆等省、自治区的一部分地区。③西南方言，分布在四川、云南、贵州等省及湖北大部分（咸宁地区除外）、广西西北部、湖南西北部等。④江淮方言，分布在安徽省、江苏省长江以北地区（徐州、蚌埠一带除外）、镇江以西九江以东的长江南岸沿江一带。

2.吴方言

吴方言（吴语）以苏州话为代表（也有人认为应以上海话为代表），使用人口约占汉族总人口的7.2%，分布地域包括上海市，江苏省长江以南、镇江市以东地区（不包括镇江），南通市的小部分，浙江省大部分。吴方言内部也有一些分歧现象，如杭州地区的吴语就带有浓厚的官话色彩。

3.湘方言

湘方言（湘语）以长沙话为代表，使用人口约占汉族总人口的3.2%，分布在湖南省大部分地区（西北部除外）。湘方言内部有新湘语和老湘语的差别。新湘语通行于长沙等较大城市，受北方方言的影响较大。

4.赣方言

赣方言（赣语）以南昌话为代表，使用人口约占汉族总人口的3.3%，分布在江西省大部分

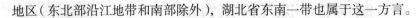

地区（东北部沿江地带和南部除外），湖北省东南一带也属于这一方言。

5.客家方言

客家方言（客家话）以广东梅县话为代表，使用人口约占汉族总人口的 3.6%。客家人分布在广东、福建、台湾、江西、广西、湖南、四川等省、自治区，其中以广东东部和北部、福建西部、江西南部和广西东南部为主。客家人从中原迁徙到南方，虽然居住分散，但客家方言仍自成系统，内部差别不太大。四川客家人与广东客家人虽相隔千山万水，彼此仍可交谈。

6.闽方言

闽方言（闽语）的主要分布区域跨越六省，包括福建和海南的大部分地区，广东东部潮汕地区及雷州半岛部分地区，浙江南部温州部分地区，广西的少数地区，台湾的大多数汉族人居住区。使用人口约占汉族总人口的 5.7%。

闽方言内部分歧较大，现在一般将其分为五个次方言：闽东、闽南、闽北、闽中、莆仙方言。闽东方言以福州话为代表；闽南方言以厦门话为代表；闽北方言以建瓯话为代表；闽中方言以永安话为代表；莆仙方言以莆田话为代表。

7.粤方言

粤方言（粤语）以广州话为代表，使用人口约占汉族总人口的 4%。分布在广东中部、西南部和广西东部、南部等区域。它也是香港、澳门同胞的主要交际工具。粤方言内部分歧不大，四邑（台山、新会、开平、恩平四县）粤语、桂南粤语等虽都各有一些有别于广州话的语音特色，但仍能用来相互交谈。

（二）十区说

方言分区是以方言调查研究为基础的。随着调查研究工作的深入，人们对汉语方言分区的理论认识越来越深刻，分区也越来越精细。20 世纪 80 年代，由中国社会科学院组织编写的《中国语言地图集》，根据前人的研究和新近的调查，提出了新的汉语方言的分区理论和分区意见。

方言区的划分主要依据的是两条标准：一是古入声字的演变，据此区分官话区和非官话区，官话方言除江淮官话外古入声字今不读入声，非官话方言古入声字今仍读入声；二是古浊音声母字的演变，据此划分九个非官话方言区。

在方言分区的层级上，按五个层次来划分：大区—区—片—小片—点。

按这一理论，现代汉语方言分为十个区：官话区、晋语区、吴语区、徽语区、湘语区、闽语区、粤语区、平话区、赣语区、客家话区。

其中，官话区是大区，下面又分为八个区：东北官话区、北京官话区、冀鲁官话区、中原官话区、兰银官话区、西南官话区、胶辽官话区、江淮官话区。

相对官话区而言，其他九区是非官话区。

二、共同语和方言的关系

方言是形成共同语的基础，在共同语形成之后，则是共同语的分支或变体。共同语在一种方言的基础上形成以后，其他方言在交际中服从于共同语，但共同语并不排斥其他方言中有用的成分，相反，它还会吸收其他方言中有用的成分来丰富自己。因此，方言是共同语的源泉，共同语则对方言有影响和规范的效果。

第四节　现代汉语规范化

现代汉语的规范化是指根据汉语发展的内部规律并结合汉语的习惯用法，确定现代汉语在语音、词汇、语法等方面的标准。

一、现代汉语规范化的必要性

现代汉语规范化的意义在于建立统一、明确、共同遵守的标准，以利于正确表达和理解。现代汉语规范化的必要性，可以归纳为以下几点。

（1）语言的本质在于应用，其生命力在于交际行为中的信息沟通。

（2）语言的发展是约定俗成的过程，规范化就是不断地进行约定俗成。

（3）我国人口众多，需要规范的现代汉语。

（4）现代汉语是联合国工作语言之一，统一现代汉语规范，可以使现代汉语更好地走向国际舞台。

（5）信息处理、人机对话、信息档案、语音识别与合成等，都需要有规范的处理对象、形式，便于计算系统的识别与处理。

（6）网络的发展、网络文化的广泛传播及网络资源的开发建设与利用，也亟须将现代汉语规范化。

二、现代汉语规范化的标准

现代汉语规范化的标准主要包括语音、词汇、语法和文字 4 个方面。

（1）语音方面，以北京语音为标准音。共同语的语音通常以基础方言的代表话的语音系统为标准。在现代汉语共同语的形成过程中，事实上已经确立了北京语音的标准音地位。

当然，以北京语音为标准音，并不是表明北京语音都是规范的，都能成为民族共同语的标准音。北京语音也是一种方音，它也有自己的方言土语。如"学一学（xiáo）、忒（tuī）坏了、比较（jiǎo）"等，同样也需要加以规范。

（2）词汇方面，以北方话词汇为基础。现代汉语共同语是在北方方言的基础上形成的，北方方言词汇自然是共同语词汇的基础和主要来源。但是共同语词汇的范围要比北方方言词汇的范围大，因为共同语词汇除了北方方言词语以外，还要从其他方言中吸收有用的词汇成分，比如"恼火、门道、二流子"等。此外，还要继承一些仍有生命力的古语词，并借用一些其他民族语言的词语。共同语词汇虽然是以北方方言词汇为基础的，但并不是所有的北方方言词语都能成为共同语，其中某些土语成分是要舍弃的。比如，"玉米"一词，在北方方言中就有"苞米"（东北）、"棒子"（河北、山东）、"玉茭"（山西）等多种说法，这些词语的使用范围较小，并未纳入共同语。

（3）语法方面，以典范的现代白话文著作为语法规范。所谓典范的现代白话文著作，是指为广大群众所认可的、具有广泛代表性的著作。它们是经过加工和提炼了的规范的文学语言，可以把规范的标准固定下来，便于人们遵循。但应该指出的是，以典范的现代白话文著作为语法规范，是指它具有普遍性的一般用例，并不包括特殊的个别用例。

（4）文字的标准。文字是记录语言的书面符号系统。文字规范不仅包括汉字规范，还包括书面汉语中的一切非汉字符号规范。

关于汉字，主要规范以下内容：以简化字为规范字；整理和淘汰异体字；纠正错别字；反对乱造滥用不规范简化字。

关于非汉字符号，主要规范以下内容：字母、数字使用法和标点符号使用法等。

1. 什么是现代汉语共同语？现代汉语共同语和方言之间的相互关系是什么？

2. 现代汉语规范化的标准是什么？

3. 现代汉语方言可以分成哪几个区？你的家乡话属于哪个方言区？举例说明你的家乡话跟普通话有什么不同。

第一章

语音

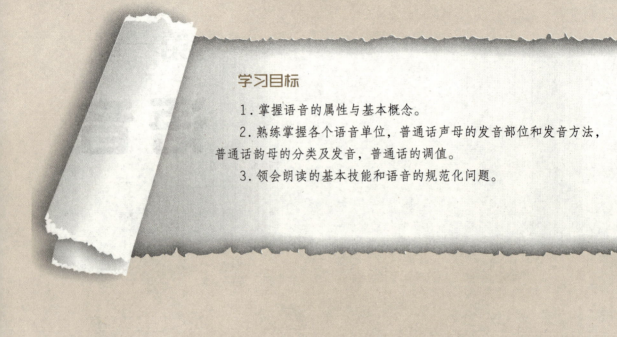

学习目标

1. 掌握语音的属性与基本概念。

2. 熟练掌握各个语音单位，普通话声母的发音部位和发音方法，普通话韵母的分类及发音，普通话的调值。

3. 领会朗读的基本技能和语音的规范化问题。

第一节　汉语语音概说

一、语音及其属性

语音是由人的发音器官发出的表达一定意义的声音，是语言的物质外壳。发音器官活动部位和活动方式的不同，决定了语音的不同性质，这种性质是语音的生理性质。语音发出以后，同自然界的其他声音一样，表现为声波，具有声学性质。语音的生理性质和声学性质，属于其自然性质。另外，语音作为语言符号的形式，其功能是区分不同的语言符号。而某种语音能否区分不同的语言符号，不仅仅取决于语音的生理性质和声学性质，更主要的是取决于语言使用者所处的社会环境。所以，语音还具有社会性质。

思政小课堂

（一）语音的生理性质

语音是由人类的发音器官发出来的声音，因此，我们可以从生理的角度来考察语音的性质。人类的发音器官可以分为 3 大部分。

（1）肺、支气管、气管。这部分发音器官只起供气和通气作用。肺供气，支气管和气管通气。

（2）喉头和声带。喉头上通咽头，下连气管，起通道作用。声带位于喉头中间，是两片富有弹性的薄膜。两片声带之间的空隙叫声门。从肺部呼出的气流通过声门时，引起声带振动，发出声音。人们控制声带的松紧变化，可以发出高低不同的声音。因此，声带在发音中起重要作用。

（3）咽腔、口腔和鼻腔。咽腔是气流的通道和共鸣器，上通鼻腔，下通喉头。口腔和鼻腔靠软腭和小舌隔开。软腭和小舌上升时，鼻腔闭塞，口腔畅通，这时发出的音叫口音。软腭和小舌下垂时，口腔某部位闭塞，气流只能从鼻腔呼出，这时发出的音叫鼻音。鼻腔一方面是通道，另一方面也用来发音，气流通过鼻腔时摩擦鼻腔四壁而出声。此外，鼻腔也是共鸣器，发口音时，气流虽然不通过鼻腔，但也发生共振，如果鼻腔不通气，音质就会受影响。

人类的发音器官如图 1-1 所示，它有助于我们了解发音器官的各个部位，便于掌握普通话每个音的特点。

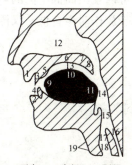

1—上唇；2—下唇；3—上齿；4—下齿；5—齿龈；6—硬腭；7—软腭；8—小舌；9—舌尖；
10—舌面；11—舌根；12—鼻腔；13—口腔；14—咽头；15—会厌；16—食道；
17—气管；18—声带；19—喉头

图 1-1　发音器官示意图

人类无论是说话还是呼吸时，无论是发乐音还是噪音时，气流都要通过声带。说话时，声门闭合，从肺中呼出的气流冲击声带；呼吸时，声门大开，让气流畅通。声带的活动如图1-2所示。

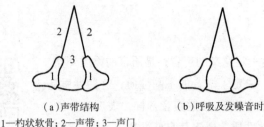

（a）声带结构　　　　　　　（b）呼吸及发噪音时　　　　　（c）发乐音时

1—杓状软骨；2—声带；3—声门

图1-2　声带及声带活动示意图

（二）语音的声学性质

语音同自然界的其他声音一样，产生于物体的振动，因此，从声学角度看，语音也同样具有音高、音强、音长、音色四个要素。

1. 音高

音高指声音的高低。声音的高低取决于发音体在一定时间内振动次数的多少。在同一时间内，振动次数多（频率大）的声音高，振动次数少（频率小）的声音低，如图1-3所示。

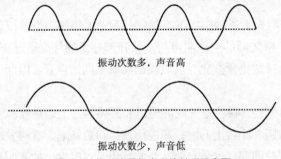

振动次数多，声音高

振动次数少，声音低

图1-3　振动次数与音高的关系示意图

语音的高低同人们声带的长短、厚薄松紧有关。一般来说，成年女子和孩子的声带较成年男子的声带要短些、薄些，发音时，在同一单位时间里，振动次数要多些，所以声音高。成年男子的声带较成年女子和孩子的声带长些、厚些，发音时，在同一单位时间里，振动的次数少些，所以声音低。同一个人可以发出高低不同的声音，这是因为人们能够控制自己声带的松紧。声带拉紧时声音高，声带放松时声音低。汉语声调的高低变化，主要是由音高不同形成的。例如：

兵——声音高而平；

强——声音由中升高；

马——声音由半低降低，再升到半高；

壮——声音由高直降到低。

2. 音强

音强指声音的强弱。声音的强弱取决于发音体振动幅度（振幅）的大小。振幅大，声音就强；振幅小，声音就弱。语音的强弱同发音时呼出的气流量的大小（即气流冲击声带力量的强弱）有关。呼出的气流量大，冲击声带的力量强，声音就强；反之，呼出的气流量小，冲击声带的力量弱，声音就弱。

声音的强弱同撞击物体时力度的大小有关系。用力大，物体振动的幅度大，声音就强；用力小，物体振动的幅度小，声音就弱。普通话里的轻声与重音就是由不同的音强形成的。例如，"莲子"与"帘子"中都有"子"，前者要读上声，后者则读轻声。由于两个"子"的音强不同，从听感上就能区别其意义：前者有"籽实"之意，意义是实在的；后者意义较虚，属于附加语素。

3. 音长

音长指声音的长短。声音的长短取决于发音体振动持续时间的长短。振动时间久，声音就长；反之则短。在言语发声中，音长通常指音节的长短。音长的变化直接影响言语的速度，并且是组成言语节奏的重要因素。

音长也有区别意义的作用，但在普通话中不太明显。方言中多有这种情况。

4. 音色

音色指声音的特色，也可以说是语音的本质，所以又称为音质。不同的音色是由于音波振动的形式不同而形成的，它是一个声音区别于其他声音的基本特征。

音色的不同，大体是由以下三个条件决定的。

第一，发音体不同。例如，锣和鼓都是打击乐器，锣是金属的，鼓是皮面的，由于是不同的发音体，它们有自己的声音特色。两个人说同样的话，由于不同的人的声带等发音体有细微的差别，因此每个人的声音也就不同。

第二，发音方法不同。例如，二胡和琵琶同是弦乐器，二胡是用弓拉，琵琶是用手指弹拨，不同的发音方法，使它们的音色不同。语音也一样，相同器官发出的音，送气和不送气会形成音色不同的两个音。

第三，共鸣器的形状不同。例如，小提琴和二胡虽然同是用弓拉的乐器，但由于小提琴的共鸣箱是扁平的，二胡的共鸣箱是圆筒形的，因而演奏时各具特色。语音也一样，口腔闭合一点或张大一点，发出的音是不同的。

任何声音都是音高、音强、音长、音色的统一体，语音也不例外。其中，音色是语音中用来区别意义的最重要的要素。在普通话中，音高的作用也特别重要。

（三）语音的社会性质

声音和意义本来没有必然的联系，用什么样的声音形式表达什么样的意义，这是一个民族的社会成员在漫长的社会发展中约定俗成的。一种语言所用词的音义结合，只有得到该民族全体社会成员的认可才能成立。所以，社会属性是语音的本质属性，也是语音区别于自然界其他声音的重要标志。

语音的社会性质主要从地方特征和民族特征两个方面反映出来。由于地域不同，各地发音习惯也不尽相同。例如，某些地区的人把"兰"lán和"南"nán混同，这是因为不少方言没有或读不准n音。用普通话对照，n和l区别很大：n是鼻音，l是边音。再如，普通话有些辅音声母有不送气和送气的区别，"波" bō和"坡" pō不同，就在于b是不送气音，p是送气音，因而使"波"和"坡"的意义不同。但英语的辅音就没有送气与不送气的区别，因此两个民族的语言系统就不相同。

语音是为交际服务的，什么样的声音代表什么样的意义，什么样的意义用什么样的声音来表示，并不取决于声音本身，而是与这个社会共同体的历史发展相联系的。因此，语音的社会性质是由语音的社会作用决定的。

> ### 📦 知识拓展
>
> #### 语音学及其分支
>
> 语音学就是研究语音的学科。它主要研究语音的各种性质，各种语音单位的区别、结构和功能，以及语音的各种变化规律。语音学可以从不同的角度划分出若干分支。
>
> 从研究对象的数量来看，语音学可以分为普通语音学和具体语音学。普通语音学研究人类所有语音的普遍特征，及相互之间的异同；具体语音学研究各个具体的语言的语音系统，如汉语语音学、英语语音学等。
>
> 从研究对象的时间来看，语音学可分为共时语音学和历时语音学。共时语音学研究某种语言一定时期内语音系统的面貌；历时语音学研究某种语言不同时期语音系统的变化。
>
> 从研究对象的性质来看，语音学可分为生理语音学、声学语音学和音系学。生理语音学研究语音的生理性质，即研究语音与发音器官的关系；声学语音学研究语音的声学性质，包括计算机语音识别和语音合成；音系学研究语音的社会性质，即根据语音的社会功能来研究某种语言的语音系统。
>
> 此外，利用实验仪器和实验手段来研究语音的是实验语音学。
>
> 上述语音学的分支是从不同的角度划分的，所以各个分支有交叉现象。即使是从同一个角度划分出来的分支，也存在着相互渗透的现象。如生理语音学、声学语音学和音系学三者就是相互渗透的，因为语音的三种性质本来就是相互联系的。

二、语音的单位

（一）音节、音素、音位

1. 音节

音节是语音的基本结构单位，也是语音里最自然、听觉上最容易分辨出来的单位。一般来说，一个汉字就代表一个音节，例如，"需要是发明之母" xūyào shì fāmíng zhī mǔ七个汉字就是七个音节。只有少数儿化的音节，如"花儿"写作两个汉字，却是一个音节 huār。

2. 音素

音素是从音色角度划分出来的最小的语音单位。把一个音节按音色的不同进一步分析，就可以得到一个个最小的各有特色的语音单位。一个音节可以由多个音素构成，也可以由一个音素构成。

国际音标表

音素一般用国际音标（IPA）标记。国际音标是国际上通行的一种记音符号，用国际音标记音，一般用方括号［］标明。

知识拓展

音素和字母的关系

音素和字母是两个不同的概念。音素是从音色的角度划分出来的最小的发音单位，而字母则是拼音文字或注音符号的最小的书写单位。

就作为注音符号的《汉语拼音方案》来说，音素和字母有3种关系：

（1）一对一的关系，即一个音素用一个字母表示。例如：b、p、m、a、o、e。

（2）一对多的关系，即一个音素用两个字母来表示。例如：zh、ch、sh、ng、er。由于这5个音素各是一个发音单位，《汉语拼音方案》规定，在给汉字注音时为了使拼式简短，前面4个音素可以分别省作ẑ、ĉ、ŝ、ŋ；而er没有省写式。

（3）多对一的关系，即几个音素用同一个字母来表示。例如："批pi"的韵母i[i]、"姿zi"的韵母i[ɿ]、"知zhi"的韵母i[ʅ]，这3个音素都用字母i来表示。

属于拼音文字的英文、法文等，音素和字母之间也存在着以上种种复杂的情况。

音素可以分为元音和辅音两大类。

（1）元音。发音时，气流通过咽腔、口腔不受阻碍而发出的音是元音。元音的不同主要取决于共鸣腔的形状。口腔内的各个发音器官互相配合，就能形成不同形状的共鸣腔，从而形成不同的元音。元音可分舌面元音、舌尖元音和卷舌元音三大类。舌面元音又根据舌位的高低、前后和嘴唇的圆展来区分。舌尖元音和卷舌元音是汉语的特点，其他语言一般没有这两种元音。

（2）辅音。发音时，气流通过咽腔、口腔受到阻碍而发出的音是辅音。辅音的不同主要取决于发音部位和发音方法的不同。发音部位是形成阻碍的部位，发音方法是形成和克服阻碍的方法。根据发音部位不同，辅音可分为双唇音、唇齿音、齿间音、舌尖前音、舌尖后音、舌叶音、舌面音、舌根音、小舌音、喉音等。根据发音方法不同，辅音可分为塞音、擦音、塞擦音、鼻音、边音、颤音、闪音及半元音等。此外，辅音还可分为清音（不带音）和浊音（带音），送气音和不送气音等。

3.音位

音位是一个语音系统中能够区别意义的最小的语音单位，是根据语音的辨义作用归纳出来的音素的类群。音位具有以下基本特点：

（1）音位属于一个具体的语言，如汉语的音位不同于英语的音位。没有超语言的音位，这也是音位区别于音素的根本所在。

（2）音位具有区别词的语音形式，进而区别词的意义，例如，ban（班）和pan（潘）意义不同，就是因为b和p区别了两个字的语音，进而使得两个字的意义也得到了区别。

（3）音位是具有区别词的语音形式作用的最小的语音单位。如han（韩）和nan（南）有区别意义，但它们不是最小的单位，不属于音位。而切分出来的h和n则能起到区别词的语音形式的作用，它们不能再分割，是最小的单位，属于音位。

普通话的音位可以分为元音音位、辅音音位、声调音位（调位）3类。

4.声母、韵母、声调

汉语传统音韵学把汉字的字音分为声母、韵母、声调3个部分，被称为音节的三要素。它们的关系如图1-4所示。

调	
声	韵

图1-4 声、韵、调关系图

（1）声母是汉字字音开头的辅音。

（2）韵母是汉字字音中声母后面的部分。元音是韵母的主要成分，韵母中出现的辅音只限于鼻音n和ng两个，而且只能在元音之后。

（3）声调是指一个音节高低升降的变化，这种高低升降的变化取决于音高。

普通话音节（或字音）的三要素缺一不可，有些音节开头部分没有辅音，称为"零声母"音节。"零声母"不等于没有声母，例如，"阿姨"ā' yí两个音节都是零声母音节。

（二）音位与音素的关系

音位和音素既有区别，又有联系。

（1）二者的划分角度不同。音素是从语音的自然属性角度划分出来的最小语音单位；音位是从语音的社会属性角度划分出来的最小语音单位。所以，一个最小语音音位，它的身份往往是双重的。如a既是音位又是音素。

（2）划分音素的目的是认识语音单位的构成特点；划分音位的目的是认识语音单位在语言体系中区别意义的功能。

（3）音位的划分离不开音素，要以音素为基础。一个音位可以由一个音素构成，也可以由一组音素构成。

（三）音质音位和非音质音位

1. 音质音位

音质音位是以音质为语音形式的音位，又叫音段音位。音质音位在任何语言中都是主要的音位。

2. 非音质音位

非音质音位是以音高、音长、音强为语音形式的音位，又叫超音质音位或超音段音位。非音质音位包括调位、时位和重位3种。

（1）调位是用音高变化区别语言符号的音位，也叫声调。汉语的四种声调，就是用音高变化来区分不同语言符号的，如"疤"（bā）、"拔"（bá）、"靶"（bǎ）、"罢"（bà）。

（2）时位是用音长的不同来区别语言符号的音位。如英语eat[iːt]（吃）和it[It]（它）包含的音素相同，但前者的元音是长元音，后者的元音是短元音。

（3）重位是用音强不同来区别语言符号的音位。如英语permit，重音在前一音节时为名词

"许可证"，重音在后一音节时为动词"允许"。

非音质音位往往不是单纯的，常以一种因素为主，也兼有其他因素。例如，汉语四种声调的主要差别是音高，同时音长也有差别。英语的重音变化，往往也引起音质的变化。

（四）音位变体

1. 音位变体的定义

同一个音位的不同语音形式，就是这个音位的音位变体。对于音质音位来说，同一个音位的不同音质形式（音素），就是音质音位的音位变体。如汉语的 /a/ 音位包括 [a]、[A]、[ɑ]、[ɛ] 四个不同的音素，它们就是 /a/ 音位的四个音位变体。对于调位来说，属于同一个调位的不同音高形式就是这个调位的音位变体。

2. 音位变体的类型

音位变体一般可分为条件变体和自由变体两类。

属于同一个音位，只能在不同条件下出现的音位变体，就是音位的条件变体。各条件变体之间是互补关系，不能出现在相同条件下。如汉语 /a/ 音位的四个变体 [a]、[A]、[ɑ]、[ɛ]，就是条件变体。/a/ 在韵尾 [n]、[i] 前（没有韵头）时读 [a]，在韵尾 [N]、[u] 前读 [ɑ]，在韵头 [i]、[y] 和韵尾 [n] 中间读 [ɛ]，没有韵尾时读 [A]。

属于同一个音位，可以自由替换的音位变体，就是音位的自由变体。所谓自由替换，就是指各个音位变体在相同的条件下，可以互相替换而不改变意义。例如，兰州话中 [n] 和 [l] 可以混读。

第二节 汉语语音系统

一、声母

扫一扫 练一练

（一）声母的性质

声母是汉语音节开头的部分，以辅音为主。

普通话共有 21 个辅音声母，它们是 b、p、m、f、d、t、n、l、g、k、h、j、q、x、zh、ch、sh、r、z、c、s。每一个辅音的发出，都受到发音部位和发音方法两个方面的制约，所以声母的发音取决于发音部位和发音方法。

（二）声母的分类

1. 按发音部位分类

发音部位是指发音器官阻碍气流的部位。普通话 21 个辅音声母共有以下 7 种不同的发音部位。

（1）双唇音 b、p、m：发音时，由上唇和下唇形成阻碍。

（2）唇齿音 f：发音时，由上齿和下唇形成阻碍。

（3）舌尖前音 z、c、s：发音时，舌头平伸，让舌尖与上齿背形成阻碍。

（4）舌尖中音 d、t、n、l：发音时，舌尖抵住上齿龈形成阻碍。

（5）舌尖后音 zh、ch、sh、r：发音时，舌尖上翘，与硬腭前部形成阻碍。

（6）舌面音 j、q、x：发音时，舌面前部与硬腭形成阻碍。

（7）舌根音 g、k、h：发音时，舌根与软腭形成阻碍。

2. 按发音方法分类

发音方法是指发音时发音器官调节气流的方法，包括阻碍气流的方式、声带是否振动、气流的强弱 3 个方面。

（1）根据阻碍气流的方式，普通话的 21 个辅音声母共分为以下 5 种。

①塞音 b、p、d、t、g、k：发音时，形成阻碍的部位完全闭塞，阻住气流，然后突然放开，使气流爆发成声。

②擦音 f、s、sh、r、x、h：发音时，形成阻碍的部位接近，形成窄缝，气流从中通过时摩擦成声。

③塞擦音 z、c、zh、ch、j、q：发音时，形成阻碍的部位先是完全闭塞，阻住气流，然后慢慢放开，形成一条窄缝，让气流从窄缝中挤出，摩擦成声。

④鼻音 m、n：发音时，口腔通路完全闭塞，气流从鼻腔通过形成鼻音。

⑤边音 l：发音时，舌尖上抬与上齿龈形成阻碍，阻塞气流，然后让气流从舌头两边流出。

（2）辅音可根据声带振动与否分为清音和浊音。

①发音时声带不振动的叫清音。普通话 21 个辅音声母中有 17 个是清音：b、p、f、d、t、g、k、h、j、q、x、zh、ch、sh、z、c、s。

②发音时声带振动的叫浊音。普通话 21 个辅音声母中只有 4 个是浊音：m、n、l、r。

（3）辅音还可根据气流的强弱分为不送气音和送气音，它们只出现在塞音和擦音声母中。

发音时没有明显气流冲出的叫不送气音，有 b、d、g、j、zh、z。

发音时有一股较强的气流冲出的叫送气音，有 p、t、k、q、ch、c。

全面认识辅音声母的发音部位和发音方法，可以帮助我们准确地理解每一个辅音的发音特点。

普通话各个辅音声母的发音部位与发音方法见表 1-1（注：后鼻音 ng 不能做声母）。

表 1-1　普通话辅音声母发音表

发音部位		发音方法						
		塞音		塞擦音		擦音		鼻音	边音
		清音		清音		清音	浊音	浊音	浊音
		不送气音	送气音	不送气音	送气音				
双唇音	上唇下唇	b[p]	p[p']					m[m]	

发音部位		发音方法							
		塞音		塞擦音		擦音		鼻音	边音
		清音		清音		清音	浊音	浊音	浊音
		不送气音	送气音	不送气音	送气音				
唇齿音	上齿下唇					f[f]	(v[v])		
舌尖前音	舌尖上齿背			z[ts]	c[ts']	s[s]			
舌尖中音	舌尖上齿龈	d[t]	t[t']					n[n]	l[l]
舌尖后音	舌尖硬腭前			zh[tʂ]	ch[tʂ']	sh[ʂ]	r[zɻ]		
舌面音	舌面硬腭前			j[tɕ]	q[tɕ']	x[ɕ]			
舌根音	舌根软腭	g[k]	k[k']			h[x]		(ng)[ŋ]	

下面对声母的发音部位和发音方法逐一描写说明，并举例练习。

b	双唇、不送气、清、塞音	例如：标兵　奔波　背包　报表　半边　颁布
p	双唇、送气、清、塞音	例如：乒乓　偏僻　拼盘　琵琶　澎湃　批判
m	双唇、浊、鼻音	例如：美妙　面貌　眉目　命名　买卖　门面
f	唇齿、清、擦音	例如：奋发　非法　芬芳　反复　防范　丰富
z	舌尖前、不送气、清、塞擦音	例如：总则　最早　自尊　藏族　祖宗　造字
c	舌尖前、送气、清、塞擦音	例如：参差　层次　从此　残存　粗糙　草丛
s	舌尖前、清、擦音	例如：琐碎　洒扫　色素　诉讼　松散　思索
d	舌尖中、不送气、清、塞音	例如：电灯　大胆　带动　道德　地点　顶端
t	舌尖中、送气、清、塞音	例如：探讨　天梯　团体　铁蹄　妥帖　淘汰
n	舌尖中、浊、鼻音	例如：泥泞　牛奶　农奴　男女　恼怒　能耐
l	舌尖中、浊、边音	例如：浏览　老路　拉拢　轮流　罗列　料理
zh	舌尖后、不送气、清、塞擦音	例如：茁壮　庄重　挣扎　主张　郑重　真正
ch	舌尖后、送气、清、塞擦音	例如：出差　长处　铲除　乘车　驰骋　春潮
sh	舌尖后、清、擦音	例如：双手　上山　事实　受伤　少数　声势
r	舌尖后、浊、擦音	例如：仍然　软弱　荣辱　忍让　柔软　容忍
j	舌面、不送气、清、塞擦音	例如：积极　经济　进军　急件　究竟　嘉奖
q	舌面、送气、清、塞擦音	例如：确切　轻巧　亲戚　前去　请求　弃权
x	舌面、清、擦音	例如：相信　现象　消息　虚心　学习　先行

g	舌根、不送气、清、塞音	例如：巩固　改革　规格　灌溉　骨干　高贵
k	舌根、送气、清、塞音	例如：可口　开阔　刻苦　慷慨　空旷　旷课
h	舌根、清、擦音	例如：含糊　和缓　浩瀚　绘画　欢呼　黄河

🔹 知识拓展

声母诗

周有光《采桑谣》："春日起每早，采桑惊啼鸟。风过扑鼻香，花开落，知多少。"

王力《太平歌》："子夜久难明，喜报东方亮。此日笙歌颂太平，众口齐欢唱。"

二、韵母

（一）韵母的性质

韵母是汉语音节后面的部分。韵母主要由元音构成，与元音的关系很密切，但是韵母并不等于元音。元音是指音素本身的性质，韵母表示音素在音节里的位置。韵母范围大，元音范围小，因为韵母的构成成分除了元音外，还包括辅音n和ng。

普通话共有39个韵母，它们是a、o、e、ê、i、u、ü、-i（前）、-i（后）、er、ia、ua、uo、ie、üe、ai、uai、ei、uei、ao、iao、ou、iou、an、ian、uan、üan、en、in、uen、ün、ang、iang、uang、eng、ing、ueng、ong、iong。

韵母可以由一个元音充当，也可以由两个或三个元音充当，还可以由元音加鼻辅音充当。所以，韵母的构成要比声母复杂得多。构成一个韵母的音素中，开口度最大、声音较响亮的称为韵腹，韵腹前面的音素称为韵头，韵腹后面的音素称为韵尾，例如韵母iang，a是韵腹，i是韵头，ng是韵尾。韵母只有一个元音音素时，这个元音就是韵腹。韵母中可以没有韵头，例如ao、in，也可以没有韵尾，例如ia、uo，但必须有韵腹，韵腹是韵母中的主要元音。

（二）韵母的分类

韵母可以从两个角度进行分类。一是按照韵母的内部结构成分，可以把韵母分为单韵母、复韵母、鼻韵母3类；二是按照韵母开头元音的发音口形，可以把韵母分为开口呼、齐齿呼、合口呼、撮口呼4类，统称"四呼"。

1. 按韵母的内部结构成分给韵母分类

（1）单韵母。单韵母是由一个元音音素充当的韵母。普通话共有10个单元音（也是基本音），它们是构成韵母的基础。这10个单元音充当了普通话的单韵母，它们是a、o、e、ê、i、u、ü、-i（前）、-i（后）、er。

分析、描写元音音素要依据3个条件，即舌面的高低、舌位的前后、唇形的圆展。根据舌位的不同，可将10个单韵母分为舌面元音韵母、舌尖元音韵母、卷舌元音韵母3类。

①舌面元音韵母。普通话有7个舌面元音韵母。按照分析元音的条件，可以进行如下描写。

| a | 舌面、央、低、不圆唇元音 | 例如：发达　大妈　刹那　沙发　打靶　喇叭 |

o	舌面、后、半高、圆唇元音	例如：薄弱　磨破　默默　勃勃　婆婆　磨墨
e	舌面、后、半高、不圆唇元音	例如：合格　特色　客车　色泽　割舍　隔热
ê	舌面、前、半低、不圆唇元音	例如：欸
i	舌面、前、高、不圆唇元音	例如：利益　集体　笔记　毅力　奇迹　地理
u	舌面、后、高、圆唇元音	例如：突出　诉苦　嘱咐　服务　鼓舞　读书
ü	舌面、前、高、圆唇元音	例如：雨具　区域　旅居　豫剧　絮语　女婿

②舌尖元音韵母。普通话有 2 个舌尖元音韵母，它们是由舌尖起节制作用构成的元音。舌尖前元音写作 –i（前），只与辅音声母 z、c、s 相拼；舌尖后元音写作 –i（后），只与辅音声母 zh、ch、sh、r 相拼。按照分析元音的条件，可以进行如下描写。

–i（前）	舌尖、前、高、不圆唇元音	例如：自私　此次　恣肆　字词　四次
–i（后）	舌尖、后、高、不圆唇元音	例如：知识　史诗　事实　支持　值日

③卷舌元音韵母。普通话只有 1 个卷舌元音韵母 er。发音时，让舌头平放后，舌尖向上卷，形成一个特殊的元音。这个卷舌音特殊在只能自成音节，而且在汉语中，也只有"而、儿、耳、尔、二"等少数几个字读 er。它的发音特点可以做如下描写。

er	卷舌、央、中、不圆唇元音	例如：而　儿　尔　耳　饵　二

（2）复韵母。复韵母是由两个或三个元音音素构成的韵母。普通话共有 13 个复韵母，它们是 ia、ua、uo、ie、üe、ai、uai、ei、uei、ao、iao、ou、iou。

按照复韵母中韵腹所在位置的不同，复韵母分为前响复韵母、后响复韵母、中响复韵母 3 类。前响复韵母、后响复韵母都是由两个元音构成的，中响复韵母是由 3 个元音构成的。

①前响复韵母。前响复韵母是指两个元音中，前面的元音开口度大、发音清晰响亮的韵母。普通话共有 4 个前响复韵母。

ai	例如：开采　白菜　海带　晒台　买卖　摆开
ei	例如：配备　肥美　黑煤　非得　蓓蕾　狒狒
ao	例如：高潮　报告　早操　劳保　牢靠　招考
ou	例如：欧洲　守候　口头　收购　漏斗　瘦肉

②后响复韵母。后响复韵母是指两个元音中，后面的元音开口度大、发音清晰响亮的韵母。普通话共有 5 个后响复韵母。

ia	例如：加价　下嫁　假牙　夏家　掐下　加压
ie	例如：贴切　结业　铁鞋　节烈　切切　铁屑
ua	例如：花袜　挂花　刮花　抓蛙　耍滑　挂画
uo	例如：硕果　过错　国货　堕落　懦弱　活捉
üe	例如：雀跃　决绝　约略　月缺　雪月　绝学

③中响复韵母。中响复韵母是指 3 个元音中，中间的元音开口度大、发音清晰响亮的韵母。普通话共有 4 个中响复韵母。

iao	例如：萧条　缥缈　巧妙　逍遥　渺小　笑料
iou	例如：悠久　优秀　求救　久留　有求　球友
uai	例如：摔坏　乖乖　外踝　怀揣　外快　拽歪
uei	例如：水位　摧毁　溃退　归队　追随　汇兑

（3）鼻韵母。鼻韵母是由一个或两个元音音素加上一个鼻音（n或ng）音素构成的韵母。普通话共有16个鼻韵母，它们是an、ian、uan、üan、en、in、uen、ün、ang、iang、uang、eng、ing、ueng、ong、iong。

构成鼻韵母的鼻音有两个："n"是由舌尖与上齿龈形成阻碍发出来的鼻音，叫作"前鼻音"；"ng"是由舌根与软腭形成阻碍发出来的鼻音，叫作"后鼻音"。

①前鼻音韵母。前鼻音韵母是指由元音加前鼻音n构成的韵母。普通话共有8个前鼻音韵母。

an	例如：展览	灿烂	肝胆	谈判	汗衫	单干
ian	例如：片面	先天	简便	连绵	艰险	前线
uan	例如：婉转	贯穿	专断	转换	酸软	宦官
üan	例如：源泉	全权	圆圈	全员	渊源	轩辕
en	例如：认真	本分	振奋	神人	根本	深圳
in	例如：信心	拼音	亲近	殷勤	金银	贫民
uen	例如：昆仑	温顺	春笋	论文	温存	困顿
ün	例如：均匀	逡巡	军训	芸芸	菌群	纭纭

②后鼻音韵母。后鼻音韵母是指由元音加后鼻音ng构成的韵母。普通话共有8个后鼻音韵母。

ang	例如：厂房	苍茫	帮忙	党章	螳螂	长方
iang	例如：响亮	想象	两样	向阳	枪响	洋姜
uang	例如：矿床	狂妄	状况	装潢	双簧	黄光
eng	例如：丰盛	风声	更正	萌生	横生	整风
ing	例如：情形	命令	清醒	轻型	庆幸	兵营
ueng	例如：嗡嗡	蓊蓊	（老）翁	蕹（菜）	瓮（城）	
ong	例如：隆重	工农	从容	空洞	中东	冲动
iong	例如：汹涌	穷凶	茕茕	熊熊	炯炯	洶洶

2. 按韵母开头元音的发音口形给韵母分类

（1）开口呼韵母。开口呼韵母是指不是i、u、ü的韵母和不以i、u、ü为韵头的韵母。普通话里开口呼韵母有15个，它们是a、o、e、ê、er、ai、ei、ao、ou、an、en、ang、eng、-i（前）、-i（后）。

（2）齐齿呼韵母。齐齿呼韵母是指韵头或韵腹是i的韵母。普通话里齐齿呼韵母有9个，它们是i、ia、ie、iao、iou、ian、in、iang、ing。

（3）合口呼韵母。合口呼韵母是指韵头或韵腹是u的韵母。普通话里合口呼韵母有10个，它们是u、ua、uo、uai、uei、uan、uen、uang、ueng、ong。

（4）撮口呼韵母。撮口呼韵母是指韵头或韵腹是ü的韵母。普通话里撮口呼韵母有5个，它们是ü、üe、üan、ün、iong。

普通话韵母的分类见表1-2。

表 1-2　普通话韵母表

按结构成分分	按口型分			
	开口呼	齐齿呼	合口呼	撮口呼
单韵母	-i[ɿ][ʅ]	i[i]	u[u]	ü[y]
	a[A]	ia[iA]	ua[uA]	
	o[o]		uo[uo]	
	e[ɤ]			
	ê[ɛ]	ie[iɛ]		üe[yɛ]
	er[ɚ]			
复韵母	ai[ai]		uai[uai]	
	ei[ei]		uei[uei]	
	ao[au]	iao[iau]		
	ou[ou]	iou[iou]		
鼻韵母	an[an]	ian[iɛn]	uan[uan]	üan[yɛn]
	en[ən]	in[in]	uen[uən]	ün[yn]
	ang[aŋ]	iang[iaŋ]	uang[uaŋ]	
	eng[əŋ]	ing[iŋ]	ueng[uəŋ]	
			ong[uŋ]	iong[yŋ]

◉ 知识拓展

韵母诗

《捕鱼》："人远江空夜，浪滑一舟轻。儿咏诶宵调，橹和嗳啊声。网罩波心月，竿穿水面云。鱼虾留瓮内，快活四时春。"

三、声调

（一）声调的性质和作用

声调是指汉语音节高低升降的变化。例如，"普通话"pǔtōnghuà这三个音节，除了每个音节有声母、韵母两部分外，还有一个贯通整个音节高低升降的调子，这就是声调。

声调在汉语里有区别意义的作用。例如，"买包"mǎibāo和"卖报"màibào的声母、韵母相同，但由于声调不同，听起来就是不同的意思，写出来就是不同的词语。同一音节由于声调的变化，也有明显区别意义的作用，例如，da这个音节可以对应搭、达、打、大等不同的汉字，其意义自然也不同。

声调虽然与音长、音强不无关系，但是声调的性质主要取决于音高。在一个音节的发音过程中，声带可以自始至终保持一样的松紧度，也可以先松后紧，或先紧后松，还可以松紧相间，这样产生种种不同的变化，就构成了各种不同的声调。

（二）调值和调类

调值就是声调的实际读法，即音节高低升降变化的具体形式。为了详细而准确地描写声调的调值，可以采用五度标记法，即把一条四等分直线由低向高标上 1、2、3、4、5，分别表示低、半低、中、半高、高；再在直线的左边用横线、斜线、曲线来表示调值的高低升降，如图 1-5 所示。

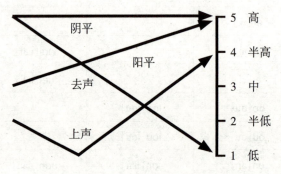

图 1-5　五度标记法示意图

调类是声调的分类，是按照声调的实际读法（即调值）归纳出来的。调值相同的归为一个调类。普通话有 4 个调类，分别是阴平调、阳平调、上声调、去声调。它们的调值：阴平调值是 55，发音时高而平，叫高平调；阳平调值是 35，发音时由中升高，叫中升调；上声调值是214，发音时由半低降到低，然后再升到半高，叫降升调；去声调值是 51，发音时由高降到低，叫全降调。当然，这里说的高低升降是相对的，不同于乐谱中的绝对音高。普通话的调值与调类的关系见表 1-3。

表 1-3　普通话的调值与调类的关系

调值	调类	调号	调值说明	例字
55（高平）	阴平	ˉ	起音高高一路平	千 qiān
35（中升）	阳平	ˊ	由中到高往上升	锤 chuí
214（降升）	上声	ˇ	先降后升曲折起	百 bǎi
51（全降）	去声	ˋ	高起猛降到底层	炼 liàn

平仄

平仄，即平声和仄声，泛指诗文的韵律。平仄是四声二元化的尝试。四声是古代汉语的四种声调。所谓声调，指语音的高低、升降、长短。平仄是在四声基础上，用不完全归纳法归纳出来的，平指平直，仄指曲折。

古代汉语的声调分平、上（shǎng）、去、入四声。"平"指四声中的平声，包括阴平、阳平二声；"仄"指四声中的仄声，包括上、去、入三声。按传统的说法，平声是平调，上声是升调，去声是降调，入声是短调，明朝释真空的《玉钥匙歌诀》曰："平声平道莫低昂，上声高呼猛烈强，去声分明哀远道，入声短促急收藏。"

简单来说，区别平仄的要诀是"不平就是仄"。

在现代汉语四声中，分为阴平、阳平、上声、去声。古代"平声"这个声调在现代汉语中分化为阴平及阳平，即第一声、第二声；古代"上声"这个声调在现代汉语中一部分变为去声（第四声），一部分仍是上声（第三声）；古代"去声"这个声调在现代汉语中仍是去声，即第四声；古代"入声"这个声调在现代汉语中已经不存在，归到阴平、阳平、上声及去声里去了。

简单说，在现代汉语四声中，第一声、第二声是平声；第三声、第四声是仄声。

古代诗词中讲究押韵与平仄交错，从而使诗句跌宕起伏、错落有致、节奏鲜明、韵律优美，这种声调是汉语构成音乐美的重要条件，具有特殊的表现力。例如下面这首古诗（诗中词句的平仄按古音标注）。

春望

唐·杜甫

国破山河在（仄仄平平仄），城春草木深（平平仄仄平）。

感时花溅泪（平平平仄仄），恨别鸟惊心（仄仄仄平平）。

烽火连三月（仄仄平平仄），家书抵万金（平平仄仄平）。

白头搔更短（平平平仄仄），浑欲不胜簪（仄仄仄平平）。

成语作为汉语熟语中的主要成员，不仅内涵丰富、言简意赅，而且形式整齐、音律和谐，其音乐美的特色，也主要体现在平仄上。例如：

1. 平平仄仄式

风调雨顺　　唉声叹气　　千锤百炼　　山盟海誓

兵强马壮　　胸怀广阔　　山清水秀　　光明磊落

2. 仄仄平平式

异口同声　　视死如归　　破釜沉舟　　墨守成规

万古长青　　妙手回春　　去伪存真　　耀武扬威

3. 其他格式

卓有成效（平仄平仄）　　　　卧薪尝胆（仄平平仄）

引而不发（仄平仄平）　　　　金玉满堂（平仄仄平）

四、音节

（一）音节的结构与特点

音节是语音的基本结构单位，是依据发音器官肌肉松紧交替而划分出来的最自然、听觉上最容易分辨的语音片段。一般来说，汉语中一个汉字就代表一个音节。音节由声母、韵母、声调3个部分组成，见表1-4。

表1-4　普通话音节结构表

例字		声母	韵母			声调
			韵头	韵腹	韵尾	
集	jí	j		i		阳平
思	sī	s		-i		阴平
广	guǎng	g	u	ɑ	ng	上声
益	yì	零声母		i		去声
开	kāi	k		ɑ	i	阴平
拓	tuò	t	u	o		去声
进	jìn	j		i	n	去声
取	qǔ	q		ü		上声

汉语音节结构具有以下特点。

（1）汉语音节（字音）中必不可少的是声母（可以是零声母）、韵腹和声调，可以没有韵头或韵尾。

（2）每个音节最多有4个音素，最少也要有1个音素，但不能是辅音。

（3）每个音节必须有元音，最少1个（即韵腹），最多3个（分别做韵头、韵腹、韵尾）。

（4）音节中可以没有辅音。在有辅音的音节里，辅音的位置是固定的，只出现在音节的开头或末尾，绝不会出现两个辅音相连的情况。出现在音节末尾的辅音，一定是鼻音n或ng。

（二）普通话声母、韵母、声调的配合关系

1. 声母和韵母的配合

普通话音节中声母和韵母的配合规律，是以声母的发音部位和韵母的"四呼"为主要依据的，见表1-5。超越这种规律的，也就不是普通话语音了。

表1-5　声母和韵母的配合规律

声母		开口呼	齐齿呼	合口呼	撮口呼
双唇音	b、p、m	能	能	能（限于u）	否

（续表）

声母		开口呼	齐齿呼	合口呼	撮口呼
唇齿音	f	能	否	能（限于u）	否
舌尖中音	d、t	能	能	能	否
	n、l	能	能	能	能
舌根音	g、k、h	能			
舌尖前音	z、c、s	能	否	能	否
舌尖后音	zh、ch、sh、r				
舌面音	j、q、x	否	能	否	能
零声母		能	能	能	能

2. 声母、韵母、声调的配合

普通话声母、韵母、声调的配合关系规律性不是很强，而且往往要受古今语音演变规律的制约。其中，较为重要的规律有两个。

（1）普通话里的m、n、l、r这4个浊音声母的阴平字很少，并且只限于口语常用字。例如，"妈"mā、"猫"māo、"妞"niū、"蔫"niān、"拉"lā、"溜"liū、"扔"rēng等。

（2）普通话里b、d、g、z、zh、j这6个不送气塞音、塞擦音声母，与鼻韵母相拼时，只有"甭"béng、"哏"gén极少数字读阳平；与非鼻韵母相拼时，一般阴、阳、上、去四声都有字，不管声母送气不送气。

（三）音节的拼读

音节的拼读就是按照声、韵、调的配合规律，将声母和韵母拼合，并带上声调拼成一个音节。

1. 拼读方法

音节的拼读方法有4种：两拼法、三拼法、声介合拼法和整体认读法。

（1）两拼法：是把音节分成声母、韵母两部分，再拼到一起的方法。拼读时，韵母无论简单复杂，都念成一个整体。小学的拼音教学为了便于理解，把齐齿呼和合口呼中的复韵母或鼻韵母构成的零声母音节，分成韵头和韵身两部分，大写后的韵头y或w直接当成声母，后面的韵身做韵母，即进行两拼法的教学。例如：

te（特）：t+e→tè　　　　　　　　pen（喷）：p+en→pēn

ian（眼）：i+an→yǎn　　　　　　iou（油）：i+ou→yóu

uei（为）：u+ei→wèi　　　　　　uai（外）：u+ai→wài

（2）三拼法：适合有声母并有韵头的音节，把音节分成声母、韵头、韵身3个部分，再拼到一起。例如：

jia（家）：j+i+a→jiā　　　　　　guan（管）：g+u+an→guǎn

lian（脸）：l+i+an→liǎn　　　　　shuai（帅）：sh+u+ai→shuài

（3）声介合拼法：仍然适合有声母也有韵头的音节，拼读时把声母和韵头（也叫介音）先拼成一个整体，再和后面的韵身拼合。例如：

gua（瓜）gu+a→guā   dian（电）：di+an→diàn

（4）整体认读法：又叫音节直呼法，就是看到拼音的声韵调，不用分开再拼，直接读出整个音节。这需要对《汉语拼音方案》掌握得熟练。另外，小学拼音教学把不便于使用上述3种方法的音节归纳为17个整体认读音节：

zhi   chi shi ri zi ci si

yi wu yu yin ying ye yue yuan yun er

2.拼读要领

普通话的声母比较简单，韵母比较复杂，拼读时要掌握如下要领。

（1）声母要发本音。所谓发本音，是指拼读时辅音声母不用呼读音，也不用字母名称音，而是要用不甚清晰、较轻、较短的本音来发音。只有准确掌握每一个辅音声母的发音部位和发音方法，才有可能发准本音。例如，"m"的呼读音是mo，字母名称音是êm，如果拼读"妈妈"时声母不用本音，就成了"moamoa"或"êmaêma"了。

（2）韵母要整体认读。音节中韵母的韵头、韵腹、韵尾也是一个整体，拼读时不可停顿或延长。例如，"强"qiáng要一下读完，不要读成q-i-a-ng。

（3）要读准声调。声调既然在汉语语音中有区别意义的作用，是音节的重要组成部分，那么，拼读时调值不准，意义就会改变。

（四）音节的拼写

《汉语拼音方案》对音节的拼写规则做了明确规定，说明如下。

1.y和w的用法

y、w既不是元音，也不是辅音，它们可视为隔音字母，拼写时放在以元音音素i、u、ü开头的音节前。

（1）以i开头的音节，逢i、in、ing加y，例如，yi、yin、ying；其他的把i改为y，例如，ya、ye、yao、you、yan、yang、yong。

（2）以u开头的音节，只有u要加w，例如，wu；其他的一律把u改为w，例如，wa、wai、wang、weng等。

（3）以ü开头的音节，一律在ü前加y，同时省写ü上的两点，例如，yu、yue、yun等。

从拼写的角度来看，y、w作为部分零声母音节的标志，会使音节更好确认一些。例如，"丹阳"写成dāniáng，就会被误认为"大娘"，如果书写成dānyáng，就不会认错。

关于y、w的用法，可概括成以下几句口诀：

i、u后面有元音，改换y、w不费心；

i、u后面无元音，前加y、w莫沉吟；

如果有ü迎头见，加y省点记心间。

2.隔音符号的用法

由两个或两个以上音节组成的词语，需要弄清音节间的界限。y和w解决了i、u、ü开头的零声母问题，a、o、e开头的零声母音节在组成词语时，也容易产生误会。例如，"档案"dangan，有可能读成"单干"。因此，《汉语拼音方案》规定：a、o、e开头的音节连接在其他音节后面的时候，如果音节的界限发生混淆，用隔音符号（'）隔开。隔音符号的形状像个逗号，标在易混淆的两个音节的上方。例如，"饥饿"jī'è、"深奥"shēn'ào等。

3. 韵母iou、uei、uen的省写

iou、uei、uen三个韵母自成零声母音节时，写作you、wei、wen；当它们与辅音声母相拼时，就要分别省写韵腹o或e，例如，"牛"niú、"晖"huī、"春"chūn等。

下面的口诀可以帮助记忆：

iou、uei、uen，变得妙，自成音节换上帽；

若是前面有声母，中间都要去掉腰。

4. ü上两点的省写

按照普通话声母、韵母的配合规律，j、q、x不同u相拼，所以ü遇到j、q、x时，一律省去两个点，例如，ju、qu、xu、juan、quan、xun等。ü省去两点后，不会和u发生混淆，还能够提高书写速度。

5. 标调

（1）声调符号要标在音节的主要元音（韵腹）上。例如，"道"dào、"路"lù、"畅"chàng、"通"tōng等。

（2）iou、uei、uen 3个韵母省写韵腹后，iu、ui的声调标在后面的元音上，un的声调标在u上。

（3）若声调符号标在i上时，i上的点要省写。例如，"机器"jīqì。

（4）轻声是普通话的一种变音现象。轻声音节不标调。

例如，"我的"wǒ de、"孩子"háizi、"姐姐"jiějie等。

6. 连写和大写

（1）按词连写。在句子中，每一个词作为一个拼写单位。例如：

我们学习现代汉语。

Wǒmen xuéxí xiàndài hànyǔ。

（2）大写字母的用法有以下3种情况。

①句子中头一个词的第一个字母要大写。例如：

我们是电大的学生。

Wǒmen shì diàndà de xuéshēng。

②专有名词的头一个字母用大写。例如：

清华大学

Qīnghuá dàxué

③图书报刊名称、文章标题、商标、广告等，为了整齐美观，可以全用大写字母，不用标调。例如：

人民日报

RENMIN RIBAO

五、音变

说话或朗读时，要把音节组成词、句连续发出。在连续的语流中，音节之间、音素之间、声调之间相互影响，就会产生语音变化，这就是音变。普通话语音中常见的音变现象有轻声、变调、儿化以及语气词"啊"的变化等。

（一）轻声

普通话的每个音节都有一定的声调，但在某些语言环境中，有的音节失去原调，变成一种又轻又短的调子，这就是轻声。

轻声是音节连读时产生的一种音变现象，轻声音节总是出现在其他音节后面，或是夹在词语中间，一般不出现在一个词或句子的开头。所有的轻声音节都要失去它原来的调值，但是轻声音节在音的高低上会受前面音节调值的影响而产生差异。一般情况下，前面的音节是上声，后面的轻声就稍高；前面的音节是阴平、阳平或去声，后面的轻声就低。

轻声使普通话语音变得更加丰富，有些轻声还具有区别词义或区分词性的作用。例如：

东西　dōngxi（物体）　dōngxī（方向）

普通话语音有以下几种情况常读轻声。

常用轻声词

（1）结构助词：的、地、得。例如，我们的、愉快地、写得好等。

（2）时态助词：着、了、过。例如，笑着、哭了、学过等。

（3）语气助词：吗、吧、啦、呀、嘛、哇、啊等。例如，好吗、去吧、行啦、好啊等。

（4）名词或代词的后缀：子、头、们等。例如，桌子、石头、他们等。

（5）名词或代词的方位词：上、下、里、边、面等。例如，墙上、地下、家里、左边等。

（6）动词或形容词后面的趋向动词：来、去、起来、下去等。例如，进来、出去、站起来、拿下去等。

（7）某些量词：个、些、封等。例如，一个、有些、写封信等。

（8）叠音词的第二个音节和重叠动词的第二、第四个音节。例如，爸爸、看看、讨论讨论、研究研究等。

（9）做宾语的人称代词：你、我、他。例如，请你、叫我、找他等。

（10）口语中有一批双音节词的第二个音节习惯上读轻声。例如，葡萄、玻璃等。

（二）变调

音节连续发出时，有些音节的调值会发生变化，就是变调。普通话主要有上声的变调、重叠式形容词的变调和"一""不"的变调。

1. 上声的变调

（1）两个上声相连，前面一个上声字变成阳平。例如，很好、理想等。

（2）三个上声字相连，前面两个上声字变成阳平。例如，演讲稿、展览馆等。

（3）三个以上的上声字相连，按词或语气划分为两个或三个字一节，然后按照上述方法变调。例如，我很|了解你。请你|给我|整理好。

（4）在非上声（阴平、阳平、去声）前变为半上声（调值由 214 变为 21）。例如，北方、火车、满足、朗读、宝贵、宇宙等。

（5）在轻声音节前变成半上声或近似阳平。

①与本调是阴平、阳平、去声的轻声字相连，变为半上声。例如，比方、讲究、枕头、老实、脑袋等。

②与本调是上声的轻声字相连，变为近似阳平。例如，打手等。

③重叠表示亲属称谓的词，变为"半上+轻声"。例如，姥姥、姐姐等。

2．重叠式形容词的变调

重叠式形容词的三种形式，即 AA 式、ABB 式和 AABB 式。

（1）AA 式。一般不变调，例如，快快地、长长的。只有带儿化韵尾时第二个叠字变成阴平，例如：慢慢儿地、暖暖儿的。

（2）ABB 式。后面的两个叠字都变成阴平，例如，热腾腾、绿油油。

（3）AABB 式。第二个字变轻声，第三、四个字变阴平。例如，漂漂亮亮、明明白白。

上述几种重叠式形容词，如果念得缓慢而又清楚，不变调也可以。而一部分书面语言中的重叠式形容词，则不能变调。

3．"一"的四种声调

（1）单念，在词句末尾，表示序数、基数或后面跟着别的数词时，读本调阴平。例如，一、始终如一、第一、一九九五年等。

（2）在去声字前读阳平。例如，一定、一切等。

（3）在非去声字（阴平、阳平、上声）前，读去声。例如，一心、一年、一起等。

（4）夹在重叠的词中间读轻声。例如，看一看、尝一尝等。

4．"不"的三种声调

（1）单念，在词句末尾或非去声（阴平、阳平、上声）前读本调去声。例如，不、我决不、不说、不谈、不写等。

（2）在去声前读阳平。例如，不错、不看等。

（3）夹在词语之间读轻声。例如，信不信、差不多等。

（三）儿化

在普通话里，卷舌元音 er 自成音节时，只有"儿、耳、而、饵、尔、二"等几个字。普通话的 er 可以同其他韵母结合起来（写成 r），构成卷舌韵母（儿化韵），这种现象就是儿化。

普通话的韵母除 er、ê 之外，都可以儿化。儿化韵里的 er 不能念成 er，只在前面韵母的元音上附加一个卷舌动作，是那个韵母带上卷舌的声音。例如：歌儿 gēr、花儿 huār 等。

1．儿化的作用

（1）区别词义。例如：头 tóu（脑袋）、头儿 tóur（为首的人）；后门 hòumén（后面的门）、后门儿 hòuménr（非正当途径）。

（2）确定词性。例如：画 huà（动词）、画儿 hàur（名词）；破烂 pòlàn（形容词）、破烂儿

pòlànr（名词）。

（3）表示细小、轻微的意思。例如：小脸儿、门缝儿、树枝儿、慢慢儿走、说说贴心话儿。

（4）表示温婉的语感。例如：山歌儿、好玩儿、女孩儿。

2."儿化韵"的发音变化规律

韵母儿化，大致有两种情况。一种是虽然儿化了，但原韵母不变，只是在发该韵母音的同时加上卷舌动作就可以了；另一种是儿化后，原韵母发生变化，丢掉或者增加某些音素，同时加上卷舌动作。儿化韵的发音根据韵母卷舌的难易程度发生变化。卷舌顺利则不变，卷舌不便利甚至不能卷舌的，就要有相应的变化。但是儿化韵的拼写，只需在音节末尾加一个r，不必表示出韵母实际读音的变化。

儿化韵的发音规则：

（1）韵母为a、o、e、u的音节，儿化后主要元音基本不变，后面直接加上表示卷舌动作的"r"。例如：号码儿hǎomǎr、山坡儿shānpōr、饭盒儿fànhér、水珠儿shuǐzhūr。

（2）韵母ia、ua、ao、ou、uo和iao、iou等，儿化后主要元音或韵尾基本不变，直接加"r"。例如：一下儿yíxiàr、鲜花儿xiānhuār、手稿儿shǒugǎor、封口儿fēngkǒur、知了儿zhīliǎor、小牛儿xiǎoniúr、小说儿xiǎoshuōr。

（3）韵母i、ü儿化后在原韵母之后加上er、i、ü仍保留。例如：

小米儿xiǎomǐr读作xiǎomiěr　　　有趣儿yǒuqùr读作yǒuquèr

（4）韵母–i（前、后）儿化后失去原韵母，加er。例如：

戏词儿xìcír读作xìcer　　　果汁儿guǒzhīr读作guǒzher

（5）以i或n为韵尾的韵母，儿化后丢掉韵尾，主要元音后面加r。例如：

一块儿yīkuàir读作yīkuàr　　　树根儿shùgēnr读作shùgēr

饭馆儿fànguǎnr读作fànguǎr　　　冰棍儿bīnggùnr读作bīnggùr

（6）以ng为韵尾的韵母（除ing外），儿化后丢掉韵尾ng，主要元音鼻化，同时在鼻化元音后加上r。例如：

瓜瓤儿guārángr读作guārár　　　板凳儿bǎndèngr读作bǎndèr

（7）韵母in、ün儿化后，丢掉韵尾n，主要元音保留，后面加上er；韵母ing儿化后，丢掉韵尾ng，i保留，后面另加上er。例如：

手印儿shǒuyìnr读作shǒuyier　　　合群儿héqúnr读作héquer

花瓶儿huāpíngr读作huāpier

以上规律是发音方法，书写时不必按实际读音来标注，一律在原音节后加"r"即可，否则"铁盘儿"和"铁牌儿"就都是"tiepar"了。

🔲 知识拓展

普通话常用必读儿化词

（1）a收尾音节：刀把儿　板擦儿　找碴儿　号码儿　戏法儿　在哪儿　打杂儿掉价儿　一下儿　豆芽儿　脑瓜儿　大褂儿　麻花儿　笑话儿　牙刷儿

（2）o收尾音节：火锅儿　做活儿　大伙儿　耳膜儿　粉末儿　小说儿　被窝儿

（3）e收尾的音节：挨个儿　唱歌儿　打嗝儿　饭盒儿　逗乐儿　模特儿　在这儿

（4）u（包括ao）收尾音节：媳妇儿　梨核儿　泪珠儿　有数儿　红包儿　半道儿

（5）ê收尾的音节：半截儿　小鞋儿　主角儿　跑调儿　跳高儿　叫好儿　豆角儿
火苗儿　灯泡儿　开窍儿　口哨儿　手套儿　面条儿　蜜枣儿　口罩儿　绝招儿　小丑儿
衣兜儿　抓阄儿　纽扣儿　棉球儿　老头儿　小偷儿　加油儿　线轴儿

（6）-i（前，后）收尾音节：瓜子儿　石子儿　歌词儿　挑刺儿　墨汁儿　锯齿儿
记事儿

（7）ü[y]收尾音节：毛驴儿　小曲儿　痰盂儿

（8）i、n收尾音节：鞋带儿　壶盖儿　小孩儿　一块儿　名牌儿　加塞儿　刀背儿
摸黑儿　耳垂儿　一会儿　墨水儿　跑腿儿　走味儿　围嘴儿　快板儿　老伴儿　蒜瓣儿
脸蛋儿　包干儿　笔杆儿　饭馆儿　栅栏儿　收摊儿　门槛儿　脸盘儿　火罐儿　落款儿
拐弯儿　好玩儿　大腕儿　打转儿　烟卷儿　手绢儿　出圈儿　包圆儿　人缘儿　绕远儿
老本儿　把门儿　嗓门儿　纳闷儿　花盆儿　后跟儿　一阵儿　杏仁儿　刀刃儿　走神儿
大婶儿　打盹儿　胖墩儿　冰棍儿　没准儿　开春儿　合群儿

（9）ng收尾音节：天窗儿　蛋黄儿　鼻梁儿　透亮儿　花样儿　钢镚儿　夹缝儿
脖颈儿　提成儿　花瓶儿　打鸣儿　图钉儿　门铃儿　眼镜儿　蛋清儿　火星儿　人影儿
果冻儿　抽空儿　酒盅儿　小葱儿　小熊儿

（四）语气词"啊"的变化

"啊"用在语句末尾时，由于受前面音节末尾音素的影响，常发生不同的音变现象，主要
有以下几种情况：

（1）当前面音节末尾音素是a、o、e、ê、i、ü时，读ya，可写作"呀"。例如：

她怎么不回家呀？

怎么给我这么多呀？

多漂亮的天鹅呀！

那是谁的鞋呀？

桂林的山真奇呀！

会不会下雨呀！

（2）当前面音节末尾音素是u（包括ao、iao）时，读wa，可写作"哇"。例如：

她会不会跳舞哇？

这个小朋友真好哇！

花篮做得多精巧哇！

（3）当前面音节末尾音素是n时，读na，可写作"哪"。例如：

投得真准哪！

你是哪里人哪？

（4）当前面音节末尾音素是ng时，读nga，仍写作"啊"。例如：

河水真清啊！

一块儿去看电影啊!

(5)前面音节末尾音素是–i(后)、r(er或儿化韵)时,读ra,仍写作"啊"。例如:

她真是一位好老师啊!

歌声多么悦耳啊!

多可爱的小狗儿啊!

(6)前面音节末尾音素是–i(前)时,读za,仍写作"啊"。例如:

要好好练字啊!

你可要三思啊!

第三节　语调与朗读

一、语调

(一)语调的平升曲降

语音的高低升降在音节中表现为声调,在句子中则表现为语调。语调通常可以表示句子的不同语气。例如:

你一定来。(平调,表陈述)

你一定来啊!(高调,表祈使)

你一定来吗?(升调,表疑问)

啊,你终于来啦!(降调,表感叹)

实际生活中的人们用语调表示语气,往往比以上情况要复杂得多。它既需要语速、重音的协同作用,又要和某些语法手段相配合。因此,我们只能大体上把语调分为下列一些主要的类型。

1. 平调

所谓平调,是指语句没有明显的高低变化,平直而舒缓的语调。常用于表现庄严、沉重、冷淡或客观述说等语气。例如:

有时天边有黑云,而且云层很厚。

人们怀着无比崇敬的心情,缓缓地离开了烈士墓地。

2. 升调

所谓升调,是指由平逐渐升高,句末明显上扬的语调。常用于表达疑问、反问、申斥或激昂、欢快等情绪。例如:

"你为什么光喊加把劲而自己的手却放在衣袋里呢?"华盛顿问下士。"你问我?难道你看不出我是这里的下士吗?"

为祖国再铸辉煌!

3. 曲折调

所谓曲折调，是指先升后降或先降后升的语调。常用来表示意外、惊讶、嘲讽等语气。例如：

她的婚事怎么又吹了？

我的公主，你还让我们活吗？

4. 降调

所谓降调，是指先高（或平）然后降下来的语调。常用于表达命令、请求或肯定、感叹等语气。例如：

别吵了！求你们以后别再来了！

那空气是多么新鲜，那熟悉的故乡的苍山又是多么的青翠啊！

（二）重音

重音是指进行言语活动时需要强调突出的某个音节、词或短语重读的现象。它是体现语意目的、表达情感的重要手段。重音是在分析理解作品、多层感受作品的基础上确定的。重音的位置恰当，才能使语意表达得更清晰、准确，感情色彩更加鲜明、生动。

按其性质区分，重音可分为语法重音和逻辑重音两类。

1. 语法重音

语法重音与语法结构有关，是根据语法结构特点而重读，又叫结构重音。

（1）谓语比主语稍重，例如：

燕子去了，有再来的时候；杨柳枯了，有再青的时候；桃花谢了，有再开的时候。

燕窝之所以贵重，除其营养价值外，还在于其少，更在于其难采。

（2）宾语比述语稍重，例如：

……从此西红柿才法定为蔬菜，成为人们餐桌上的第一佳肴。

信赖，往往能创造出美好的境界。

（3）定、状、补语等修饰语比中心语稍重，例如：

这就是被誉为"世界民居奇葩"、世上独一无二的神话般的山区建筑模式的客家人民居。（定语）

会不会是他已经表达出来了而我却未能察觉？（状语）

树叶儿都绿得发亮，小草儿也青得逼你的眼。（补语）

（4）疑问代词和指示代词稍重，例如：

"谁来主宰命运？""我们自己！"

你在胡说些什么呀！

你到底要去哪儿呀？

那样做可真不行。

（5）偏正复句中的关联词语，特别是指明语句的关键意思的关联词语稍重，例如：

如果电锯出了故障，那么他就只能坐以待毙了。

虽没有"难于上青天"的险恶，却也有踏空了滚到拒马河里洗澡的风险。

2. 逻辑重音

逻辑重音的情况比较复杂，它取决于上下文之间的逻辑关系、说话人的心理倾向以及感情色彩、语句的修辞效果等多重因素。说话人的着重点不同，重音的位置也不同，所以逻辑重音又叫强调重音。

如果在一整篇文章中去认识重音，就必须综合考虑重音的作用，让语音效果准确鲜明地表达出来。例如：

女友生得华丽。

华丽的意思不仅仅是指服饰，女友似乎天生就长着一张荣华富贵的脸，天生娇贵。

女友自鸣得意。

于是，便刻意打扮，胭脂粉黛，每天一个新面孔，大有目不暇接之感。然而，周围之同伴个个都被男孩追求，甜甜蜜蜜地生活着。独她形单影只，无人问津。

女友顿生疑惑，是她不美，还是缺少气质？不得而知。

于是，问及一先生。答曰："此女追求华丽，用金钱装饰，是高消费者，无钱谁养得起？可望而不可即也。"

女友苦笑："美也不对，丑也不是，如何活？"对曰："平平淡淡，朴素自然才是真实。"

文中第一句中的"华丽"可以用重音，在第二句中又出现"华丽"时就不一定用重音；第二自然段中第一个"天生"可以强调，第二个"天生"就不一定用重音。可见，使用重音既要服从语法结构的需要，又要符合表述者的潜在意识，不可一概而论。

重音的实质是音强，但不是简单的加重音量。突出重音的方法主要有以下几种。

（1）弱中加强：利用音量的大小对比突出语意。例如，很早很早以前，猫并不吃老鼠。

（2）低中见高：利用声音频率的高低对比突出语意。例如，树叶儿都绿得发亮，小草也青得逼你的眼。

（3）快中显慢：利用语速的变化来突出重音。例如，从此，西红柿才法定为蔬菜，成为人们餐桌上的|第一佳肴。

（4）连中有停：运用停顿来突出重音。停顿或在重音前，或在重音后，或在重音前后都停，突出语意。例如，父亲的话|深深地|印在我的心上。

（5）实中转虚：这是重中显轻的一种方法，使用这种方法需要有特定的语境，或由于思想感情、意境的烘托，或突出动作的轻巧、环境的寂静、情思的深沉等。例如，风|轻悄悄的，草|软绵绵的。

（6）一字一顿：利用必要的顿挫，给人留下深刻的印象。例如，如今我离去了，小河被我远远地抛在故乡，可我将永远地思念你，小河。

总之，重音有其明确性，如果一句话没有重音来突出强调，那么这句话的表意目的就会削弱。

（三）停顿

停顿是指进行言语活动时，在词语或句子之间的间歇。一句话由于语法结构或生理、心理、修辞、逻辑等需要，词语或语句之间的间歇是不可缺少的。有了停顿，才可以把所要表达的内容表达得更清楚、更明白，让听者有一个思考、领会的时间。停顿按其性质，可分为语法停顿和逻辑停顿。

1.语法停顿

语法停顿指为反映句子、句群等结构关系而做的停顿。标点符号是语法停顿的主要标志，段落也可以看作语法停顿的标志。

一般来说，顿号后的停顿最短，逗号后的停顿稍长一点，分号和冒号后的停顿再长一点，句号、问号、叹号是表达句终语调的，停顿要更长一些。但停顿时间的长短不是绝对的，要根据内容表达的需要来准确、恰当地掌握。例如，有这样一则电视广告，画面上女儿从远处向正在农田里干活的妈妈走来。

女儿：妈，爸呢？（表情急切）

妈妈：病了！（表情忧郁）

女儿：还是老毛病？

妈妈：腰腿疼又犯了。（表情沉重）

女儿：我给他带来了××药酒。（母女释然）

对话中虽然每个短句都用了表示句终语调的标点符号，但为了表现母女感情的真挚，都不可停顿过长。

2.逻辑停顿

逻辑停顿是指出于语意、观点、情感的需要所做的停顿。例如：

春天‖像健壮的青年，有‖铁一般的|胳膊和腰脚，领着我们‖上|前|去。（朱自清《春》）

此句通过比喻赞美春天的无限生机和活力，并表达出春天带给我们的信心和希望，因此，在突显春天这一特点的地方，应当作适当的停顿。

此外，还要注意诗歌的停顿规律。由于诗歌语句结构比较特殊，朗读时，其停顿与一般语句的语法停顿或逻辑停顿都不一样。

诗歌的停顿，又叫音步或节拍，其节奏主要就表现在停顿和语速上。五言诗的三个节拍是二二一；七言诗的三个节拍是二二三。例如，王之涣的《登鹳雀楼》（五言诗）：

白日|依山|尽，‖

黄河|入海|流。‖‖

欲穷|千里|目，‖

更上|一层|楼。‖‖

又如，于谦的《石灰吟》（七言诗）：

千锤|万凿|出深山，‖

烈火|焚烧|若等闲。‖‖

粉骨|碎身|浑不怕，‖

要留|清白|在人间。‖‖

现代诗的节拍停顿，一般也是两个音节一拍或三个音节一拍，有时也需根据诗歌的内容和语意的关系而定。例如，孙明月的《唱一支摇篮曲给妈妈》：

月儿|悄悄|挂树梢，‖

风不|吹来|草不摇。|||

窗前的|鲜花，||房后的|小鸟，||

我心爱的|小宝宝，||妈妈|摇你|睡着了。|||

明天|太阳|当空照，||

妈妈的|宝宝|长高了。|||

满山的|黄金，||遍地的|财宝，||

万里江山|你要|建设好。|||

二、朗读

（一）朗读的作用

朗读，是一种运用声音技术将书面语言转化为有声语言的再创作活动，是一种具有较高文化品位的口语表达方式，它在人们的学习、工作和生活中起着非常重要的作用。

第一，它是提高阅读能力和语用能力的重要手段。通过朗读，人们可以加深对作品内容的理解和感受能力；同时，作品中优美的语言、表达的技巧，都会对朗读者产生潜移默化的影响，在"润物细无声"的朗读过程中，提高朗读者的语言鉴赏和语言运用能力。

第二，它是训练思维能力的有效方法。在朗读作品时，朗读者需要分析作品的内容结构，感受作品的思想情感。在分析和感受作品的过程中，作品的构思、层次的安排、文气的贯通以及作品呈现的优美的画面、鲜明的形象、丰富的情感等，都会对朗读者逻辑力、分析力、判断力、想象力和创造力的提高有所帮助。

第三，它是训练口语能力的可靠途径。朗读训练是教师口语训练的有机组成部分，是普通话正音训练的继续，也是说话训练的开始。在普通话学习中所学到的声母、韵母、声调等知识，在发音训练中所掌握的用气发声、共鸣控制、吐字归音等技能，都要在朗读训练的实践中加以融通。朗读训练还是教师口语表达训练的开始。口语表达是一个由内部语言转化为外部有声语言的复杂过程，朗读则是把作品的书面形式转换为有声语言。在朗读中，口腔的开合、字词的正音辨调、语句的表情达意、表现技巧的运用等，都需要很好地把握，而这些都是教师口语表达的基本功。

第四，朗读的过程是一个审美享受的过程。朗读，可以使朗读者和听众深切地感受作品所表现出的生活美、自然美和语言的艺术美。

（二）朗读的基本要求

1.深刻理解作品

理解是朗读的前提。朗读前，朗读者必须充分地理解作品，深刻地感受作品的内容和形式，还要进一步了解作品写作的时代背景和作者的主观意图。因为任何一部作品都离不开它所处的时代，都会带上时代的烙印，都会渗透作者的主观感受。朗读者只有很好地把握了作品的这些相关因素，才能深刻地理解作品。

（1）阅读作品。这是朗读准备工作的第一步，也就是说，首先要了解作品说了什么。比如《卖火柴的小女孩》，叙述了除夕之夜，一个无家可归的小女孩冻死街头的故事。故事运用对比手法，把现实的"冷"与幻觉中的"热"加以对照，深刻揭露了现实世界的黑暗和悲惨。

（2）感受作品。要朗读好一篇作品，首先要逐字逐句地阅读，一遍遍地反复思考；认真感受其中的每一个情景，领会每一个观点，使作品里叙述的人物、事件在脑海里"活"起来。在此基础上，要根据朗读的需要，对作品的布局、结构进行总体的设计。其次要正确把握作品的主题。主题是作品的中心思想，是一篇文章的"灵魂"和"统帅"。抓准了作品的主题，就会使朗读的目的更加明确，朗读时才能"内明于心，外达于人"。最后要注意把握作品的语言风格。语言风格是不同作者或作品在语言表达的整体风貌上所表现出来的个性特征，比如许地山《落花生》的朴素，巴金《海上日出》的明朗，高尔基《海燕》的豪放等。朗读者只有准确把握作品的语言风格，朗读时才能传达出作品的独特韵味。

2. 明确朗读目的，确定朗读的情感基调

朗读的过程是朗读者对文章进行"二度创作"的过程。明确了朗读目的，就有了处理文章情感色彩的基础。情感基调是指作品的基本情调和朗读者的情感态度。确定朗读的情感基调，就是要求朗读者把握作品的总的情感色彩，并确定好自己的情感态度。朗读者只有从作品的人物、事件或作者的倾向以及语言风格等方面去认真揣摩，才能恰当地把握住作品的基调。情感色彩有喜、怒、哀、乐之分，态度有肯定、否定、赞扬、批评之别，朗读者要从作品各方面的综合因素上去揣摩作品情感色彩总的特色，确定朗读的态度。

3. 关注听众，注意引发听众共鸣

朗读的过程实质上是一个朗读者和听众交流的过程。没有朗读对象，不可能实现朗读目的，所以朗读者首先应该做到"心中有人"，还要考虑到所面对的听众的身份，比如年龄、职业、种族、文化背景等因素，由此决定朗读时以何种态势与听众进行情感交流，以达成双方对作品内容的共识，从而产生共鸣，达到朗读的最佳效果。如果给小学生朗读，朗读的语气就应亲切生动，语调富有变化，表情丰富灵活，以引起小听众的共鸣；如果听众是大学生，朗读者就要在表达更深刻的题旨和表达更丰富的感情等方面下功夫。另外，在朗读过程中朗读者还要注意观察听众的反应，根据听众反馈的信息，及时调整自己，主动与听众交流，带动听众的情绪，千方百计把自己的有声语言送进听众的心里，让听众随朗读者的情感跌宕而有不同的心理反应。

4. 用普通话标准音朗读

朗读是一种形象的有声语言活动，它全靠有声语言来表情达意。要使作品的思想感情能够准确、形象、生动地表达出来，语音规范、清晰是最起码的要求。在朗读前，朗读者要按照普通话标准音检查是否把每个字的声韵调都读正确了，尤其要注意形近字、多音多义字以及音变字的字音。比如舒婷的《祖国啊，我亲爱的祖国》，很多人就没有注意到其中"啊"字的音变现象，以致产生误读，把"啊"字仍然读成ɑ音；事实上"啊"因为受到前一个音节"国"字尾音的影响，应该音变为yɑ音。

5. 掌握朗读技巧

朗读技巧是实现朗读目的的重要手段，是对作品语言进行有声创作所做的设计和处理。在朗读之前，朗读者先要对作品有一个总体把握，如全篇的基调是什么，文章的开头、发展、高潮、结局应运用什么技巧来表现，哪里应该重读，哪里应该停顿的时间较长，哪些地方语速应

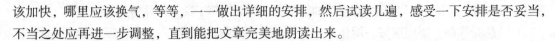

该加快，哪里应该换气，等等，一一做出详细的安排，然后试读几遍，感受一下安排是否妥当，不当之处应再进一步调整，直到能把文章完美地朗读出来。

6. 反复练习，熟能生巧

古人云：读书百遍，其义自见。反复练习，不仅可以帮助我们不断深入地感受作品、理解作品，而且在反复的实践训练中，可以提高我们的综合语言能力。在练习中朗读者可以注意一下时间和呼吸，做到吐字清、口形活，读得流利、准确，还要防止漏读、添读、倒读和读破词、读破句等现象的发生。多练熟读，在反复实践中提高朗读水平，是非常重要的。

（三）朗读的技巧

1. 注重内在的心理感受

心理感受是指作品中的形象、情节等引起的感知、体会、联想、想象的过程。在朗读或聆听作品时，人们或会心一笑，或拍案叫绝，或感伤流泪……这些都是来自对作品的心理感受。

（1）形象感受。对作品中所出现的人物、事件、情节、场面、景物、情绪等，朗读者应该去努力认识、接受、领会、思考，对那些表现事物形象的"实词"，要"感知于外"，并结合自己的经历、经验和知识积累，"受之于心"，设身处地地去体验作品的情景，发挥记忆、联想和再造、想象的能力，以增强有声语言表达的感染力。

（2）逻辑感受。作品的逻辑关系，主要指全篇各层次、段落、语句之间的内在联系，是文章的安排和构思。这种内在联系，犹如文气，贯穿全篇。朗读者必须领悟语句、篇章的真正含义，把握作者的真实意图；还要在心中形成一个语言链条，对作品中那种上下衔接、前后呼应的语言的整体性和连贯性有一个全面的把握。朗读者只有准确地把握了这种逻辑关系，才能更好地体味作品的内涵。

（3）情感感受。朗读者还应该以自己的心去体会作者的心。文章是作者生命律动、体验的结果。一篇优秀的作品，是作者思想情感的结晶，作者的创作必然是"情动于中而行于言"的。作家徐迟在谈到诗朗诵时说，朗读者应该进入到诗人创作时所具有的那种精神状态中去，把诗人在创作时燃烧着的思想情感，再一次在朗诵中燃烧起来。所以，朗读者只有在朗诵时感受到作者创作时的情感，才能感动自己，进而感染听众。

2. 注意外在的朗读技巧的运用

（1）语速的运用。语速是朗读时话语的速度，是朗读中形成语言节奏、准确地表情达意的一种重要技巧。语速的快慢取决于作品思想内容与情感表达的需要。一般说来，在叙述、说明时，在表达平静、失望的心情和庄严、肃穆的气氛时，语速都要慢一些；在缅怀、悼念时，朗读应深沉、清晰，语速更慢，表达出沉痛的情感；而在情绪紧张、热烈，或在兴奋、惊惧以及在激昂、愤怒、驳斥、申辩的时候，语速可适当快一些。在朗读作品时，朗读者只有准确感受到作品的思想内容和情感的发展，才能正确运用不同的语速，恰当地表达出作者在文章中所寄托的思想情感。

（2）掌握不同文体作品的朗读特点。朗读各种不同文体的作品，既有共同要求，也有不同的要求。但是不论朗读什么体裁的作品，朗读者都应该按照朗读的要求做好准备工作，恰当运用朗读技巧，准确把握朗读的语调。

思考与练习

1. 什么是音高、音强、音长、音色？举例谈谈它们在汉语中的作用。

2. 朗读有哪些基本要求？需要掌握哪些技巧？

3. 指出下列各组声母发音的异同。

（1）n—l   z—zh

（2）b—p   f—x

（3）sh—r   n—ng

（4）g—k   h—s

4. 说明下列各组韵母的主要区别，并准确地把它们读出来。

（1）i—ü   o—e

（2）o—uo   ê—ie

（3）ao—ou   an—ang

（4）ong—eng   uan—uang

5. 朗读下列诗词。

蝶恋花

宋·欧阳修

庭院深深深几许？杨柳堆烟，帘幕无重数。玉勒雕鞍游冶处，楼高不见章台路。

雨横风狂三月暮，门掩黄昏，无计留春住。泪眼问花花不语，乱红飞过秋千去。

热爱生命

汪国真

我不去想是否能够成功

既然选择了远方

便只顾风雨兼程

我不去想能否赢得爱情

既然钟情于玫瑰

就勇敢地吐露真诚

我不去想身后会不会袭来寒风冷雨

既然目标是地平线

留给世界的只能是背影

我不去想未来是平坦还是泥泞

只要热爱生命

一切，都在意料之中

第二章

文字

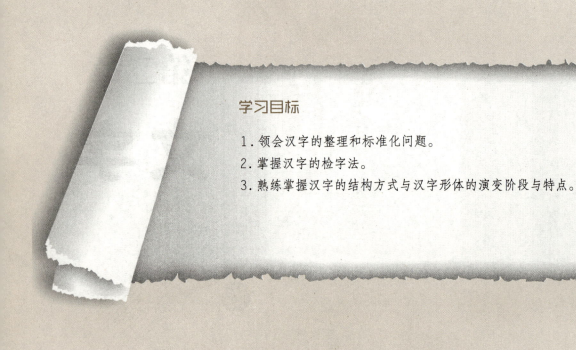

学习目标

1. 领会汉字的整理和标准化问题。
2. 掌握汉字的检字法。
3. 熟练掌握汉字的结构方式与汉字形体的演变阶段与特点。

第一节　汉语文字概说

一、文字

所谓文字，就是记录语言的书写符号系统，是人类交往交流中最重要的辅助性交际工具。文字以人类的语言为基础，依赖语言的产生而产生，随着语言的发展而不断地处于变化之中。文字不仅使语言得以流传与保存，而且完善和扩大了语言的交际效用。

（一）文字分类

文字起源于图画。世界上所有的自源文字都起源于图画。而不同的文明、不同的语言，根据其不同的发展历史和文化语言传统，又造就了不同的文字，因此现今世界产生了几千种不同的文字。文字是在语言的基础上产生的，用字形通过读音和语言的语素或者词产生联系。不同文字的区别就是"形、音、义"关系的不同，也就是说，文字记录语言的方式不同，就会产生不同的文字体系，文字的特点受语言特点的制约。文字大体上可分为以下两类。

（1）表音文字，也叫拼音文字，它的目的是要把词中一连串连续的声音摹写出来。表音文字有时是音节的，有时是字母的，即以言语中不能再缩减的要素为基础。这种文字记录的是音素或者是音素文字，例如英文；或者是音节文字，如日本的假名。这种表音文字的基本单位即是字母。

（2）语素文字，也叫表意文字。表意文字一个词只用一个符号表示，而这个符号不取决于词赖以构成的声音。这个符号和整个词发生关系，因此也就间接地和它所表达的观念发生关系。语素文字记录的基本单位是语素（最小的音义结合体），最典型的代表是汉字和古埃及的楔形文字。

（二）文字作用

文字作为记录语言的符号，克服了有声语言的局限性，承载了人类辉煌的历史文明，有效地促进了社会、经济、文化的发展。其作用主要有以下3点。

（1）拓展了语言的交际职能。文字的出现克服了有声语言的时空局限性，有效地保留了口头语言，让一发即逝的语言可以"传于异地，留于异时"。

（2）记录了人类的文化活动。文字通过书面语能更好地记录人类的文化活动。在没有文字以前，人类的文化活动过程主要是通过传说和史诗来传诵的，那时每一个文化群体或部落的文化活动都由一些专门唱史诗或传说的人来传承。如果会唱史诗或传说的人都去世了，文化记录也就中断了。而文字的出现则为记录人类文化活动提供了更好的手段。

（3）提升了人类的思维能力。文字不但记录了人类的思维智力活动，使这种思维智力活动有了表象，更通过各种方式得到了传播和交流，从而有效地促进了人类思维能力的提高，开发了人类大脑的潜力，并促进了不同文明、文化之间的相互交流和融合，使人类的文明出现了质的飞跃。

二、汉字

（一）汉字的起源

汉字是以汉语为基础而产生的记录汉语的书写符号系统。汉语出现之后，我们的祖先在长期的社会实践和不断的文明交流中创造了汉字，汉字是世界上使用时间最久、空间最广、人数最多的文字之一，汉字的创制和应用不仅推进了中华文化的发展，而且对世界文化的发展产生了深远的影响。

思政小课堂

有关汉字起源的文献记载，最早来自周秦的典籍，而且大都是传说，有的还带有神话色彩。这些传说并非汉字起源历史面貌的详尽写实，可以证实汉字历史面貌的文物与文献还不够系统和充分。而根据最新的考古发掘，我们可以大致地描述出汉字的历史起源。大约在距今6000年的半坡遗址等地方，已经出现刻画符号，共50多种。它们整齐规范，并且有一定的规律性，具备了简单文字的特征。学者们认为这可能是汉字的萌芽。

汉字形成系统的文字体系是在公元前16世纪的商朝。考古证实，在商朝早期，中国文明已发展到相当高的水平，其主要特征之一就是甲骨文的出现。甲骨文是刻在龟甲和兽骨上的古老文字。目前，考古学者共发掘甲骨16万余片。其中有的完整，有的只是没有文字记载的碎块。据统计，所有这些甲骨上的各种文字总计有4000多个，其中经过学者们考证研究的约有3000个，在3000余字里面，学者们释读一致的有1000多字。其余的或者不可释读，或者学者们分歧严重。尽管如此，通过这1000多字，人们已经可以大致了解有关商朝政治、经济、文化等各个方面的情况了。甲骨文是一种成熟而系统的文字，为后世的汉字发展奠定了基础。此后，汉字逐渐又经历了铜铭文（金文）、小篆、隶书、楷书等形式，并一直沿用至今。

（二）汉字的特点

作为一种语素文字，汉字主要具有以下几个特点。

（1）从书写形式看，汉字是平面形方块体。汉字的笔画有秩序地分布在一个平面形的方框里，这是汉字从外观上看最明显的特点，而音素文字的字母在构词时是呈鱼贯式线性排列的。

（2）汉字的形音义之间原本存在一定的理据。汉字，尤其是古代汉字的形音义之间，原本存在着一定的联系。传统上认为汉字是表意文字，是形音义统一的，有见形知义的特点。不过，随着汉字的发展，古代汉字在经过隶变、楷化之后，字形显义功能已经不是很明显，许多字的形音义之间的理据要经过一定的分析以后才能看出，而且相当一部分字的字义跟字形之间已经失去了联系。

（3）汉字记录的语音单位是汉语的音节。汉字和音节之间并不是一一对应的，一个音节往往对应多个汉字（同音字），有的汉字也可能对应多个音节（多音字）。可见汉字从文字体制上不同于音节文字，而这一点就保证了汉字长期稳定的发展。

（4）从汉字记录汉语的方式上看，汉字记录汉语不实行分词连写。通常，音素文字记录语言，一般是自左向右或自右向左横向展开，一个词里的所有字母连着写，词与词之间留有空隙，以显示词与词之间的界限，这种书写规则叫作分词连写。如英语的"苹果"写作"apple"，"红苹果"写作"red apple"。可见，在英语的书面语中区别词是比较容易的。而汉字记录汉语，一般来说，一个汉字代表一个语素，词与词之间在书面语中没有分界，因而，区别语素较为容易，区别词则较为困难。

（5）从汉字自身来看，汉字数量多，字形结构复杂。

（6）汉字具有一定的超时空性。汉字跟语音的关系并不密切，跟意义的关系较为密切，这就使得汉字具有一定的超时空性。

（三）汉字的功能

1．汉字的社会功能

首先，汉字记载了中华文明灿烂的文化。数千年来，汉字为书写中华文化、传承中华文明发挥了巨大的作用。史学典籍的出现，能够使大量的历史经验、资料史实得以记载流传下来，因而汉字在历史上对中华文明的传播起到了重要作用，并成为东南亚文化圈的内在纽带。

其次，汉字为人们日常生活中的交际交往提供了巨大的便利。文字作为一种特殊的语言交流工具本身就具有超时空限制的特点，而汉字作为一种超时空和超方言的文字系统更是为整个华人文化圈的语言交流与文化融合提供了巨大的方便。一方面，汉字超越了时空和地域的界限；另一方面，汉字跨越了不同方言系统的阻碍，帮助了不同方言区的人们顺利地进行书面的交际交流。

再次，汉字促进和保持了汉语的规范化和统一性。由于汉语的方言众多，语音分歧很大，所以其分化为各个独立的文字语言体系的可能性也是极大的。而自从大一统的秦朝实施"车同轨，书同文"以来，汉字这种统一、通用的书面语便发挥了强大的规范和统一汉语的功能，不但使汉语没有分化和异化，更为汉语语言的加工提炼提供了有利的环境，对汉民族共同语的形成和发展产生了积极的影响。

最后，汉字文化向周边的辐射与传播，形成了特有的汉字文化圈。汉字成为东亚世界的通用文字，与儒学、佛教等的传播密切相关。随着东亚各国传统教育制度的确立，儒学经典成了东亚各国的通用教科书。这样的历史延续了千年，学习汉字的历史也同步延伸。即使是在今天，东亚各国所使用的佛经也依然是中古时翻译过来的汉文佛经，除了读音的区别，其他毫无二致。

2．汉字的文化功能

汉字历史悠久，是世界上唯一未曾中断使用而延续至今的表意文字系统。作为一种书面语言交际符号，汉字从诞生之日起，便始终伴随着汉民族的文化发展进程，在履行语言交际职能的同时，又以其独特的表意特征和内部构成形式，承载了极其丰富的历史文化内涵。汉字的结构是点画成文，合文为字，组装灵活，变化多样。这种结构模式，使汉字有效地发挥了其独特的文化功能。

汉字的文化功能，有广义与狭义两种认识。就广义来讲，汉字是为了记录语言以消除其交际中的时空障碍而创制的，其语言交际的基本功能，以及其他一切功能都可以视为其文化功能。传统的汉字研究，所关注的主要是汉字的语言交际功能，其研究已有深厚的传统和积累，而对汉字语言功能以外的文化功能却重视得很不够。因此从狭义的角度看，汉字的文化功能应侧重研究其语言交际以外的文化功能。而这种所谓的文化功能大致可以划分为两个方面：一是文化信息的蕴涵，二是文化现象的塑造。前者发轫于汉字的创制，后者则与汉字的使用相联系。

其实，汉字在各个文化领域都会产生能动作用和积极影响，而这种作用和影响又绝不会仅限于其语言交际的范围之内。因此，汉字文化功能的发挥就会在各个文化领域中都形成自己的一方独特的天地。由于汉字形体结构的特点，人们在利用汉字进行交际的实践中，发现了汉字在文学艺术、民俗游艺等众多领域中的特殊创造价值，从而引发出种种具体的文化现象。其体裁丰富、形式多样、构思奇巧，具有突出的民族特色。

（1）汉字与字谜。字谜跟汉字的字形或字音或字义直接相关。同其他文字相比，汉字为谜语开辟了广阔的天地。字谜谜面和谜底之间的关系多种多样，有的更是综合利用了字形、字音、字义间的关系。

（2）汉字与诗歌。汉字与诗歌的关系，主要在于汉字对诗歌形式的影响。中国的古典诗歌，除了词和曲以外，多数是要求诗句长短整齐的，近体诗除了字数和押韵更加严格以外，最重要的特点是要求平仄对仗。近体诗的平仄和对仗也与汉字有关，有时候诗人利用汉字一字多音多义的现象，来协调诗句的平仄。

（3）汉字与书法、篆刻。书法和篆刻是汉字特有的艺术形式，汉字为书法、篆刻提供了丰富的内容，书法、篆刻则使古老的汉字长出了艺术的翅膀。因此，在我国汉字的形体上，负载着深厚的美的积淀，这是汉字的高度艺术和高度文明的表现。

（4）汉字与对联。对联是我国人民喜闻乐道的民族文学形式之一。对联种类多样，载体多样，针对不同的对象、要求，写法亦多样。可以说，对联已成为集诗、书、印装（雕刻装修）为一体的汉字文化特有的综合艺术品，是一朵雅俗共赏的奇葩。

（5）汉字与姓名。我国古代姓、氏、名、字的享有权和个人的身份、地位、家族、职业等都有着密切的关联。因此，在使用汉字作为姓、氏、名、字的记录符号时，有许多的讲究。这就形成了中国特有的一种和文字有关的姓氏名字文化。

（四）汉字与汉语的关系

文字是记录语言的书写符号系统，是最重要的辅助性交际工具。文字是在语言的基础上产生的，语言是第一性的，文字是第二性的，文字依附语言而存在。因此，任何一种文字都必须适应它所记录的语言的特点，只有准确地记录语言，文字才能不断丰富和发展。汉语作为世界上使用时间最长、使用范围最广的一种语言，其最主要的原因也是由于汉字适应了汉语的特点，能够较好地记录汉语。汉字对于汉语具有巨大的适应性和包容性。

（1）汉字适应记录汉语词汇。我国古代的汉语构词是以单音节的词根为基础，而单音节是汉语语素的基本形式。汉语词汇在古代以单音节为主，一个音节就是一个汉字，毫无疑问，在古代汉语中汉字完全能够适应记录汉语词汇。在现代汉语中，汉语词汇以双音节词为主，汉字也适应记录汉语词汇，因为双音节词往往是以古代的单音节词作为构词要素而组成的。这样构词，人们就可以根据已知的单个汉字，按一定的语法结构及语法层次来学习和掌握汉语。

（2）汉字适应于汉语非形态的特点。汉语在语法结构上有别于西方形态词汇，它的主要语法手段是词序和虚词。而有形态变化的语言的语法意义是通过词形变化体现出来的，它用字母的增减变化来显示不同的语法意义。例如，英语名词有单复数之分，而汉语则是以音节传递信息。

（3）汉字适应于汉语的四声表意。汉语的音节、声母、韵母、声调是一个整体，因而声调是汉语音节结构中不可缺少的一个组成部分。汉语的每一个音节一般都具有声调，它的主要作用是分辨词义。而汉字是代表音节的，一般一个汉字就是一个音节，因此汉字就刚好能满足汉语这种四声表意的要求，音随意转，记录汉语。所以说，用汉字来记录有声调的汉语是必然的。

（4）汉字适应于汉语方言复杂的特点。汉字的表意作用一方面使汉字与语音长期分家，但另一方面，汉字的表意性使得汉字能适应汉语方言复杂的特点。汉字在书面上具有普遍共通性，尽管各方言语音不一样，但表达的意思都是相同的，因此使用汉字的各方言区基本上都可以"察字见意"，即通过汉字来顺利地进行交流交际。汉字弥补了汉语因方言严重分歧而带来的交际困难，同时汉字还以这种超方言的独立作用维系了中华民族几千年言语异声的统一，传承了中华民族的灿烂文明。

当然汉字与汉语之间也存在一些矛盾。一是由于汉字字形与语音联系不大，因此汉字不能完善地记录现代汉语语音，例如一些拟声词、口语词无相应的汉字对照。二是由于汉字不实行连写，所以有时候脱离了上下文，就难以分清某一语言单位是一个词还是两个词。三是由于汉字中的一些歧义，文言不一的现象是汉语文字中的正常现象。四是重音、快读造成的音变现象，拼音文字的词形也是无法明确表示的。

总之，汉字与汉语既有统一性，也有矛盾性，但统一性是主要的，汉字是能够比较完善地记录汉语的，并且随着汉语的不断发展，汉字也将得到进一步的完善。

第二节　汉字形体的演变

一、汉字形体的划分

汉字的书写外形，简称"字体"，经过了近6000多年的演变发展，汉字的字体历经了漫长的演变过程。从比较成熟的甲骨文算起，也有3000多年的历史。从甲骨文产生至今，汉字字体的发展经历了古文字和今文字两大阶段。古文字阶段可分为甲骨文、金文、大篆、小篆4个阶段，今文字阶段可以分为隶书、草书、楷书、行书等几个阶段。

（一）甲骨文

汉字形体赏析

甲骨文主要用于记录商代王室贵族有关占卜活动的内容，因为是刻在龟甲和兽骨上面的，所以称之为甲骨文。甲骨文是目前已知最早的成体系的汉字，因是1899年在河南安阳附近小屯村的商朝遗址中被发现的，所以又叫殷墟文字。

甲骨文的主要特点是字形由细瘦的线条构成，多直笔，拐弯处一般为方笔，棱角分明，外形参差不齐，字的大小也不统一。甲骨文的形体结构还没有完全定型，一个字怎么去写，还没有固定下来，所以甲骨文的书写中还保留着浓重的描画物象的色彩。

大量甲骨文的发现，是研究汉字发展与古代汉字文化的珍贵史料。

（二）金文

金文是西周及春秋时代铸刻在青铜器——钟鼎、生活用品、武器等上面的文字，因浇铸在或刻在青铜器上而得名金文，又因青铜器以钟鼎为最多，所以金文又称钟鼎文，其文辞被称为铭文。金文主要流行于西周时期。

金文是甲骨文的直接继承，属于殷商文字体系。但由于其大多数是用模型浇铸的，先在模子上刻字，刻不好的话还可以修改，所以金文布局匀称，笔画肥美，呈现出一种朴实雄浑的风格。但是异体字依然较多，且此时的金文字体结构仍然没有定型，笔画可多可少，写法可横可竖，方向可正可反，偏旁可左可右，所以仍保留了一部分描写物象的色彩。金文主要记录的是统治者祭祀、分封诸侯、征伐等内容。

（三）篆书

篆书又分"大篆"和"小篆"。大篆也称"秦篆"，是秦国的通用文字，其特点是形体匀称、齐整。籀文、石鼓文是其典型代表。小篆是在大篆的基础上整理、简化而成的，是秦统一六国后"书同文"的结果。许慎在《说文解字·叙》中说："秦始皇帝初兼天下，丞相李斯乃奏同之，罢其不与秦文合者……皆取史籀大篆，或颇省改，所谓小篆者也。"由于皇帝的高度重视以及皇权的巨大影响，小篆迅速在全国推行开来，而纷繁复杂的"六国文字"也随即退出历史的舞台。跟大篆相比较，小篆的图画性已经大大减弱，线条化、符号化更加明显，笔势匀圆、整齐，结构已经比较固定，偏旁也发生了一定的变异和合并，可以说，小篆是古文字的终结。

（四）隶书

隶书是出现于战国，形成于秦代，在民间广泛流传的一种字体。秦代的一些下层办事人员，为了省时、快速，在抄写东西时不完全按照小篆的笔画、结构来书写汉字，从而逐渐形成了一种新字体。因为这种字体多为下层官吏、徒隶等使用，所以被称为隶书。在秦代，隶书只对小篆起辅助作用，正式场合仍然要用小篆。到了汉代，隶书发展成为一种全新的汉字字体，并取代了小篆成为通用字体——汉隶。汉隶又叫今隶，相对的，秦隶又称为古隶。

隶书的诞生在汉字发展史上占重要地位，它是汉字发展史上的一个转折点，是古今文字的分水岭。

隶书完全打破了小篆的结构，形成了点、横、竖、撇、捺等基本笔画，笔画讲究波势挑法；结构匀称、棱角分明，字形扁方，整齐美观；图画性完全消失，字体完全符号化。

（五）草书

草书是汉代为提高书写速度而在隶书的基础上形成的一种字体。据说草书得名于打草稿，"草"有草率、潦草之意。草书主要运用于日常书写，正式场合，如公文、布告等，仍然要用隶书。草书一般分为章草、今草、狂草3种。章草形成于东汉初年，其特点是笔画相连，但字字独立，辨认容易。今草产生于东汉末年，其特点是笔画相连，而且字字相连，书写十分潦草，有时一个字只保留一点轮廓，许多不同的偏旁，如竹字头、心字底、四点底，都写成一个形状，辨认十分困难。狂草产生于唐代，是在今草的基础上发展起来的，其特点是书法家任意挥洒，随意增减笔画，字如龙飞凤舞，一般人很难辨认。由于草书实在难以辨认，所以便逐渐失去了文字的使用价值，到现在只能作为汉字特有的一种书法艺术而存在了。

（六）楷书

楷书又叫正书、真书，是出现于东汉，成熟并通行于魏晋，且一直沿用至今的一种标准字体。楷书的主要特点：去掉了隶书的波势挑法，笔画十分平直，字形比较方正，结构显得紧凑，字的笔画大大减少，容易书写，使汉字完全变为由笔画组成的方块形符号。

（七）行书

行书始于汉末，是介于今草和楷书之间的一种字体，是楷书的草化或草书的楷化。行书书写比楷书灵活流畅，比任意挥洒的草书容易辨认，因此运用十分广泛，一直是手写体的主要形体。

二、汉字形体的演变特点

（一）笔画线条化

笔画有一个形成过程。从甲骨文到篆字的古文字阶段，笔画逐渐形成直笔和圆转两种。隶变以后才逐渐形成笔画匀称、线条统一的楷体字的笔画系统。

（二）字形符号化

汉字历史上曾经有六书，把字形和字义联系起来，便于分析和理解汉字的读音与意义。由于每个组成部分都有其由来和理性，因此通过分析就可以找出字形演变的来龙去脉，从而发现意义的根据。而随着汉字的发展演变，这种理性逐渐被破坏和丧失。最大的一次字形系统演变是从篆书到隶书的"隶变"，它从根本上打破了古代汉字的理据性。近现代汉字特别是经过了简化的现代汉字，已经彻底打破了楷书所继承的微弱的理据性，使汉字符号系统彻底地符号化了。

（三）结构规范化

经过长期的发展演变，汉字逐渐由不规范变得整齐规范、大小一致、造型美观。这种规范是自印刷术发明以来，在长期的历史实践中逐渐形成的。新中国成立后，经过字形的整理，改变了老宋体，确定了现代汉字的结构体系。中文信息处理的汉字点阵字模技术的出现，相应国家标准的制定和实施，以及电脑激光照排技术的推动，把汉字规范化的结构普及到千家万户、世界各地。

（四）字符集标准化

标准化是信息革命带给汉字的新特点。由于计算机中文信息处理技术的应用发展，促进了汉字"形、音、义、用"的标准化。其中，最主要的就是字符集的标准化。这其中比较重要的是《信息处理交换用汉字编码字符集（基本集）》，与之相关的有《现代汉语常用字表》《现代汉语通用字表》《印刷通用汉字字形表》等。

三、汉字的简化

汉字从甲骨文、金文变为篆书，再变为隶书、楷书，其总的趋势就是从繁到简。隶书是篆书的简化，草书、行书又是隶书的简化，而简体字正是楷书的简化。

中华人民共和国成立后，国家对文字改革极为重视，简化汉字成为文字改革工作的一部分。1964年5月，中国文字改革委员会编辑出版了《简化字总表》；1977年12月，中国文字改革委员会发表了《第二次汉字简化方案（草案）》；1986年10月，国务院宣布废止《第二次汉字简化方案（草案）》，国家语言文字工作委员会经国务院批准重新发布了《简化字总表》，对个别字进行了调整；2013年，国务院公布《通用规范汉字表》。《通用规范汉字表》公布后，社会一般应用领域的汉字使用以《通用规范汉字表》为准，原有相关字表停止使用。

我国汉字简化的方法大致有以下几种。

（1）代替法：用现有的笔画少的字代替笔画多的繁体字。如谷（穀）、丑（醜）、后（後）、只（隻）、干（乾、幹、榦）等。这类简化字可以分为同音代替字、异音代替字、特殊代替字3类。

（2）草书楷化法：采用历史上已经形成书写习惯的草书或行书的写法，变换成楷书的笔法，从而形成简化字的方法。如导（導）、联（聯）、实（實）、图（圖）、杂（雜）、斋（齋）、当（當）、会（會）、贝（貝）、娄（婁）等。

（3）特征法：采用繁体字具有特征作用的部分作为简化字的简化方法，如医（醫）、巩（鞏）、儿（兒）、号（號）、夸（誇）、恳（懇）等。

（4）轮廓法：删除繁体字内部的烦琐部分，保留繁体字的轮廓作为简化字的简化方法。如疟（瘧）、虏（虜）、齿（齒）、伞（傘）等。

（5）会意法：采用构字部件之间的联系来简化汉字的方法。如众（衆）、双（雙）。

（6）符号法：采用没有具体意义的简单符号代替繁体字的一个构件的简化汉字的方法。"双"表示重叠的意思，可以称作有理符号，如�搀（攙）谗（讒）、轰（轟）聂（聶）；"又、不"所组成的字在音义形上都没有联系，可以称作物理符号，如邓、观、欢、艰（鄧、觀、歡、艱）；怀、坏、环、还（懷、壞、環、還）。

（7）偏旁类推法：即用简化的偏旁或可作偏旁的简化字来替代合体字中的同形部件，以类推出一批简化字。《简化字总表》中的第三表即是"应用第二表所列的简化字和偏旁类推出来"的。

（8）形声法：采用简化形声字的形旁、声旁或新造形声字的方法来简化汉字。其中，形旁、声旁都简化的有护（護）、惊（驚）、让（讓）、认（認）、响（響）、钥（鑰）、证（證）、钟（鐘）、钻（鑽）等。形旁简化的有舫（艫）等。声旁简化的有帮（幫）、补（補）、迁（遷）、尝（嘗）、递（遞）、沟（溝）等。

简体字相对于繁体字而言，是在繁体字的基础上形成的笔画少、结构简单的汉字。绝大部分简体字的读音、意义与繁体字相同。但是也有少部分简体字与繁体字在意义用法上不完全对应，尤其是同音替代的简体字，往往代表了几个原意不同的字。如果在一些特殊场合需要使用繁体字时，注意不要机械地繁简对应，以免弄错。例如，"后"的本来意义是指皇后、太后，后来人们又用它代替同音的繁体字"後"，因此，如果需要使用繁体字，那么只有"前后""落后"这类词语中可使用繁体字"後"，而"皇后""太后""母后"一类词语中的"后"不能使用繁体字。

第三节 汉字构造

一、汉字的层次

现代汉字可以分为3个层次：笔画→部件→字。

例如，"日"由竖、横折、横、横4个笔画组合而成，"月"由撇、横折钩、横、横4个笔画组合而成；"明"由"日"和"月"两个部件组合而成。字是记录语言的使用单位，笔画和部件是构字单位。

（一）笔画

所谓笔画，是构成汉字字形的点和线，是字形结构的最小单位。书写正楷字时，从起笔到收笔书写出来的就是一个笔画。只有像"一""乙"等少数几个汉字是由1画构成，其他大多数汉字都由多笔画构成，例如，"山""三""工"由3画构成，"毛""手""王"由4画构成，"都""郭""部"由10画构成；少数汉字也有20多画的，如"蠹""攘""爨"等。据统计，现代常用汉字的平均笔画是10画左右，大部分汉字的笔画是6—12画。

每种笔画都有一定的形状，叫作笔形。点、横、竖、撇、捺是构成汉字形体的最基本的5种笔形，汉字"术"可以作为这5种笔形的代表。由于基本笔形运笔方向的改变和相互联系，又产生了提、折、钩3种笔形，这3种笔形可用"刁"字作为代表。点、横、竖、撇、捺、提、折、钩是构成现代汉字的8种主要笔形。这8种主要笔形在具体运用中又衍生出许多变化笔形，例如，钩有横钩、竖钩、斜钩、弯钩、卧钩等，如"买""了""弋""心"字中的钩，笔形就各不相同。

（二）偏旁

绝大部分汉字，从结构上看可以分析出两个以上的基本构成单位，这种构字的基本单位叫偏旁。偏旁由笔画构成，是比笔画大的构字单位。例如，"恩""鸣""需""穿"等字，都是由两个偏旁构成的。各个偏旁都有一定的名称，在字中的位置一般也是比较固定的。为了便于述说，根据偏旁在字中的位置的不同，人们还给各个部位的偏旁定出了不同的名称：在上叫头，如草字头（花、苗）、宝盖头（家、安）；在下叫底，如心字底（态、怨）、皿字底（孟、盅）；在左右的叫旁，如竖心旁（情、恨）、单人旁（仁、们）、双人旁（徘、行）、提手旁（拉、推）、立刀旁（刘、剃）等。

现代汉字的偏旁，最初本身也是一个独立的字，有些今天依然独立成字，如"恩"中的"因""心"，"贡"中的"工""贝"等都是成字偏旁。其他又如"火、水、心、手、日、月、山、土、木、目"等也都是成字偏旁。

由于汉字字体的发展演变，有些偏旁形体发生了很大的变化，已不能独立成字，只是作为构字要素而存在于汉字系统中。例如，"水""心""手"在下列几组汉字中，分别变成了"氵""忄""扌"。

浪　涛　汹　涌　澎　湃　河　江　渴

怪 怅 惨 恍 惯 愤 慌 快 愧

抗 扣 抢 投 抛 抄 抱 抢 打

根据偏旁在字中的意义作用，现代汉字的偏旁可分为表义偏旁、表音偏旁、记号偏旁 3 种。

（1）表义偏旁：表义偏旁是表示字义特征、类属的偏旁，它表示一个汉字所属类别的意义，而不是表示具体的意义。例如：

①鸳 鸯 鹂 鸪 鹈 鹕

②岭 峰 峨 岗 峦 岩

③鲤 鲫 鲥 鳜 鲢 鲈

第①组汉字中的偏旁是"鸟"，表示这些字的意义与鸟有关；第②组汉字中的偏旁是"山"，表示这些字的意义与山有关；第③组中的偏旁是"鱼"，表示这些汉字代表的意义与鱼有关。

（2）表音偏旁：表音偏旁是汉字中表示字音的偏旁。例如：

①妈 码 玛 蚂 犸 吗 骂

②湖 糊 蝴 葫 瑚 猢 鹕

③领 零 铃 龄 玲 羚 图

第①组汉字中的表音偏旁是"马"，第②组汉字的表音偏旁是"胡"，第③组汉字中的表音偏旁是"令"。借助这些表音偏旁，这三组汉字与音节 ma、hu、ling 便有了联系，学习者通过这些表音偏旁，可以比较容易地推出一系列汉字的读音。

从现代汉字的角度看，有些表音偏旁已经失去了表音的作用，但从它们在字中的地位和来源看仍然是表音偏旁，如"治""怡"中的"台"。

（3）记号偏旁：记号偏旁是汉字中与字音和字义没有任何关系的偏旁，它们的主要作用是区别字形。记号偏旁是汉字在发展演变过程中改造原来的表音偏旁或表义偏旁而形成的，这些偏旁笔画结构比原来的偏旁要简单得多。例如：

①歡 漢 嘆 艱 觀 權 僅 對 戲 鷄 鄧 鳳 雙 樹 轟 聶

②欢 汉 叹 艰 观 权 仅 对 戏 鸡 邓 凤 双 树 轰 聂

第①组是繁体字，第②组是相对应的简体字。繁体字中的一些复杂的偏旁，原来在字中的作用各不相同，简化后，都用"又"代替，这里的偏旁"又"既不表示字音，也不表示字义，同字音、字义没有一点联系，纯粹是一个区别字形的符号，这就是记号偏旁。

现代汉字的偏旁约有 1000 多个，常用的约有 500 个，其中不少偏旁能独立成字。所以现代汉字虽然数量庞大，结构复杂，但如果掌握了一些基本的构字偏旁，学习汉字就相对比较容易了。常用偏旁的数量十分有限，而构字频率却相当高，掌握了常用偏旁，对识字、用字、检字都有重要意义。

（三）部首

从偏旁构字的角度看，汉字的构成并不是杂乱无章的，而是有一定规律的。有些汉字，由于字义上相关联，构字时常用同一个偏旁来表示，像"扌""木""口""氵""艹"等偏旁，每一个都"统率"着上百个汉字。现代汉语词典编纂者根据汉字结构的这个特点，把一组汉字共有的偏旁提出来做标目，以便排列和查检汉字，这个作为标目的偏旁就是部首。例如，凡是有偏旁"木"的汉字排在一起，作为一部，将"木"排在一部之首，如果要查找"桉、柳、桔、树"

等字，只要找到了"木"，就可以在这一部中进行查找了。

部首和偏旁并不是一回事，偏旁是汉字结构单位名称，部首是字典排列汉字的依据。部首绝大多数是偏旁，但是偏旁不一定是部首，部首包含在偏旁之中，只是偏旁的一部分，二者不能等同。例如，"灯、炒、炸、炬"等字都有两个偏旁，但只有"火"是部首；而"丁、少、乍、巨"只是偏旁，不是部首。有些部首，如"一、丨、丿"等，不是偏旁。现代汉字常用部首约有 200 多个，而偏旁却有 1000 多个，可见，偏旁的范围要比部首大得多。

二、汉字的结构方式

（一）象形

象形是比照实物形体模拟描画成字的方式，所造的汉字具有十分明显的图画特征。例如：

伞：像一把伞撑开的形状。

山：像绵延起伏的山峰形状。

人：像一个侧面站立的人的形状。

羊：像突出双角的羊头的形状。

雨：像空中落雨的形状。

木：像一棵树的形状。

象形是一种最古老、最原始的构字方法，许多民族在最初造字时都使用过这种方式。这种造字方式虽然简单，却有很大的局限性，因为客观事物又多又复杂，任何一种文字符号的数量都是有限的，不可能每个事物都用一个符号表示，也不可能都可以描画成字；同时，语言中有许多概念，如思想感情、行为方式等，根本就无形可象。所以汉字系统中象形字比较少，自汉代以后几乎就没有出现新的象形字。

（二）指事

指事是用抽象的符号构字，或者在象形字的基础上附加指示性的符号来构造新字的方式。例如：

一：用一条横线表示。

三：用三条横线表示。

本：在象形字"木"字的下部加指事符号，表示这个字的意义是"树根"，物的源头。

寸：在象形字"手"的基础上加一符号，表示人手腕边按到脉的地方，即寸口。

末：在象形字"木"的上部加一指事符号，表示树梢。

指事造字法虽然比象形进了一步，但是局限性也比较大，因为许多事物不是用简单的指事符号就能表示出来的，所造的字也就满足不了日益发展的社会的用字需要。

（三）会意

会意是用两个或两个以上的象形字或指事字作为偏旁，组合成一个新字的方式。原来的象形字、指事字作为新造字的构成要素，其意义与新造字的意义有某种联系，可以意会。例如：

吠：从口从犬，表示狗叫。

林：用两个"木"字构成，表示树木多就是"林"。

从：两人一前一后，表示跟从。

休：从人从木，人靠在树上，表示休息。

益：从水从皿，表示溢出，是"溢"的本字。

烦：从火从页（页是人头形），表示发热头痛。

会意方式可以造出表示抽象意义的字，选用偏旁可以用相同的符号，也可以用不同的符号；构字方式可以左右并列，也可以上下堆叠。这种造字方式比象形、指事无疑要优越得多。

（四）形声

形声是用已有的汉字充当形旁或声旁来构成新字的方式。形旁和声旁都是原有的字，用作形旁的那个字，表示新造字的意义类属；用作声旁的那个字，表示新造字的读音。例如，"柑"字，其中的象形字"木"是形旁，表示"柑"字的意义同"木"有关；"甘"是声旁，表示"柑"字的读音与"甘"相同。又如：

姨：从女夷声   糕：从米羔声

案：从木安声   岭：从山令声

牦：从牛毛声   蜘：从虫知声

坊：从土方声   喑：从口音声

形声造字法同象形、指事、会意相比，更具有先进性和科学性。因为象形、指事、会意3种方法造出来的汉字，字形结构只与所记录的语素或词的意义相联系，没有考虑到读音。而形声结构方式则考虑到了语言的声音和意义两个要素，所创造的形声字，既能表示字的意义，又能表示字的读音，无疑具有很大的优越性。

形声字的出现，打破了以往汉字不表字音的局限，是汉字发展史上的一大飞跃。它使汉字由过去的纯粹表义阶段过渡到音义兼表阶段，创造了全新的汉字结构模式，强化了文字的符号特征。形声字将语素的读音、意义巧妙地统一于一体，为人们的识读、运用带来了极大的方便。正因为形声这种结构方式的先进性、优越性，所以发展成了汉字的主要构字方式。后来许多新字，几乎都用形声方式创造，甚至原有的一些非形声字，出于强调音义或分化字义的需要，也加上形旁，变成了形声字。例如，"益→溢""莫→暮""羞→馐"等。

🔘 知识拓展

六书

"六书"是古人通过解说汉字的结构和使用方法而归纳出来的六种条例。许慎在《说文解字·叙》中把六书之名定为指事、象形、形声、会意、转注、假借。一般认为，"六书"中象形、指事、会意、形声属于造字之法，转注、假借则属于用字之法。

"六书"大约反映了战国末到汉代后，世人们对汉字的结构和使用情况的认识。它基本上是建立在小篆的基础上的，是一个完善周密的条例。它对于汉字，特别是对古文字，能够予以充分说明，并对汉字的演化和发展起着重要的指导作用。

三、独体字和合体字

（一）独体字

独体字是以笔画为直接单位构成的汉字，它是一个囫囵的整体，切分不开，例如，"人、山、手、毛、水、土、本、甘"等字。

笔画与笔画组合成独体字，有下列几种组合关系：

（1）离散关系：笔画与笔画之间有一定的间距，互不接触，例如，"八、二、儿、川、心、六"等字。

（2）连接关系：笔画与笔画互相连接，例如，"人、工、入、上、下、正、丁、月、几、已、韭"等字。

（3）交叉关系：笔画与笔画之间互相交叉，例如，"十、卅、丈、夫、井、车、力"等字。

（4）综合关系：离散、连接、交叉等多种关系综合在一起，一个汉字包括好几种笔画组合关系，例如，"巾、长、本、无、手、牛、士、毛"等字。

不少形近字的区别，主要是由笔画组合关系的不同来体现的，例如"八"与"人"是离散与连接的区别，"午"和"牛"是一笔交叉和多笔交叉的区别。

独体字的笔画形状及笔画组合，往往是因字而异，少有规律可循。初学汉字的人感到汉字难学，与此不无关系。独体字在整个汉字系统中数量并不是很多，但所占的地位十分重要，它们不仅作为一个独立的字从古使用至今，而且绝大部分又都是合体字的构成部件，作为偏旁构成合体字，构字能力极强，把它们看作是汉字系统的核心一点也不过分。例如，以"木"为偏旁构成的现代常用汉字就有400多个，其他如"口、人、日、土、王、月、马、车、贝、火、心、石、目、田、虫、米、雨"等，构字频度都相当高。掌握了这些常用的独体字，学习其他汉字也就不难了。从这个角度看，汉字又有易学的一面。

（二）合体字

合体字是以偏旁为直接单位构成的汉字，在汉字系统中占大多数。

合体字由偏旁组合而成，因此内部结构可以进一步分析，例如，"烧"由"火""尧"构成，"呼"由"口""乎"构成。构成合体字的偏旁，最初和字音、字义都有一定的联系，后来由于字义的发展、语音的变化、字形的演变，这种联系就不大容易看出来了，有的甚至毫无联系可言。如"取"字，是用手（又）割取耳朵，在古代对战死者割取耳朵作为记功的凭证，而现在表示拿、获得的意思，与"耳"就没有什么关系了；又如"羞"从"羊"，表示这个字的意义同"羊"有关，本义是"珍馐"，但现在表示"羞涩"之意，其本义已用"馐"字代替，所以从现代字义考察，"羞"与"羊"就关联不大了。

偏旁与偏旁组成合体字，组合方式有下列几种情况。

（1）左右结构：偏旁左右并列构成汉字。这类合体字最多，约占汉字的60%以上。例如，"深、推、杭、理、肝、线、难、彬"等字。

（2）上下结构：偏旁上下堆叠构成汉字。这类合体字也不少，约占汉字的20%左右，例如，"思、盅、家、它、草、篱、意、冀"等字。

（3）内外结构：构字偏旁在方位上有内外之分，可分全包围和半包围两种情况。全包围是一个偏旁把另一个偏旁围在中间，例如，"国、团、圆、囡"等字；半包围是一个偏旁从上、下、左、右的某两边或三边把另一个偏旁围住，例如，"同、闷、幽、区、凶、厅、病、氧、边、起、司、建"等字。

（4）"品"字形结构：例如，"聂、轰、森、众、鑫、淼、磊"等字。

以上这些基本模式还可以互相拼合，综合多种结构方式，组成更为复杂的类型，例如，"燥"字从整体看是左右结构，右边是上下结构，右边上面部分又是一个品字结构。如果一个合体字用一个本身已经十分复杂的结构成分充当构字偏旁，那么这个合体字的结构就会更加复杂，层层往下分析，就可以看到多种组合方式。例如，"礴"字第一层是左右结构，第二层是上下结构，第三层是左右结构，第四层是上下结构。又如"凰""蹼""籀""罐""戆"等字，都包含了两种以上的结构模式。

了解合体字的这些构字模式，以及各种模式内的一些差别，有助于写好汉字。例如，同样是上下结构的汉字，"恩"字两个偏旁上下空间相等，"烈"字上宽下窄，"安"字上窄下宽，"冀"字中的"田"要写得窄一些。如果不注意偏旁的这些比例关系，写出来的字就会不好看。

第四节　形声字

一、形声字的构成

汉字绝大部分都是合体字，由两个以上的偏旁构成。有些合体字的偏旁，一部分与字义发生联系，一部分与字音发生联系，这样的字就是形声字，例如，"虾、烤、裳、吐、杆、氨、理、忘"等字。

形声字中与字义发生联系的偏旁叫形旁，前面例字中的偏旁"虫、火、衣、口、木、气、王（玉）、心"等就是形旁；与字音发生联系的偏旁叫声旁，如前面例字中的偏旁"下、考、尚、土、干、安、里、亡"等就是声旁。形声字就是由表示字义的形旁和表示字音的声旁构成的汉字。

一个形旁或声旁可以同多个汉字发生联系，充当多个汉字的偏旁，这样既提高了偏旁（许多同时又是字）的使用率，使得汉字更加系统化，又便于使用者迅速领会字义、掌握字音、正确运用。例如用"鸟"做形旁的汉字，意义都同鸟有关，如"鹕、鹏、鹈、鹃、鹇、鸥、鸪"等字；用"胡"做声旁的字，读音都与"胡"相同，如"糊、瑚、湖、蝴、葫、猢、煳"等字。

同象形字、指事字、会意字相比，形声字的优点是显而易见的，它可以因形见义，据形知音，把文字的表义和表音两种功能有机地融合为一体，记录语言更具科学性、合理性，既适应了汉语分化同音字、同音词的需要，也适应了汉语方言分歧大、语音差别大的状况。所以，形声字一出现，就迅速得到了发展。在甲骨文中，形声字所占的比例还非常少，金文中则呈现出发展趋势，到了汉代，形声字已成为汉字系统里的主流。据统计，东汉许慎编纂的《说文解字》共收录汉字9353个，其中的形声字就占了82%；南宋郑樵对23000多个汉字进行了统计分析，形声字占了90%；现代7000个通用汉字中，形声字也占到了80%以上。

由上面的统计可见，现代汉字系统以形声字为主。这众多的形声字，都是由数量有限的形旁和声旁组合而成的。据有关资料统计，构成现代形声字的形旁约有250个，声旁约有1300个。这些形旁、声旁互相配合，就构成了汉字的形声字系统。

形旁和声旁的搭配方式是多种多样的，主要有以下6种。

（1）左形右声，例如：清 松 城 渔 狸 情 描 帽 纺

（2）左声右形，例如：功 领 救 战 郊 放 鸭 飘 歌

（3）上形下声，例如：露 花 岗 草 笠 芳 窥 景 箱

（4）上声下形，例如：烈 忘 警 恭 剪 堡 帛 贷 盒

（5）内形外声，例如：闻 闷 辫 辩 问 闵 庄 闽 庠

（6）外形内声，例如：圆 阁 衷 病 赶 厅 近 远 围

在各种组合的形声字中，左形右声的类型最多，几乎占现代常用形声字的80%，其次是左声右形类，约占6%，其余几种结构的形声字就比较少了。一些常用的形旁，在形声字中的位置都有一定的规律，例如，"亻、忄、纟、衤、礻"等形旁一般都在字的左边，"刂、戈、鸟、阝"等形旁一般都在字的右边，"艹、竹、宀、雨"等形旁都在字的上面，"心、灬、皿"等形旁都在字的下面。这种规律从秦汉时的篆书发展为隶书后就已经固定下来了。

二、形旁和声旁的作用

（一）形旁的作用

1. 提示字义

形旁最突出的作用是提示字义。不过，形旁并不是表示字的确切意义，而是表示字的类属意义，它的作用是从视觉上给人提供一个关于字义的信息，缩小理解字义的联想范围。比如，看到"鹪、鹕、鹏"中的形旁"鸟"，就联想到这类字义与鸟类有关；看到"牦、牺、犁、牲、犊"中的形旁"牛"，就联想到这类字义同牛有关；看到"打、拉、推、拓、抢、扔"这类字中的提手形旁，就知道它们的字义与手的动作有关。

形旁和字义的联系有下面3种情况。

（1）相同相近关系，即形旁同字的意义相同或相近，例如形旁"父"与所构造的形声字"爸、爹、爷"，形旁"白"与"皎、皑、皙、皓"，形旁"舟"与"船、舸、舢"等。不过这类形声字所占的比例较少。

（2）属种关系，即形旁表示上位概念、属概念，所构成的各个汉字是下位概念、种概念。这类形声字比较多。例如：

木——杨 柳 柿 桃 枫 槐 榆 桉 楠

鱼——鲤 鲫 鲢 鲛 鲟 鲋 鲳 鳅 鳊

鸟——鸠 鸦 鸽 鹤 鹏 鹏 鹑 鸥 鹃

（3）相关关系，即形旁与所构成的汉字意义有某种关联。例如，"江、河、海、洋、激、流、波、浪、涛、汹、涌、澎"从"氵"（三点水为"水"的变形），"惭、愧、恼、恨、愉、快、怖、怯、恐、志、恩、思、怨、愁、想、悲"从"心"（竖心旁为"心"字的变形），"坡、垃、圾、坏、坊、坎、场、坟、坑、城、堡、堂"等从"土"，形旁与字义都是相关关系。

形旁与字义的种种联系，使形声字从构形上透露出了字义信息，为人们联想理解字义提供了某种暗示条件。例如，看到"资、贫、贷、货、贸、费、赏、财、赐、赊、贱"等，通过形旁"贝"，人们就联想到财物、经济；看到"说、话、议、论、记、谈、训"等，通过"讠"字旁（言的变形），就联想到说话、言论。不过，形旁提供的字义信息是十分有限的，相当概括、模糊，对字义的确切理解，还有赖于声旁的协助。

2. 区别同音字

形声字中不少字是由同一个声旁构成的，而且读音也相同，构成了同音字，形旁就成为字形上区别这些同音字的重要手段。例如"簧、磺、潢、璜、蟥、癀"都念huáng，"莱、崃、徕、涞、铼"都念lái，"刚、纲、钢、岗"都念gāng，这些字虽然读音相同，但是由于形旁不同，提供的字义信息不一样，因此，在书面上可以很容易地把这些同音字区别开。

利用形声字不同形旁的区别，可以把一些书写上容易混淆的形近字区别开，避免写错别字。例如"蒿"是草字头，字义与草有关，"篙"是竹字头，字义同竹有关；"挂"是提手旁，字义同手的动作有关，"桂"是木字旁，字义与树木有关。

（二）声旁的作用

1. 指示字音

声旁指示字音的作用在于它能从视觉上给人提供一个字音信息，使人通过声旁的提示，与语音中的某个音节挂上钩，进而把字音确定下来。认识了某个声旁，有时能类推出一系列字的读音。例如：

西（xī）：硒 牺 舾 栖 栖
希（xī）：稀 烯 郗 唏 晞
眉（méi）：嵋 猸 湄 楣 镅 鹛
唐（táng）：糖 塘 搪 溏 瑭 螗

2. 区别字形

（1）区别同类字。许多汉字由于意义方面的关联，选用同一个形旁构字，结果构成了同一义类的同类字。这种情况在汉字系统中十分普遍，有些形旁可以统率数十个乃至数百个汉字，这些同一义类的汉字就要依靠声旁来区别。例如"江、河、波、浪、汹、涌"的形旁都是"水"，"打、拉、抱、抢、按、抓"的形旁都是"手"，但是由于声旁的提示作用，使这些字与语言中念某个音节的语素联系起来，这样字义就变得清晰、明确了，并使同类字能够区别开来。

（2）区别形近字。有些形声字形体上近似，容易混淆，不过由于声旁读音不同，可以把形似字区别开。例如用"仑"做声旁的字，一般都读lun音，如"抡、轮、伦、沦、囵，论"；用"仓"做声旁的汉字，一般都读cang音，如"苍、沧、伧、舱"，还有的韵母念iang或uang，如"枪、抢、呛、创、疮、怆"等字，这样像"抡"与"抢"、"沦"与"沧"、"伦"与"伧"等字，由于读音不同，就容易区别开了。

3. 类推字音，纠正方音

汉语方言众多，与普通话差别较大，普通话中的一些声母、韵母在许多方音中常常混淆，如平舌音翘舌音不分、鼻音边音声母不分、前后鼻音韵母相混等。学习普通话，可以利用形声字声旁表音的特点，来类推一系列字的普通话读音，从而取得事半功倍的效果。例如，"至"念卷舌音声母，所以凡是以"至"做声旁的字，如"侄、窒、桎、蛭"等字也都念卷舌音。又如：

支（卷舌音）：枝 肢 忮 吱 翅 豉

子（平舌音）：字 籽 孜 仔

中（卷舌音）：种 钟 肿 盅 忠 衷 舯 仲

宗（平舌音）：棕 综 踪 鬃 粽 淙 琮

申（前鼻韵）：伸 神 审 绅 砷 浦 胂 珅

生（后鼻韵）：胜 甥 牲 眚 笙 星 性 姓

奴（鼻音声母）：怒 努 弩 胬 孥 笯 驽

卢（边音声母）：颅 垆 泸 栌 轳 胪 舻 鲈

形旁和声旁是相互作用的。一方面，形旁确定义类，把同音字区别开；另一方面，声旁确定字音，使同类字得以区别。两个方面共同作用，把字与语素紧密联系起来，从而使字义得以明确。

第五节　汉字书写规范

一、汉字的书写规则

（一）汉字书写的基本规则

汉字书写的基本规则包括以下 7 条。

（1）先横后竖："十、于、丰、干、丁"等。含上述字或部件的字，如"木、芋、艳、刊、花、羊"等，也是如此。

（2）先撇后捺："人、八、入、木"等。含上述字或部件的字，如"大、分、树、艾"等，也是如此。由于汉字中没有捺起笔的字，所以撇与捺不论是相交、相离、相接，书写时都是先撇后捺。

（3）先上后下："二、丁、立、李、昌、亨"等。部分独体字和上下结构、上中下结构的字一般遵从此规则。

（4）先左后右：一些独体字、左右结构、左中右结构的字，大部分是从左到右书写。如"川、州、旧、构、部、树、衍"等。

（5）先外后内：汉字的部分独体字和包围结构的字，绝大多数是先外后内。如"月、母、同、凤、凡、用、厅、历、虱、氢、勉、毯、赴、旭"等。

（6）先中间后两边：小、水、办、承、业、率、兜、燕等。这里要注意的是"火"和"肃"，它们的笔顺与此相反，是先两边后中间，"脊"也是如此。

（7）先进入后关门（先外后内再封口）：一般是全包围结构的部件和字，先写上面三框，再写框内部分，最后封口。如"回、田、目、国、圆、面、囱、卤"等。

（二）汉字书写的补充规则

除了汉字书写的基本规则外，还有以下5条细节上的补充规则。

（1）后写右上点：汉字中一些带有右上点的字或部件，一般是后写右上点。如"犬、术、戍、书、发、尤、求、代、械、找"等。

（2）后写内部点：汉字主形内部的点，一般后写。如"叉、凡、为、勺、瓦、丽、兔、雨、势、玉"等。但有些字如丹、母、戌、卵、逐等例外，必须加以注意。

（3）先内后外："下包上"结构的字，要先写上内，后写外。如"凶、凼、幽、屮、凼"等。含包围结构的字，一律先写右上。如"延、廷、建、过、远"等。含医字框包围结构的字与部件的笔顺较为特殊，既非先内后外，也非先外后内，而是内外交错进行。先写上内，后写左下，如"匹、医、匡、匾"等。

（4）先撇后折：有撇、折组成的部件和字，多数是先写撇，后写折。如"匕、九"等。含这类结构部件的字，如"老、旨、旭"等都是如此。

但有些部件和字例外，要先写折后写撇，如"刀、力、乃、万、皮、女、方、虎、发"等，包括含这类结构的部件的字，也是如此。这些字须特别留心，不能与先撇后折混淆。

（5）先竖后横：竖笔笔末与横笔相接时，或最后一个横笔与竖笔相接时，先竖后横，如"土、工、共"等。横笔笔首与竖笔相接时，先竖后横，如占字头。长竖与短横相接时，先竖后横，如北字旁和非字旁。含这些部件的字都是如此。还有一些特殊的字要记住，如"丑、贯、里、垂"等，也是先竖后横。

以上13条规则是汉字笔顺的常见规则，但还不能覆盖所有字的书写笔顺。其实，较为复杂的汉字的笔顺往往是这些规则的综合运用，如"赢"字就包含先上后下、先左后右、先外后内、先撇后捺、后写内部点等规则。汉字是复杂的平面文字，每个字都有其独特的形体特征，掌握了这些规则并不一定就能正确书写全部汉字的笔顺，所以就需要在书写过程中不断记忆、琢磨和钻研，特别是一些笔顺特殊、结构复杂的汉字，尤其要注意。

二、汉字的书写规律

（一）汉字的书写规律

只有熟练掌握了汉字的书写规律，写字时才能举一反三、触类旁通，不至于"想一笔，写一笔"，从而提高书写的速度。汉字的书写规律概括起来主要有以下两方面。

1. 笔画的书写规律

汉字书写的基本笔画有点、横、竖、撇、捺、钩、折、提8种。每个汉字都是由基本笔画组成的，因此写好笔画是写好汉字的基础。在笔画的学习过程中，首先要体会笔画的形状，领悟起笔、行笔和收笔，以及运笔的轻重、缓急和提按的要领，从而掌握好每个基本笔画的规范写法。笔画的书写规律包括运笔的规律及变化的规律。

（1）运笔的规律。楷书的笔画形状各异，但书写每一个笔画都要有3个基本步骤，即下笔（或重或轻）、行笔（轻一些，线条或直或弯）、收笔（或顿笔或轻提出尖）。书写任何笔画都离不开这3个基本步骤，只是用力部位不同而已。

（2）变化的规律。汉字笔画富于变化，比如撇画，在"人"字中写成斜撇，在"月"字中写成竖撇，而在"千"字中就要写成短撇。这些笔画在不同汉字中又有一定的变化，如短撇，在字头出现时，笔画形态较平，如"反、禾、后"等字；而在字的左上部出现时，笔画形态较斜，如"生、失、朱"等字。在书写的过程中，我们要根据实际情况具体来观察、比较、分析和揣摩笔画的各种变化规律。

2. 结构的处理规律

汉字字数繁多，字形各异，但其中也有一定的规律。以下是3条正楷字结构的处理规律：

（1）横平竖直。汉字中，横画和竖画占的比重最大。横和竖要求写得正、写得稳。"正"和"稳"的具体表现就是横要平、竖要直。这里所讲的"横平"，不是绝对的水平，而是视觉上的平稳，书写时略呈左低右高的斜势。"竖直"有两种基本要求：只有单一的竖画，要求正且直；有对称的两条竖画时，若都是短竖，可以呈上开下合之势；若都是长竖，可以基本并行。

（2）间距匀称。在汉字中，有许多笔画是连续平行排列的，一画与一画之间的距离要保持均匀，不能忽大忽小、忽紧忽松，如"曹"字有7个横画，其横画间隔的空隙要均匀。

（3）主次有别。这一规律有两方面的意思：一是突出主笔。一个字中往往有一笔是主要的。一般来讲，主笔所处的部位往往是字的顶盖、横腰、底托和垂中线。突出了这一笔，字就显得平稳、富有神采。如"鱼"字，最后一横是主笔，书写时就要写得长一点。二是突出主体。一个字由两个或两个以上部分并合的，其中有一部分处于主导部位，其他部分则要收缩、容让，这样才能突出重点、稳定字形。如"眼"字，"艮"是全字的主体，而"目"旁就要写得紧缩些。

（二）汉字书写运笔、笔顺、间架的变化规律

1. 基本笔画运笔规律

点：从左向右下方，约45°，由轻到重顿笔写成。

横：下笔轻轻一点（顿一下），顺势向右轻轻运笔，收笔向右下方稍按（短横不必顿挫）。

竖：下笔倾斜一点，顺势向下，由重到轻，缓缓运笔，收笔轻轻提起（垂露竖末笔顿笔）。

撇：下笔轻轻一点，顺势向下，略带弧度，轻轻撇出，轻轻提笔。

捺：起笔轻，逐渐用力，到捺脚处按顿，然后将笔轻轻提起。

提：下笔向右下方一点，然后向右上方轻轻挑出。

折：起笔一点，向右略向上横行运笔，折角处上抬按顿向下。

2. 基本笔画异体规律

（1）点。

①侧点或斜点。凡在字的上方或字中间的单点，一般都写作侧点，如"主、文、字、宇、州、义、叉"等；两点或三点并列时，首点为侧点，如"平、兴、益、来"等。

②垂点。凡"宀、冖"左边的点均为垂点；四点并列时，打头的点为垂点，如"点、热、烈、照"等。

③撇点。一般两点或三点横列时，收尾的点为撇点，如"半、来、善、学"等字右边的点。

④提点。凡"冫、氵"收尾的点均为提点，"水"的演变体左边的第二点亦为提点。

⑤长点。凡与撇交叉的点均为长点，如"风、网、杀、丸"等。

（2）横。分长横和短横。两横并列时，一般上横是短横，如"二、半、平、来"等；三横并列时，一二两横是短横，如"三、主、寿"等。

（3）竖。分垂露竖和悬针竖。在字旁的长竖一般是垂露竖，如"界、悟、外、收"等；在字中的长竖一般是悬针竖，如"半、中、丰、巾"等。

（4）撇。

①斜撇。凡单人旁、双人旁、几撇相连或与捺及长点交叉、对称时，写作斜撇，如"仁、行、六、网、合、彩"等。

②平撇。凡独体字或上下结构的合体字的顶部首笔是撇时，一般为平撇，如"千、乏、兵、系、秀"等字的首笔画；与直撇顶端相连的撇也写作平撇，如"反、爪、质"等。

③直（竖）撇。撇凡能独占一边或上下贯通时，写作直撇，如"儿、风、夫、吏、爽"等。

3．基本笔画变化规律

（1）"横"笔的变化。"横"笔的变化只有一种情况，即由"横"变"提"。具体来说，就是某些末笔为"横"或下部含有"横"的字或笔画组合，再充当某字的部件，而这个部件又处于某字的左边或左下角时，它的末笔"横"就需要改成"提"。常见"横"的变化见表2-1。

表2-1 "横"的变化

部件	例字	部件	例字
工	巧、项、式、试、到、颈	土	圩、地、址、卦、疆
子	孔、孙、苏、逊、敦、墩	马	驭、驹、驱、骒、驰
王	玎、玖、玛、玩、斑、碧	堇	觐、勤、鄞
止	武、此、些、路、赋、斌	鱼	鲜、鱿、鳞、鲤、鲸
正	政	业	邺
且	助、雎、锄	生	甥
丘	邱	立	站、飒、靖、竣、竭
耳	取、娶、耻、耶、耽、耿	至	到、倒、致、郅
血	衃	豆	豉、橱、豌、豇
里	野、墅	金	潋、蓥、敛、剑
直	矗	车	轧、轮、载、辙、辑
黑	默、黔、黜、點、黯、黝	牛	牧、牡、牲、牺、犊

（2）"竖"和"竖钩"的变化。

①"竖"变"竖撇"。当"半、辛、羊、丰"等字充当另一字（或部件）的左旁时，它们的末笔"竖"需要改成"竖撇"，见表2-2。

表 2-2 "竖"变"竖撇"

部件	例字	部件	例字
半	判、叛	羊	羚、翔
辛	辣、辩、辨、辫	丰	邦、绑、帮、梆

②"竖钩"变"竖撇"。当"手"充当另一字（或部件）的左旁时，它的末笔"竖钩"需要改成"竖撇"。如"拜、掰、湃"等。

③"竖钩"变"竖"。当"小"或"可"充当某字的部件时，若它的下部还有其他部件或笔画的话，它的末笔"竖钩"的"钩"需要去掉。如"少、尘、穆、歌"等。

（3）"撇"的变化。当"月"充当某字（或部件）的"字底"时，它的第一笔"竖撇"需要改成"竖"。如"有、青、请、清、情、晴"等。值得注意的是，"月"处在字或部件的其他部位上时，它的第一笔并不改变，如"朋、鹏、棚、阴、荫、明、盟、萌、赢、霸"等。

（4）"捺"的变化。含"捺"的字充当其他字的部件时，有以下 6 种变化。

①充当某字（或部件）的左旁时，一般需要变"捺"为"点"，个别的需要变成"竖"，见表 2-3。

表 2-3 "捺"充当某字（或部件）左旁时的变化

部件	例字	部件	例字	部件	例字
人	从、纵	木	林、婪、霖	米	粮、糠
仓	创、戗	火	灯	人	任、仁、仞、俱
文	刘	禾	种	矢	疑、肄、矫
又	劝、鸡、难	夫	规、替	衣	初、衬、衫、褴、褛

②充当包围结构字的字心或上中下、左中右结构字的字腰时，字心或字腰下部的"捺"一般也要变为"点"；字心上部的字头也含捺时，则将字头的"捺"变为"点"，见表 2-4。

表 2-4 "捺"充当字心或字腰时的变化

部件	例字	部件	例字	部件	例字
人	囚、闪、曷	木	闲、栽、困	文	斑、闵
矢	医	保	褒	禾	菌
大	达	失	迭	尺	迟
艮	退	豕	逐、遂	反	返
衣	裁	米	迷、谜、粥	又	树

类似的例子还有"逮、遐、逶、遨、赵、趣、逃、趋、邀"等。

③"木"充当"亲、杂、杀、余、条、茶"等字的字底时，也需要变"捺"为"点"。

④两个含"捺"的字组成上（中）下结构的字时，需要避重"捺"，即只保留一个"捺"，其他的变成"点"。具体规则如下。

a. 含"捺"的字头覆盖含"捺"的字底时，留上变下，如"食、奏、秦、癸"等。

b. 含"捺"的字底"撇""捺"对称，比较舒展，且托起含捺的字头时，留下变上，如"类、灸、焚、桑、樊、芬、楚、炎、裘、聚、燮、粲、鳌、葵、煲、馨、爻"等。

c. 上中下结构的字的中部有捺时，保留中部的，改变其他的，如"黍、餐、黎、膝、寨、暴"等。

⑤ 3 个含"捺"的字组成"品"字形结构的字时，可以保留字头和右下角的"捺"，如"众、森、淼"等。

⑥不需要避重"捺"的情况。

a. 左下框含有"平捺"，字心上部所含的"捺"，可以不避重"捺"，如"途、逢、逢、透、趁"等；例外有"遴、逯"。

b. 字头是"撇""捺"对称的"人、入"或含有"人、入"的部件，字底是"米、水、衣"等时，也不用避重"捺"，如"籴、汆、氽、衾"等。

c. 包围结构的字中，字心的上部含"捺"时，也不必避重"捺"。如"圀、图、圈、阁"等。

（5）"折"的变化。"折"是所有带拐折的笔画的总称，变化的主要有以下 3 种。

①"横折钩"变"横折"，涉及两个部件。

a. 当"羽"充当某字（或部件）的字头时，它的两个"横折钩"都需要去掉"钩"，变成"横折"，如"翠、翟、谬、缪、廖"等。

b. 当"甫"充当某字（或部件）的字头时，它的第三笔"横折钩"中的"钩"要去掉，变成"横折"，如"博、傅、敷"等。

②"横折弯钩"变"横折弯"或"横折提"，涉及两个部件。

a. 当"几"充当某字（或部件）的字头时，它的"横折弯钩"需要改成"横折弯"，如"朵、设、股"等。

b. 当"几"充当某部件的字底时，如果它的右边还有其他部件，它的"横折弯钩"需要改成"横折提"，如"颓、微、薇"等。

c. 当"九"充当某字（或部件）的左旁时，它的"横折弯钩"需要改成"横折提"，如"鸠"。

③"竖弯钩"或"竖折"变"竖提"。

a. 当末笔是"竖弯钩"的字（或部件），充当某字（或部件）的左旁时，或处在其他部位上但右边还有其他部件时，其末笔一般都要变成"竖提"，见表 2-5。

表 2-5 "竖弯钩"变"竖提"

部件	例字	部件	例字
七	切、沏、窃	几	颓
己	改、凯	元	顽
电	鹎	此	雌
九	鸠	先	攒、赞、瓒
克	兢	毛	橇、撬
屯	顿	匕	比、顷、倾、毕、庇、鹿
光	辉、耀		

要注意的是，当"仓、已"充当左旁或左旁的部件且右边还有其他部件时，其末笔"竖弯钩"，不能变成"竖提"。有的字库把"创、戗、巽、撰、馔"等字中"仓、已"的末笔变成了"竖提"，这是不规范的。另外，"疑"字左上角的"匕"，也不能把末笔"竖弯钩"变成"竖提"，因为"匕"在"疑"字中是左旁的上部，而不是字头的左部。

b. 当底部含有"竖折"的字（或部件）充当某字的左旁时，一般都要改成"竖提"，见表2-6。

表2-6　底部含有"竖折"的字（或部件）充当某字左旁时的变化

部件	例字	部件	例字
山	屿、屹、峪	缶	缸、缺、鸲
齿	龄、龈、龊		

（6）其他变化规律。

①缩短笔画的长度，即当某字或部件充当其他字（或部件）的部件时，其笔画的长度都必须随着字形的紧缩而缩短，是专指个别笔画相对于字形整体单独缩短。

a. 当"女""舟"充当其他字的左旁，或右边还有其他部件时，它们各自的"横"的长度都要单独缩短，如"奶、奴、妇、船、舰、艄、舸"等。

b. 当"身"充当某字的左旁，或它的右边还有其他部件时，它的末笔"撇"需要单独缩短，如"射、躬、躺"等。

②同时改变两种以上笔形。

a. 当"艮""良"充当字或部件的左旁时，它们的最后两笔"撇""捺"，要改成"点"，如"即、既、卿、郎、朗、椰、螂、啷"等。

b. 当"雨"充当某字或部件的字头时，它的第二笔和第三笔要同时改变笔形，即第二笔由"竖"改为"点"，第三笔由"横折钩"改成"横钩"，如"雪、雷、需"等。

4. 笔顺变化规律

（1）点在左上先点，如"头、为、斗"等；点在右上或字里后点，如"犬、戈、凡、叉"等。

（2）先横后竖的字做左旁时，为了与右边呼应，要先竖后横，如"牛、车"等。

（3）有些字左右对称，为了要定好中位，按先中间后两边的顺序写，如"凸、兜"等；有些字要先两边后中间，如"奥、爽"等（以教育部、国家语言文字工作委员会2021年发布的《通用规范汉字笔顺规范》为准）。

5. 间架结构规律

（1）左边偏旁或部件短，偏上不偏下，如"唱、吩、明、峰"等；右边偏旁或部件短，偏下不偏上，如"打、知、妇、细"等。

（2）上盖稍长，罩住下方；底横要长，托住上方；上下相同，上小下大才像样。如"会、富、穿、至、孟、监（垂除外）、吕、炎、串"等。

（3）左耳小，右耳大，单耳向下拉。如"队、陈、都、邦、印、即"等。

（4）横长则撇短，如"布、右、有"等；横短则撇长，如"左、龙、灰"等；横长竖短则撇捺收，横短竖长则撇捺放，如"杂、杀、术、朱、本"等。

（5）有中竖的字，笔画要正直，如"甲、平、午"等；有中横的字，中横要长，如"喜、安、意、类"等。

（6）左右有竖的，左竖收右竖伸，如"日、固、临、界"等；上下有横，上横短下横长，如"二、天、正、亚（末除外）"等。

（7）三包框的字，下缺、右缺向里收，如"同、用，臣、医"等；上缺、左缺向外出，如"凶、幽、司、匐"等。

（8）上中下结构的字要写肥一点，如"翼、冀、霎、蕊"等；左中右结构的字要写得瘦一点，如"嫩、渺、徽"等；全包围的字要写得略小点，如"国、回、圆、图"等。

其实，汉字书写还有许多规律，诸如，哪些偏旁、部件要写窄些，哪些要写宽些（左右结构的字）；哪些要写高些，哪些要写矮些（上下结构的字）；等等，这里就不再一一论述了。

⊙ 知识拓展

汉字的书写规律

方块汉字真美丽，书写规律在变笔。捺在左内缩成点，左边底横要变提，
月字当底撇变竖，左竖弯钩变竖提，西四当头不拐弯，雨字当头短而齐，
小可几羽在上钩收起。要想举一能反三，请把规律记心里。

三、规范汉字书写训练方案应遵循的原则

如何设计切实可行的训练方案，是训练规范书写汉字的关键。设计书写训练方案应该遵循以下几条原则。

（一）统一性原则

所谓统一性原则，就是书写规范汉字的训练要与提高实用书写水平相统一，把练与用有机地结合在一起，尽可能避免脱离实用的书写训练。好的训练方案应该使写字的人不但在书写质量上有所长进，而且在书写速度上也有所提高，以满足日常快速书写的需要。

（二）阶段性原则

规范汉字书写训练，应该多次反复，但每次反复都不是简单的重复，而是要在训练的内容和要求上有所侧重、有所提高。这就是书写训练的阶段性原则。书写训练的要求要从易到难、由浅入深、避难求易，即使是同一内容的反复训练，也要循序渐进，逐步提高要求，形成一定的坡度。

（三）针对性原则

同一个内容，可以从不同角度设计出不同的训练方案。注意练习是否合理，是否根据实际需要进行练习，在薄弱笔画、结构上有针对性地练习。

（四）整体性原则

汉字是由笔画、部件（偏旁）组合而成的。要用它们组成和谐统一的方块字，必须考虑到

汉字的整体性。如果在书写训练时忽视了汉字的整体与部分的关系，只是一笔一画地生拼硬凑，就必然会顾此失彼，从而导致结构散乱，直接影响书写速度与美观。只有以整体观来把握书写的内在联系，才能逐步纠正拼凑笔画的错误书写习惯，并为从楷书到行书的过渡打下良好的基础。

第六节　汉字检字法

汉字的检字法就是查检汉字的方法。由于汉字结构的复杂多样，使得汉字的查检也变得十分困难。随着汉语的不断发展，有关汉字的工具书的收字数量也在不断被刷新。为了解决汉字的查检问题，我国的语言文字工作者早就开始了不懈探索，发明了多种多样的汉字检字法。汉字检字法成为一门专门的学科，几千年来为人们所研究，这在其他文字体系中是绝无仅有的。

一、汉字检字法的发展历史

中国汉代以前尚未出现正规的检字法。当时的字书均按汉字的意义排列。东汉许慎编著的《说文解字》首创部首检字法。南朝梁顾野王编《玉篇》，辽代僧人行均编《龙龛手鉴》，北宋司马光等编《类篇》，金代韩孝彦编《四声篇海》，明代梅膺祚编《字汇》，先后对部首检字法进行了改进。直至清代《康熙字典》以及近现代《中华大字典》《辞源》《辞海》等都以部首检字法作为主要检字法。人们同时根据汉语的声韵调关系编列排检汉字，其中以三国魏李登的《声类》为最早，当时的声韵调都是用汉字来代替的。

而后又出现一种作为辅助部首检字法的笔画法，并在此基础上产生依汉字起笔分类，以及将笔画、笔形相结合的检字法。

近代西方文化输入中国后，受西文字典及其排序方法的影响，曾出版了多种以罗马字拼音编制的字典。20世纪20至30年代新检字法蓬勃发展，先后出现了高梦旦的改良部首方案、林语堂的汉字索引制、杜定友的汉字形位排检法、沈祖荣和胡庆生的12种笔画检字法、王云五的四角号码法等。据蒋一前《中国检字法沿革史略》统计，至1933年为止共有检字法77种。

1958年以后，由于《汉语拼音方案》公布，遂产生多种汉语拼音排检法。1961年11月，由文化部、教育部、中国文字改革委员会、中国科学院语言研究所联合组成汉字查字法整理工作组，于1964年4月提出4种标准草案推荐使用，即改良部首查字法、四角号码查字法、笔形查字法、拼音字母查字法。

20世纪80年代，汉字排检法研究与电子计算机技术相结合，已研制出各种汉字信息处理方法及汉字编码技术。汉字排检法已有数百种，但其中多数因使用不便而被淘汰；即使较为通用的几种也是优劣并存，须在实践中不断完善。汉字排检法可分为3种类型：义序排检法、形序排检法和音序排检法。

二、常用检字法

目前我国通行的汉字检字法主要有部首法、汉语拼音字母顺序法、四角号码检字法、笔画笔形法。

（一）部首检字法

东汉末年，许慎著《说文解字》一书，首创了部首检字法，他将9353个汉字按其结构特点分为540部排列，每个汉字都可以在某个部首中找到自己的位置。这样，原来要从上万个汉字中查找一个汉字，而且没有任何规律，现在，只需要查找540个部首就可以了，而且部首的排列还是有规律的。自从部首检字法发明以来，查检汉字就不再是困难的事情了。

部首检字法的发明，具有十分重大的意义，它为我国字词典的编撰开辟了一条新路，也给人们学习、使用汉字带来了极大的方便。部首检字法从产生之日起就受到世人的重视，得到了广泛的运用。并在此基础上不断进行改造，使之更加完善。

（二）音序检字法

在部首检字法开始盛行的时候，我国古代的学者在长期的探索中发现并归纳出了汉语的四声，认识并离析出了汉字字音（音节）的内部结构成分——声母和韵母。随着认识的不断加深，人们又根据汉语的声韵调关系将汉字组织起来编成字典，供作诗词的人选择使用汉字，于是，利用声韵调来排列查检汉字遂成为一种重要的检字方法。最早以字音来排列汉字的字书是三国时期魏李登的《声类》。在20世纪20年代，汉字改革运动中，人们创造了注音字母，所以新中国成立以前，许多字词典又是按照注音字母顺序排列汉字的，这种方法在我国台湾地区至今还一直沿用。新中国成立不久，我国政府公布了以拉丁字母为基础构成的《汉语拼音方案》，因此我们现在使用的字词典，其正文内容大多是以汉语拼音字母顺序来排列汉字的。

（三）四角号码检字法

号码检字的方法历史比较短，其中影响最大的首推四角号码检字法。四角号码检字法是20世纪20年代才发明的，发明者是王云五先生，后来又有三角号码法、五角号码法，等等。四角号码检字法完全抛开了汉字的字音、字义，对汉字的构形上的解释也与传统分析汉字的方式大相径庭，是一种全新的检字法。从理论上看，四角号码排列汉字从0000开始，至9999结束，可以排列一万个汉字而不重复，所以用四角号码排列汉字，同码的汉字比较少，查检有一定方便之处，比较适用于大型的字词典。如果使用熟练，查检速度相当快捷，例如"轿"的号码是4252，查检时直接翻到正文4252处即可，没有分析部首、查找部首再检字的烦琐。只要平时经常使用，尤其是熟悉一些常用偏旁的代码，查检起来就更加便捷了。例如"病"的四角号码是0012，其外框占据三方，号码是001-，右下角根据具体的汉字确定号码，例如"疲"是0014，"痰"是0018，"癌"是0017，"痂"是0015，"痴"是0016，等等。又如"广"的号码是0020，右下角以外的三个角的号码是002，依此类推我们可以直接看右下角笔形确定"广字框"汉字的四角号码，例如"庄"是0021，"序"是0022，"廉"是0023，"府"是0024，"库"是0025，"唐"是0026，"庆"是0028，"床"是0029，等等。

（四）笔画检字法

笔画检字法又称笔数法、笔画查字法，是中文类工具书常用的检字法之一。如《辞海》《中国神话传说词典》就使用了笔画检字法。

笔画检字法是按汉字笔画多少为排列顺序，笔画数少的在前，笔画数多的在后；笔画数相同的，再以起笔按横（一）、竖（丨）、撇（丿）、点（丶）、折（乛）为序排列。

笔画检字法单独作为一本工具书的检字法的比较少见，一般把它作为一个备选检字法，附在书中，以便其他检字法无法检索出汉字时，用它来帮助检字。笔画检字法的标准也不是容易掌握的。由于汉字的书写习惯不同，一些汉字的笔顺先后也往往因人而异，例如"有、右"之类的汉字，有人先写横，有人先写撇，排列汉字标准就不好定。又如"火、必、臼、凸、凹、及、米、犹"等字，都有笔顺不一致的问题，排列和查检之间就容易产生矛盾。

近年来，随着计算机的普及，人们又发明了许多用于计算机汉字输入输出的检字法，如拼音汉字转换法、五笔字型输入法等，归结起来有音码法、形码法、音形结合法。

第七节　汉字规范化

一、汉字标准化的含义

现代汉字标准化，就是在对现代汉语用字进行全面、系统、科学整理的基础上，使现代通用汉字做到"四定"，即定量、定形、定音、定序，使当前汉字的使用数量、汉字的形体、汉字的读音、汉字的查检统一起来，以利于运用。

汉字是辅助汉语交际的最重要的工具，为了便于人们更好地学习、使用汉字，提高汉字的使用效率，有利于汉字工作的自动化、现代化，就必须对形、音、义关系复杂的汉字进行整理，建立统一的规范、标准。实现现代汉字的标准化，是当前我国语言文字工作的主要任务之一。

二、汉字标准化的内容

（一）定量

定量就是确定现代汉语用字的数量。

1988 年 1 月，国家语言文字工作委员会和国家教育委员会联合公布了《现代汉语常用字表》，收字 3500 个。1988 年 3 月，国家语言文字工作委员会和新闻出版署联合公布了《现代汉语通用字表》，收入 7000 个汉字，其中包括了《现代汉语常用字表》中的 3500 个汉字。这两个字表基本上反映了现代汉语用字情况。由此可见，一般人掌握 3000 ~ 3500 个汉字，就基本上可以满足日常用字需求。

1994 年，中华书局和中国友谊出版公司联合出版的《中华字海》收字 8 万多个。

（二）定形

定形就是规定现代汉字的标准形体，确定每个汉字都有明确的形体规范。

汉字在发展过程中出现了繁体字、简体字、异体字、俗体字等不同的形体，繁简并存、多体并存给学习和使用汉字带来了极大的障碍。1955 年 12 月，文化部和文字改革委员会公布了《第一批异体字整理表》，废除了 1055 个异体字；1956 年，国务院又公布了《简化汉字方案》。

1964 年文字改革委员会编辑出版了《简化字总表》，收入 2236 个简体字（1986 年重新发表时略有调整）。

1965 年 1 月，文化部和文字改革委员会公布了《印刷通用汉字字形表》，作为一般书刊等出版物汉字印刷字形的标准。表中规定了 6196 个汉字的标准印刷体，对汉字的笔画数目、笔画形状、笔画顺序、结构方式都作了说明，建立了印刷用汉字的字形规范，使印刷体与手写体基本达到一致。

1988 年 3 月，国家语言文字工作委员会和新闻出版署联合公布了《现代汉语通用字表》，收入 7000 个汉字，不但规定了现代汉语通用汉字的数量，而且规定了每个汉字的规范形体，包括笔画数和笔形。2013 年，国务院公布了《通用规范汉字表》收字 8105 个，要求社会一般应用领域的汉字使用以此为准。

（三）定音

定音就是规定每个汉字的标准读音。

现行汉字中有不少表示同一个语素的字有多种读音，形成异读。如"亚"可以读 yà，也可以读 yǎ；"室"可以读 shì，也可以读 shǐ。这种一字多音的现象，造成了使用上的混乱，因此必须从多种读音中确定一种作为标准字音，消除多种字音并存的现象。

1956 年，中国科学院语言研究所成立了普通话审音委员会，对 1800 多条异读词和 190 多个地名的读音进行了审议，并在 1957 年至 1962 年分三次发表了《普通话异读词审音表初稿》，1963 年出版了《普通话异读词三次审音总表初稿》。

根据使用情况和语言的发展，采取约定俗成、承认现实的态度，国家语言文字工作委员会、国家教育委员会、广播电影电视部组织了对《普通话异读词三次审音总表初稿》的修订，并于1985 年正式公布了《普通话异读词审音表》，要求各个部门、各个行业在涉及普通话异读词的读音、标音时，要以此表为准。《普通话异读词审音表》统一了异读词的读音，为现代汉字的字音规范提供了明确的依据。2016 年 6 月，国家语言文字工作委员会又发布了《普通话异读词审音表（修订稿）征求意见稿》。

（四）定序

定序就是确定现代汉字的排列顺序，规定标准的检字方法。

字典、词典的编纂，目录、索引的编制，图书、档案资料的检索，计算机汉字的输入，都需要汉字有统一的排列顺序和排检方法，因此，确定现代汉字排列顺序的标准，意义非常重大。

三、汉字的规范化

按照"四定"标准的要求，我们要自觉养成正确使用汉字的良好习惯，掌握汉字的用字规范，不使用不合汉字规范的字，不随意乱造简化字，不写别字，避免误读。

（一）纠正错字和别字

错字和别字统称错别字。错字是指字的笔画、偏旁、结构部位等写得不合标准的字。别字是指把一个字误写为另一个字，如把甲字写成了乙字，这个乙字就是别字。

1. 错字和别字的类型

常见错字的类型主要有以下 5 种。

（1）因增减笔画而致错，如：

"类"，下面的"大"易多写一点，误写为"犬"；"浇"，"尧"的上面易多写一点，误写为"戈"；"预"，左边的"予"易多写一撇，误写为"矛"；"初"，左边的"衤"易少写一点，误写为"礻"；"底"，里面的"氐"易少写一点，误写为"氏"；"冷"，右边的"令"易少写一点，误写为"今"；等等。

（2）写错偏旁，如：

"切"，左边的偏旁"七"易误写为"土"；"创"，左边的偏旁"仓"易误写为"仑"；"却"，右边的偏旁"卩"易误写为"阝"；"协"，左边的偏旁"十"易误写为"忄"；等等。

（3）偏旁移位致错，如：

"峰"，左右结构，易误写为上下结构；"甜"，舌在左边，易误写在右边；等等。

（4）受前后字偏旁影响而致错，如：

"狭隘"，误写成"狭猛"；"辉煌"，误写为"辉煔"；"模糊"，误写为"模糊"；等等。

（5）乱造汉字。

常见别字的类型主要有以下 4 种（列在前面的是别字）。

①因字形相近而写成别字。

贬眼——眨眼	忘想——妄想	冶金——冶金	床第——床笫
驰聘——驰骋	班马——斑马	针炙——针灸	草管——草菅

②因字音、字义相同或相近而写成别字。

朗颂——朗诵	供献——贡献	布署——部署	专研——钻研
漫延——蔓延	秘蜜——秘密	典形——典型	遭秧——遭殃

③受前后字偏旁影响而写成别字。

粉粹——粉碎	清淅——清晰	恣态——姿态	纯结——纯洁
编缉——编辑	枪枝——枪支	滋沫——滋味	煅炼——锻炼

④因不理解字义而写成别字。

原形必露——原形毕露	阴谋鬼计——阴谋诡计	再接再励——再接再厉
一口同声——异口同声	破斧沉舟——破釜沉舟	滥芋充数——滥竽充数

此外，国家有关部门宣布废除的繁体字、异体字，一般情况下是不允许使用的。

2. 纠正错别字的方法

首先，在主观上要充分认识到错别字的严重危害性——错别字破坏了语言文字作为交际工具的功能，容易造成信息传递的混乱、引起误解，从而影响人们的正常交际。因此，要把纠正错别字当作一项大事来对待。

其次，根据汉字的结构特征，对那些结构相似、容易写错的汉字需要进行重点辨析。汉字是形、音、义的统一体，运用汉字出现错字、别字都与这三方面有关。因此，纠正错别字应从这三方面入手。

（1）注意字形。

一是要注意形体相近的偏旁部首。汉字的偏旁部首有许多形体极为近似，稍不注意就会写错。例如：

讠——氵　　辶——廴　　衤——礻　　卩——阝　　幺——纟　　户——尸

对于这一类近似的偏旁，可把它们分组排列，进行比较，然后组字，加深印象。还可以采取"记少不记多"的方法。如从"辶"和"廴"的字有人分不清，其实从"廴"偏旁的字常用的只有"建、延、廷"3个，只要记住3个基本字，其余的多数字自然就是从"辶"了。

二是要记清字的笔画。例如："切"，是四画；"迎"，是七画。笔画记住了，"七"就不会写成"土"；"印"就不会写成"卯"。再如：

未——末　　己——已——巳　　戊——戍——戌——戎——戒

这些字的细微差别仅仅在笔画的长短和点横的差别上，要重点记忆才行。

（2）注意字音。

一是利用字音分析形声字的声旁。有些形声字，声旁相同，但读音不同，我们可以利用这一点来区别声旁近似的字。例如：

叚 jiǎ　　　假 葭 暇 遐 瑕

叚 duàn　　锻 煅 椴 缎

今 jīn　　　矜 衿 妗 琴 衾 吟 贪 岑 含

令 lìng　　零 岭 龄 铃 领 蛉 翎 瓴 囹 聆 玲 羚

二是读准字音。有些字是由于读错了字音而把字写成了别字。要纠正这类别字，首先就要读准字音。例如：

同仇敌忾 kài（不读气）　　　如火如荼 tú（不读茶）　　　病入膏肓 huāng（不读盲）

毋庸赘 zhuì（不读熬）言　　狙 jū（不读阻）击敌人　　　入场券 quàn（不读卷）

一蹴 cù（不读就）而就　　　侥 jiǎo（不读尧）幸生还　　　赤裸裸 luǒ（不读果）

（3）注意字义。不少错别字是由于对一些词语，尤其是成语中的字义理解有误而产生的。了解这些字义，对纠正错别字很有帮助。例如：

原形毕露　毕，都，皆。不是"必"。

不胫而走　胫，小腿。不是"径"。

墨守成规　墨，墨子。不是"默"。

川流不息　川，河流。不是"穿"。

轻歌曼舞　曼，柔美。不是"慢"。

最后，还可以利用形声字的形旁与字义相联系的特点来纠正错别字。例如：扌（提手旁），多表示与手有关的动作；木（木字旁），多表示与树木有关的事物。了解了这些特点，下列这些形体近似的字就不易写错了。

扎　扛　扞　扑　技　抗　抄　折　拍　按　挂　挡　捎
札　杠　杆　朴　枝　杭　杪　析　柏　桉　桂　档　梢

（二）避免误读

误读就是没有遵守语音规范，把汉字的音读错了。汉字不是拼音文字，不能见形知音。此外，汉字数量多，形体近似的字多，现代形声字的声旁能准确表音的比较少，这些都是造成误读的重要原因。下面从字形、字音、语音规范 3 个方面说明怎样才能避免误读。

1. 因字形方面的原因造成误读

因字形方面的原因造成误读又包括类推误读和形近误读两个方面。

（1）类推误读。这类误读是指按声旁类推字音造成的误读。现代形声字声旁与字音的联系有表音准确、表音不太准确、不表字音 3 种情况，而一个偏旁（或字）用作一系列形声字的声旁时，这 3 种情况都有可能存在，哪些声旁表音准确，在哪些字中表音准确，没有任何规律可言，难以确定。在这种情况下，如果按照经验去类推一个形声字的读音，就可能造成误读。例如"旨"在"指、脂"等常用字中表音准确或基本准确，但"造诣"中的"诣"，应该读 yì，未学习前可能根据经验按"指、脂"的情况类推，把它读成 zhǐ，结果造成了误读。又如"益"在"溢、缢"中表音准确，但"狭隘"中的"隘"不能类推读 yì，应该读 ài。

（2）形近误读。汉字数量众多，不少汉字笔画、偏旁或结构差别不大，整个字形非常相似，这样的字往往容易造成误读。例如"羸弱"的"羸"与"输赢"的"赢"形体极为相似，于是就有人误读为 yíng，实际上应该读 léi。

2. 因多音字造成误读

现代常用汉字中，多音字约占 10%。多音字与字义密切相关，字义不同，功能不同，使用场合不同，字音往往就不一样。例如"血"，口语读 xiě，书面语读 xuè。又如"强"，表示健壮、强大一类的意义时读 qiáng，表示迫使一类的意义时读 qiǎng，表示固执一类的意义时读 jiàng。如果不了解多音字的这些情况，使用中就容易造成误读。

3. 不了解语音规范造成误读

有些字，过去有多种读音，现在经过规范化整理，废除了异读音，只保留一种读音，如果仍按照过去的情况读音，就可能造成误读。例如"械"原来有两种读音 xiè、jiè，现在统读为 xiè。还有一些字，单念是一种音，构成词后或在句子中要念轻声，如果仍按本音读，则不符合普通话语音规范。

思考与练习

1. 汉字的造字方法有哪些？

2. 汉字的形体包括哪几种？汉字形体的发展在其演变过程中经历了哪些阶段？其演化的特点是什么？

3. 说出下列各个字的笔画，并说明其笔顺。

九 匕 乃 万 义 五 比 片 丹 丑 北 必 讯 出 母

巫 里 每 卯 肃 函 重 离 兜 率 傲 搜 颐 舅 矗

第三章

语汇

学习目标

1. 领会词汇的规范化问题。

2. 掌握词汇的含义与构成、词义的内容以及派生。

3. 熟练掌握语素的辨认、词与短语的区分、合成词结构方式的分析、同义词的辨析、词义的演变、词义分析、词汇的规范。

第一节 汉语语汇概说

一、语汇

（一）语汇的概念

语汇，也称作词汇，是一种语言里所有语汇成分（语素、词、固定短语）的总汇，有时也用来指某一特定范围内的语汇成分的总和。特定范围可以指一种方言、语言或方言的某一断代，也可以是指一个人、一本书、一篇文章等。如汉语语汇、湘方言语汇、现代汉语语汇、古代汉语语汇、鲁迅的语汇、老舍《骆驼祥子》的语汇等。根据某一种标准划分的语素、词、固定短语的集合也可以称之为语汇，如基本语汇、非基本语汇、外来语汇等。总之，语汇只能是许多语素、词、熟语的总和，而不能是一个语素、一个词、一个熟语。

> **知识拓展**
>
> **语汇学**
>
> 以语言的语汇为研究对象的学科是语汇学，属于语言学的一个分支。语汇中的词包括实词和虚词，语汇学一般只研究实词而不研究虚词。因为虚词的语汇意义已经虚化，有的虚词甚至完全失去了语汇意义，只剩下语法意义，所以它们主要是语法学研究的对象。
>
> 语汇学通常分为普通语汇学和具体语汇学。研究各种语言语汇的共同规律的，叫普通语汇学；研究一种具体语言的语汇系统的，叫具体语汇学，如"汉语语汇学""英语语汇学""德语语汇学"。
>
> 具体语汇学又可以分为历史语汇学和描写语汇学。对语汇的起源和发展的历史作历时研究的，是历史语汇学；对某种语言的某个时期的语汇系统作共时描写的，是描写语汇学。现代汉语语汇学属于描写语汇学，主要以汉语普通话语汇作为研究对象。

（二）语汇的性质

1. 各语汇成分相互联系

各语汇成分之间并不是互不关联的一盘散沙，而是在内容、形式、构造、功能等各方面具有联系，从而构成一个完整的系统。语汇成分之间的联系多种多样，常见的有以下 5 种。

（1）意义方面的联系。例如："赞扬—赞美、边界—边疆"有同义联系；"好—坏、高大—矮小"有反义联系；"水果—枇杷、电器—冰箱"有上下义联系；"黄种人—白种人—黑种人、金—木—水—火—土、东—南—西—北"有类义联系。

（2）功能方面的联系。例如："毛茸茸—亮晶晶、呢—吗、打—杀"等之间都具有同类功能的联系。

（3）结构方面的联系。例如："边防—边疆—边境—边塞—边卡—边际、讲演—演讲、论辩—辩论"等都是具有一个或几个相同语素的同素联系，"国家—窗户、推迟—压垮、布匹—房间"等语汇都有内部结构规则相同的同构联系。

（4）语音方面的联系。例如："裁剪—裁减、地狱—地域、剂量—计量"等是具有同音联系的语汇。

（5）同源方面的联系。例如："旷—广、空—孔、改—更"等语汇具有同源联系。

语汇成分的联系既错综复杂，又井然有序，语汇系统的每一个成分发生变化，都可能会带来相关或相应的变化。例如，"臭"本身指的是感知与嗅觉器官，也指鼻子闻到的一种气味，"味"原本指的是感知与味觉器官，也指舌头所感知的味道，但后来"臭"的语义范围缩小，变成了专指不好闻的气味，与之关系密切的"味"的语义范围则扩大了，泛指可以尝、可以嗅到的一切的气味和味道。

2. 语汇成分受到共同规律的支配和制约

各语汇成分都要受到语汇总体规则的支配和制约。汉语的语汇在音节数目、结构方式上都有自身独特的特点，外来词汇进入汉语语汇系统都必须经过民族化的改造，从而使其适应这种特点。例如，英语的jacket进入汉语变成了"夹克"，语音上带了声调，去掉了辅音尾t；意义上也相应发生了一些变化，jacket在英语语汇中一般指的是"短上衣、坎肩"之类的，而在汉语语汇中一般的只是指"夹克衫"，原因是汉语中已经有了"短袖衫、坎肩"一类的词汇。对外来词的民族化改造过程，典型反映了汉语语汇的系统性特点。

3. 汉语语汇是分层次的

汉语语汇的成分大致可以划分为语素、词、固定短语3个层次。语素是语汇的最小层级，是构词材料。词是高于语素的一个层级，是语汇的基础层级，数量最大，使用价值最高。固定短语是以词和语素作为基础而构成的。这3个层级互有联系而又各有特点。

二、语汇的单位

（一）语素

1. 语素的概念

语素是最小的语音、语义结合体，是构成词的语言单位。

我们来看下边这个句子：

他坐在沙发上看书。

这是一个较大的语法单位，我们把它尽量小地切分，就成了：

他｜坐｜在｜沙发｜上｜看｜书

切下来的每个部分都有意义，都不能再切分了，已经是一个个的语素了（这里的"沙发"只是一个语素，是英文sofa的译音，表达一个意义，所以不能再切分）。

由此可见语素有两个特点：一是最小、不能再分割了；二是有意义。

知识拓展

语素的识别

语素的识别通常采用"替代法"，例如：

人民：人口、人马、人权、人生……

人民：农民、市民、公民、股民……

这里的"人"和"民"都能在原来的意义上被别的词的语素替换，所以说，"人民"这个词包含"人"和"民"两个语素。

采用替代法需要注意的是，能双向替代的是两个语素，如上面的"人民"；只能单向替代的不是两个语素，如"蝴蝶"中的"蝴"虽然可以用其他语素来进行替换而成为"粉蝶""彩蝶"等，但是"蝶"本身却不能为别的已知语素来进行替换，即"蝶"只能和"蝴"组合成"蝴蝶"，因此"蝴蝶"只是一个语素。

替代前与替代后共同语素的意义要保持基本一致，例如，"马达"如果按照下面的方式进行替代便是错误的：

马：马鞍、马车、马蹄

达：传达、表达、抵达

"马达"是英文motor的音译形式，这里的"马"和"达"同"马鞍"和"传达"中的"马"和"达"在意义上已经不存在任何联系，也就是说，"马达"这个词中的"马"和"达"都不能为别的已知语素所替代，所以"马达"也只能是一个语素。

2.语素的分类

（1）按照音节进行划分，语素可以分成单音节语素、双音节语素和多音节语素。

①单音节语素。如土、人、水、风、子、民、大、海等。

②双音节语素。组成该语素的两个音节合起来才有意义，两字分开原意消失。双音节语素主要包括联绵字、外来词和专用名词。

a.双声，声母相同的联绵字。如琵琶、乒乓、澎湃、鞑靼、尴尬、荆棘、蜘蛛、踯躅、踌躇、仿佛、瓜葛、忐忑、淘汰、饕餮、倜傥、含糊、慷慨、叮当、蹊跷、玲珑、犹豫等。

b.叠韵，韵母相同的联绵字。如从容、葱茏、葫芦、糊涂、匍匐、灿烂、蜿蜒、苍茫、苍莽、逶迤、啰唆、怂恿、螳螂、杪椤、倥侗、蜻蜓、轰隆、当啷、惝恍、魍魉、缥缈、奋拉等。

c.非双声叠韵联绵字。如蜈蚣、蓊郁、珊瑚、疙瘩、蚯蚓、惺忪、铃铛、奚落、褡裢、茉莉、蚂蟥、窟窿、伉俪、蝴蝶、笊篱、蹦跶、蟋蟀、狡狯、狡猾、蛤蚧、蛤蜊、牡丹、磅礴、提溜等。

d.外来词，由汉语以外的其他语种音译过来的词语。如干部、涤纶、夹克、的士、巴士、尼龙、吉普、坦克、芭蕾、踢踏等。

e.专用名词，主要是地名、人和事物名称。如纽约、巴黎、北京、苏轼、李白、孔子、萝卜、菠菜、番茄、红薯等。

③多音节语素。该语素主要是拟声词、专用名词和音译外来词。如喜马拉雅、珠穆朗玛、安迪斯、法兰克福、奥林匹克、白兰地、凡士林、噼里啪啦、淅淅沥沥等。

（2）按照意义进行划分，语素根据表义的多少可以分为单义语素和多义语素。只有一个意义的语素是单义语素，例如"沙发、奥林匹克、砰"。有两个或两个以上意义的语素是多义语素，例如"恨"，有"仇恨""冤仇""懊悔和遗憾"3个意义。汉语中的多义语素是较为活跃的语素。

（3）按照功能进行划分，语素可以划分为成词语素和不成词语素。单音节语素有的能独立运用，因而能独立成词，如"人、跑、我、拉、红"等，这样的语素被称为"成词语素"；有的则不能独立运用，因而不能单独成词，如"民、们、机"等，这样的语素被称为"不成词语素"。不能单独成词的语素，永远不可能是词；能单独成词的语素，不能保证它在任何时候、任何场合都是词，例如"人民"里的"人"就不是词，它在这里是以语素的形式出现的，是"人民"这个词的组成成分，不能拆开，当中也不能插入其他成分。

值得注意的是，少数的语素不仅不能独立成词，就是跟别的语素组合时位置往往也是固定的。例如"第一、老大、阿毛、剪子、画儿、石头、我们"里面的"第、老、阿、子、儿、头、们"的位置，或前或后是固定了的，不能变换。我们称这样的语素为附加成分，也有人称它们为词缀。这种附加成分的意义虽然不那么明显，但它与前面讲到的"葡、萄、蜈、蚣"之类不同，前者有不大明确的意义，后者没有任何意义。

（4）按照位置进行划分，语素可以划分成定位语素和不定位语素。定位语素指的是在合成词中的位置只有一种，有的只能出现在别的语素的前面，如虚语素的"老""初"，有的只能出现的别的语素的后面，如虚语素的"头""者"；不定位语素指的是语素在合成词中的位置不固定，可以出现在别的语素后面，也可以出现别的语素的前面，如"人"在"工人""铁人"等词之中出现在后面，而在"人口""人们"等词中出现在前面。合成词中的定位语素又被称为词缀，不定位语素又被称为词根。

3. 语素和字、词的关系

（1）语素和字的关系。语素是意义单位，字是书写单位，现代汉语中的语素与字具有3种关联模式。

①一个汉字代表一个语素。现代汉语中的语素大多是单音节的，汉字与单音节语素一般构成对应关系，如山、大、观、子、田、大、间、很、吗、残、务等。

②几个汉字代表一个语素。有时候，一个语素可能用几个汉字表示，例如，彷徨、参差、蜘蛛、猩猩、勃勃、扑通、哗啦、的士、白兰地、歇斯底里等。

③一个汉字代表几个不同的语素。例如，"花"可以代表"花木"，也可以代表"花费"。

（2）语素和词的关系。语素和词的关系见表3-1。

表3-1　语素和词关系

语素	词
1. 语素是语言中最小的音义结合的单位	1. 词是语言中能独立运用的最小的音义结合体
2.语素是构词的单位 ①成词语素，既能单独成词，也能同别的语素结合成词 ②不成词语素，单独不能成词，要同别的语素组合成词	2. 词是造句单位 ①词是比语素高一级的语言单位，是造句单位 ②词可以由一个语素构成，也可以由多个语素构成

语素	词
3. 语素只有在同别的语素相结合构成词或自身是成词语素时，语音形式才独立完整；汉语语素绝大部分是单音节的	3. 词有固定的语音形式，在词的末尾可以有语音停顿，词内部语素之间没有停顿；现代汉语的词中，双音节占绝对优势

当主要涉及单音节语素和单音节词的区分问题时，二者在形式上完全一致，如"电""春""月""书"，它们都是词，又都是语素，因为无论什么词，都必须由语素构成，是离不开语素这个构成材料的。那么怎么区别词和语素呢？这主要是观察角度的不同。如果我们着眼于最小的语音语义结合体，那么像上述的语言单位就是语素；如果我们着眼于最小的能独立充当句子成分的单位，那么像上述的语言单位就是词。例如"春"，在"春在哪里？春在我们心中"里，"春"是词，是由成词语素构成的；在"春天在哪里？春天在我们心中"里，"春"就不是词，而是构成词的材料，也就是语素。语素和词不都是无法区分的，大部分词是双音节形式，而大部分语素是单音节形式，单音节形式的语素中，只有成词语素与词存在不同观察角度的问题，不成词语素则没有这个问题，如"伟""样"，就只能是语素，而不是词。

词和语素的功能有很大不同，音节形式上也有显著不同，区别并不困难。不过也要注意，汉语语素非常活跃，在很多情况下常常可以独立成词使用，这是因为从语素的历史看，它们在古代汉语中基本上与词是一致的，在现代汉语中，虽然语素和词有所分工，但并没有截然分明的界限。比如"月亮"的"月"，我们现在只说"月亮"，所以"月"应该是语素，但在"月出惊山鸟""山高月小"中，"月"无疑又是词了。可见，这些单位到底是词还是语素，单纯从形式上是难以说清楚的，一定要注意观察角度，从不同角度看，可以将它们归入到不同的类别中去，但这也并不抹杀它们各自的特点。

（二）词

1. 词的概念

词是语言中最小的可以独立运用的音义结合体，是造句单位。任何词都是音义结合体，其意义有的是概念意义，有的是语法意义，如"语言和文字"中的"语言""文字"所表示的意义是概念意义，"和"的作用是连接，表现的是语法意义。任何词都能独立运用，要么独立成句；要么可单独充当句子成分；要么用在别的词当中或附着于别的词语，起连接、引介等作用。词不能再分割，分割之后就不能独立运用，或不能保持原义。

有4种情况是属最小的独立运用的单位："天""刚"无法再分；"蟋蟀""迪斯科"分割之后不成词；"思路""虽然"分割之后，其中一部分不可独立成词；"火车""小说"分割之后虽都可以独立成词，但表达的已不是原来的意义。

2. 词和短语的区分

词是最小的独立造句单位，短语是大于词的造句单位，是词的组合。

区分词和短语的方法常用"扩展法"，例如，"大学生"不能扩展成"大的学生"，"白菜"不能扩展成"白色的菜"，由此可知"大学生"和"白菜"是词，不是短语；"开车"可以扩展为"开着车"，"牛羊"可以扩展为"牛和羊"，"他的"可以扩展为"他和我的"，可知"开车""牛羊"和

"他的"是短语，不是词。

运用扩展法时要注意以下 3 点。

（1）扩展后结构要同型。如"读书"扩展为"读故事书"都是属于动宾结构，如果扩展为"读的书"，则变为偏正结构了。

（2）扩展后基本意义不变。如"新家"扩展为"新的家"意义没有改变，但如果将"新娘"扩展为"新的娘"，扩展后意义发生了改变。

（3）带有词缀成分的是词，不是短语。如"现实主义者""人民性"分别带有词缀"者""性"，所以都是词，不是短语。

（三）固定短语

固定短语是指结构比较固定的惯用的短语。固定短语在结构上具有固定性，构成固定短语的词及其次序一般都不能变动。固定短语在意义上具有整体性，组成固定短语的各词往往不能再作字面上的个别解释。固定短语是相对于自由短语而言的，自由短语在使用时常常是临时组合、成分可以变更，固定短语在结构上相当于一个短语，运用上却总是整体使用，不能随便更动其中的成分，作用相当于一个词。由于总是定型使用，所以固定短语也属于语汇成员。

固定短语包含以下 3 大类。

（1）结构对称的习惯语。如"你一言我一语""深一脚浅一脚"等。这类习惯语多用作状语来修饰动词，表示动作行为的方式。如："大家你一句我一句地说开了。""他深一脚浅一脚地在雪地上走着。"

（2）四字熟语，包括四字构成的成语和习惯用语。如"一丝一毫""年富力强""喜笑颜开"等。这类固定短语的语法功能比较多样而且灵活，以一个短语接近某类词而定，但又未必具有该类词的全部的语法功能。如"喜笑颜开"接近动词，故可以充当谓语等，但它后面不能带宾语。

（3）专有名词。这类固定短语具有名词的语法功能。专名短语即用于专门名称的短语，主要是一些国家、机关、单位等的名称和科技用语。如"中华人民共和国、全国人民代表大会、北京大学、激光照排系统"等。较长的专名短语往往有缩略形式，如"中国、人大"。

三、语汇的发展

（一）新词的产生

语汇是语言系统中最活跃的因素，直接反映了语言的变化。每个历史时期都会产生一批新词。这些源源而生的新词极大地丰富了汉语语汇库。

新词产生的方式主要是新造和引进。

1.新造

新造就是利用汉语中已有的构词材料和构词规则创造新词。创造新词主要使用复合、派生、缩略、修辞构词的方法。

（1）复合法是创造新词最常用的一种方法，如偏正式新词"学霸、水货、智商、热线、空姐、优生、方便面、铁饭碗"等，联合式新词"影视、网络、挂靠、短平快"等，动宾式新词"断档、集资、联姻、创收、达标、美容"等，主谓式新词"资深、脑死亡、农转非、一国两制"等，补充式新词"锁定、套牢"等。

（2）派生法造词非常活跃，而且好些新词是由新词缀构成的。例如：

老：老外　老土

多：多层面　多角度　多面手　多国部队

可：可读性　可行性　可操作性

黑：黑市　黑钱　黑客　黑刀　黑枪　黑哨

热：汉语热　旅游热　出国热　经商热

感：失落感　紧迫感　归属感　认同感

族：工薪族　上班族　追星族　打工族

（3）缩略造词法的使用也相当频繁，如"个唱、欧盟、环卫、高职、节能、基建、英模"等。

（4）还有一些新词是使用修辞手段造出的。有的是运用仿词造出新词，如仿"国手"造出"国脚"，仿"文盲"造出"法盲、科盲"等；有的是运用比喻造出新词，如"盲点、鼠标、面包车"等。

2.引进

引进是指向其他语言借词。每个历史时期都会有一些借词进入汉语语汇库。改革开放以来，我们迎来了又一个汉语引进和吸纳外来词语的新高潮。吸收外来语的方式，有的是直接音译，如"基因（gene）、克隆（clone）、酷（cool）、比基尼（bikini）"等；有的是半音译半意译，如"（酒）吧间（barroom）、迷你裙（miniskirt）"等；有的是音译加类名，如"啤（beer）+酒、艾滋（AIDS）+病、汉堡（hamburger）+包"等；有的是中西文字合用的混合词，如"B超、IT界、卡拉OK"等；有的是全盘照搬西文字母词（一般是西文字母缩略词），如"CT、KTV、NBA、WTO"等。

（二）旧词的隐退

旧词的隐退是指过去某一历史时期使用的词语，已经不能适应当今社会交际的需要而被淘汰。旧词的隐退、消亡有多方面的原因。

某些历史阶段、历史事件的结束会导致相关词语退出历史舞台，如"文化大革命"时期的词语"红卫兵、文斗、武斗、大串联"等。

有些事物已经消失，指称这些事物的词语也就随之隐退，如"粮票、肉票、购粮证"等。

反映旧思想观念的词语随着人们思想观念的改变而隐退，如"戏子、老妈子"等。

有的是跟汉语习惯以及民族文化心理有关，如用意译词"民主、连衣裙"代替音译词"德谟克拉西、布拉吉"等。

（三）词义的变化

词义的变化主要有以下4种情况。

1. 义项的增减

一些词的义项增加了，如"旗舰"原只指海军舰艇编队司令员所在的军舰，现在也比喻某一行业或某一方面的主导力量；"跳水"原只指一种水上体育运动，现在也比喻商品或股票的价格迅速下跌。与此相反，一些词的义项减少了，如"问"古代有"询问、赠送、音信"三个义项，现在只用第一个义项。

2. 词义内涵的消长

由于词语所表示的事物本身的变化或人们对它们认识的变化，这些词语的内涵也出现了变化。比如"鬼"，古人认为"人所归为鬼"（《说文解字》），今人则认为它是"迷信的人所说的人死后的灵魂"（《现代汉语词典》）。

3. 词义外延的伸缩和转移

从外延方面看，词义有扩大、缩小和转移三个方面的变化。比如，"师傅"原来只是对手艺人的尊称；现在所指范围扩大了，售货员、个体户老板等都可以称为"师傅"。"观礼"原来概括范围较大，指参观一切典礼；而今专指参观重大庆祝典礼，所指范围缩小了。"牺牲"古代是指为祭祀宰杀的牲畜；现在是指为了正义的目的而舍弃生命，词义发生了转移。

4. 附加意义的变化

词义在附加意义方面的变化，最显著的是情感色彩的变化。比如，"泼辣"过去是贬义词，现在也用于褒义。"逢迎"在古代是中性词，表示迎接的意思；现在则为阿谀、奉承的意思，有了贬义。

四、语汇的规范

（一）语汇规范的依据

语言总是随着社会的发展变化而发展变化的，在语音、语汇、语法三要素中，发展变化最迅速、最明显的就是语汇。语汇在其发展过程中，不可避免地会产生一些不纯洁、不健康的成分。语汇规范化，就是按照语汇内部规律对某些语汇成分进行人为调节，引导语汇向着更完善、更精确、更丰富的方向发展。

这里的语汇规范，讲的是普通话的语汇规范。普通话语汇的规范依据是：以北方方言(官话)语汇为基础，以北京话语汇为核心。北方方言的区域十分辽阔，这个方言大区又包括若干个方言区，各方言区使用的语汇也是不统一的。我们必须选择一个方言区作为语汇规范的核心，这个核心就是北京话的语汇。

（二）语汇规范的原则

语汇规范主要有 3 个原则。

1. 普遍性原则

普遍性原则，是指把一般普遍应用的或使用频率较高的词语吸收到普通话语汇中来。语言中的词语越是经常地普遍地在口头上书面上得到应用，它的意义就越能为大多数人所了解。

把这样的词语全部吸收来，作为普通话语汇，普通话才能成为全民共同理解、共同使用的交际工具。普通话语汇吸收那些在现实中普遍使用的或有普遍使用趋势的方言词、古语词和外来词，而舍弃那些过于土俗的方言词、陈旧冷僻的古语词和只在极个别地方使用的外来词。

简缩词语造成新词也要遵循普遍性原则。"劳动模范"可以简缩成"劳模"，结构跟它相同的"战斗英雄"却不能简缩成"战英"；"历史、地理"可以简缩成"史地"，而不能简缩成"历地""历理""史理"。因为"劳模""史地"长期沿用，已成习惯，所以为普通话所吸收。

2.需要性原则

需要性原则，是指把能反映当前社会的发展，能适应语言表达上的需要的词语吸收到普通话中来。语汇规范化不是让词语变得单调、简单，相反是要让它更丰富多样。某些方言词语可以表示某种特殊的意义，而在普通话中没有适当的词语可以代替，或者即使代替也有细微的差别；某些古语词今天可以用来表示庄严或讽刺的意味；某些外来词是我们语言中没有而又对我们适用的东西。这些，普通话都应吸收进来。至于在普通话语汇中没有必要存在的那些词，则应予以排斥。

拆离词语也要遵循需要性原则。把某些联合关系的合成词当作动宾关系的合成词拆开使用，主要就是出于表达上的需要。例如：

鞠躬——鞠了三个躬

洗澡——洗了一个冷水澡

游泳——游蛙泳

如果不拆开使用，要表达同样的意思，有的就不顺口，有的就要使用更多的词语，有的则显得不贴切。比方"我喜欢游蛙泳"并不一定就等于"我喜欢蛙式游泳"，因为前者是指自己游，后者不一定是指自己游。若无特殊需要而随意拆离合成词，那就是不合规范的用法。

3.明确性原则

明确性原则，是指选择意义明确的、已经为全民所了解或容易为全民所了解的词语作为普通话的词语。无论是在口头上还是在书面上，我们用词造句都是为了表情达意，并让别人理解，因此所使用的词语必须是意义明确的。普通话舍弃了那些含义模糊的方言、晦涩费解的古语词和一些音译的外来词。例如，不取方言词"车船""火水"，而取"轮船""汽油"；不取古语词"昧爽"，而取"拂晓"；不取音译词"德谟克拉西""烟士披里纯"，而取意译词"民主""灵感"。

整理异形词也要遵循明确性原则。例如，用"畅谈"，不用"鬯谈"。

简缩词语同样要遵循明确性原则。例如，"投入生产"可以简缩成"投产"，如果简缩成"投生"，就有可能使人误解为"投胎"之意。

上述三个原则不是孤立的，而是互有联系的，只有全面地应用于规范工作中，才能得到真正规范的普通话语汇。

第二节　词的构造

词的构造可以从语音形式和内部结构两方面来分析。根据语音形式，词可以分为单音词和复音词；根据内部结构，词可以分为单纯词和合成词。

一、词的理据

词的理据指的是用什么声音表达什么意义所依据的理由。一般来说，复合词不少是有理据的，例如，"企鹅"是因为其所指称的事物站立昂首的样子像人在踮脚企盼一样。又如人们把妇女穿的一种长袍称为"旗袍"，是因为清代满族的军队组织和户口编制以"旗"的颜色区分，人们称满族人为旗人，旗人妇女穿着的长袍被称为旗袍。

现代汉语词的理据主要有如下 5 种类型。

（一）摹声

摹声是以模拟客观世界事物的声音作为造词的依据。有两种情况：

一是单纯模拟事物的声音，主要起描绘声音的作用，这类词的语音形式与事物现实的声音相似，主要是拟声词。例如，"呜呜（风声）、滴答（雨声）、汪汪（狗叫声）、潺潺（水流声）"等；叹词实际上也是摹声，如"哎哟、啊、唉"等。

二是不单纯模拟和描述声音，而是指称发出这种声音的事物。例如，"布谷、知了、蝈蝈、鸡、鸭、猫"等。

（二）摹状

摹状是以描绘客观事物的性状为造词的依据。任何事物或现象都往往具有多方面的性状特征，人们可以选取其中一方面的性状特征作为词的理据。例如，"红豆、绿茶"是根据事物的颜色命名的；"垂柳、金钱豹"是根据事物的形态命名的；"酸菜、甜点"是根据事物的性质命名的；"铣床、转椅"是根据事物的性能命名的；"南非（在非洲南部）、河北（在黄河以北）"是根据事物的方位命名的。根据事物的性状特征造词最能反映词所指称的事物的属性，其理据性尤为明显。

（三）译音

译音是以外民族语言中的词的发音作为造词的理据。例如，"巧克力（chocolate）、吉普（jeep）、坦克（tank）、摩托（motor）"等。这类词与摹声型不同，我们不能根据其声音直接去推知它们所指称的事物。

（四）分化

分化是指以一个词的分化为造词的理据。例如"权""钗"与"叉"有渊源关系，从语义上看，它们是从"叉"分化出来的。《说文解字》中，"叉，手指相错也"，又，"权，枝也"，段玉裁注："枝如手指相错之形，故从叉"；《释名·释首饰》："钗，叉也，象叉之形，因名之也。"

（五）典故

汉语诗文用典的风气很盛，许多典故被辗转袭用而成词，所以一些词的理据性要到形成词的典故中去探求。例如，"赋闲"，西晋文学家朝潘岳辞官家居，作《闲居赋》，后称没有职业在家闲着为"赋闲"；"袒护"，《史记·吕后本纪》记载，汉高祖死后，吕后当权，培植吕姓势力，吕后死，太尉周勃夺吕氏兵权，在军中说："拥护吕氏的右袒（露出右臂），拥护刘氏的左袒。"军中都左袒。后来因此称偏心支持一方为袒护。其他如"推敲""负荆""杜撰"等，典故就是它们的理据。

二、基本语汇和一般语汇

（一）基本语汇的概念

基本语汇是基本词的总汇，基本词反映人类对自然界、人类本身和社会生活的一些最基本的概念，它们使用率高，生命力强，意义明确，易于理解。基本语汇与语音、语法一起构成语言的基础，反映语言的基本面貌。基本词在数量上比一般词少得多，却非常重要，与人们的生活有着密不可分的关系。例如：

表示自然界事物的：风　雷　天　地　水　火　树　花　河　春

表示生产劳动、生活资料的：网　刀　粮　肉　布　碗　盆　车　灯　牛

表示亲属关系的：父　母　兄　弟　姐　妹　子　孙

表示基本动作行为的：走　坐　说　看　开　吃　睡　打

表示事物基本性质的：大　小　厚　薄　轻　重　好　坏

表示人体器官、部位的：头　口　手　脚　背　胃　心　肝

表示方位的：前　后　左　右　上　下　东　西

表示数量的：个　十　百　二　三　斤　两　尺

表示人称和指代关系的：你　我　他　这　那　谁

（二）基本语汇的特点

1. 全民性

全民性是说基本语汇流行地域非常广，使用频率非常高，十分常用。基本语汇不受文化层次、行业、地域、阶层等限制。一个人可能因为文化程度较低而不懂或不用"令尊""参差"等文言词，可能因为"隔行如隔山"的缘故而不懂或不用"花刀""白案"等烹饪行业词，可能因为地域差异而不懂或不用"埋汰""邋遢"等方言词，可能因为信息封闭而不懂"克隆""比基尼"等新词或外来词，但他不可能不用基本语汇中的基本词。基本语汇是全民族的所有成员普遍使用和经常使用的语汇成分，因此，它的使用范围之广，使用频率之高，是一般语汇所不能及的。

2. 稳固性

基本语汇有很强的稳固性，其中的词在千百年中为不同时代的社会服务，反映了人类思维中最基本的概念和关系。很多基本词从古代到现在一直在为汉族人交流提供服务，没有变化，如"一、二、牛、马、手、家、天、地、山、水、上、下、左、右、大、小"等，这些基本词

还会被继续使用下去。

基本语汇的这种稳固性是由它所标志的事物和概念的稳定性决定的。当然，说它具有稳固性，也不是说一定是一成不变的，有的基本词到现在已经变成复合词中的一个语素了，如"眉、耳、鼻、舌"。

3.能产性

因为基本语汇具有全民性和稳固性，其意义已经为世世代代的人们所熟悉，反映的也是生活中最必需、最重要的概念，因此，在创制新词时，人们就会习惯于用这些常见的、易于理解的、不易变化的基本语汇造出新的双音词和多音词，基本语汇是构成新词新语的基本材料。在汉语中，基本语汇的这种极强的构词能力得到了充分的体现。例如"天"这个基本词就构成了"天才、天空、天平、天气、天然、天生、天堂、天文、天下、天性、今天、明天、冬天、夏天、白天、半天"等一系列双音节合成词。这其中的"天然"又可以进一步构成"天然气、天然丝、天然免疫、天然橡胶"等多音节合成词。据不完全统计，由基本词"大"构成的词近400个，由基本词"心"构成的词也有400个左右。

能产性是就整个基本语汇而言的，能产性强的一般是基本语汇中的核心部分，并不是基本语汇中的每一个词都具有能产性，代词、名词中的亲属关系词、表程度范围的副词、关联词、语气词等的能产性就很弱，很少构成复合词。

（三）根词

词汇的核心是基本词汇，基本词汇的核心则是根词。它们是基本词汇中构成新词能力很强的词，如"天、地、山、水、人、大"等都是根词。

为了进一步理解根词，需要区分两组概念：根词和基本词；根词和词根。

1.根词和基本词

有许多基本词构词能力很强，它们本身是可以独立运用的词，同时又经常充当构成合成词的语素，这些基本词就是根词。

例如"一"是一个独立的词，是造句单位，也可以作为语素构成几百个合成词和固定结构。如一般、一边、一并、一带、一旦、一定、一度、一概、一贯、一流、一律、一切、一起、一瞬、一向、一样、一直、一致、万一、专一、唯一、统一……一把手、一刹那、一场空、一次性、一刀切、一锅煮、一口气、一揽子、一条龙、一言堂……一板一眼、一本正经、一笔勾销、一步登天、一唱一和、一尘不染、一筹莫展、一刀两断、一帆风顺、一鼓作气、一见如故、一劳永逸、一马当先、一马平川、一穷二白、一丘之貉、一事无成、一知半解、网开一面、九死一生、昙花一现……

可见，根词和基本词的区别在于根词的构词能力特别强。根词一定属于基本词。而并不是每一个基本词，都有很强的构词能力，比如基本词中的代词和虚词等，构词能力并不强。

2.根词和词根

因为根词具有构词能力强这一特点，所以与构词法中说到的词根有了联系。

（1）当根词不是作为一个可以独立运用的词，而是作为一个语素，同其他语素构成合成词时，它就成为词根了。如"天"："解放区的天，是明朗的天。"句中的"天"是一个词，是根词；

在"天、天空、天气、天使、天涯、春天"等词中，"天"是构词成分，是语素，是词根。

（2）词根不一定同时又可以是根词，它的情况较为复杂。

①有的词根是不成词语素，即使它有很强的构词能力，但是它只是语素，不是词，当然也就不是根词。如"民"，可以构成很多合成词，如"民主、民族、民乐、民心、农民、人民、居民"等，但不能独立成词，所以在现代汉语中不是根词。

②有的词根，虽然可以独立成词，是成词语素，但构词能力不强，没有普遍性，也不能成为根词。

③有的词根，既可以是词根，也可以独立成词，而且构词能力强，有普遍性，当它独立成词时就是根词了。比如前面所说的"天"。

（3）根词和词根是不同性质的概念。

①根词是词，它是就这些词与词汇系统的关系说的，是与基本词及一般词相对而言的。根词是基本词汇的核心部分。

②词根是语素。只是就合成词的内部构造说的，与词缀相对而言的。词根是合成词中的核心部分。

（四）一般语汇的概念

基本语汇以外的词和固定短语的总汇称为一般语汇。与基本语汇相比，一般语汇使用的范围比较窄，使用的频率也比较低，从总体上讲，在稳固性和构词能力等方面也比基本语汇弱得多。一般语汇的特点如下：一方面，它在反映社会的变化和发展方面是非常敏感的，人们正是通过一般语汇"善变"的特性，才明显地感受到时代的发展和变化；另一方面，相对于基本语汇而言，一般语汇来源很广，可以是新造的，可以是古代的，可以是本民族某地方的，可以是外来的，可以是行业的，它有着丰富的内容和表现方式。要想更好地掌握和运用语言，说明复杂的事物，表达细致的感情，仅仅掌握基本语汇是远远不够的，还必须认真学习和掌握好语言的一般语汇，这样，可以充分感受和发挥语言的魅力。

实际上，每个人掌握的一般语汇都是不一样的，人们总是习惯于掌握和使用与自己的生活、工作环境以及文化素养关系密切的那部分非基本词，例如，足球界人士经常使用"射门、越位、点球、前锋、角球、黄牌"等词语，而医务工作者则掌握很多诸如"化疗、造影、甘油三酯"等医疗词语，这也令每个行业、每个人的语言都有各自的风格与特点。

（五）基本语汇和一般语汇的关系

基本语汇和一般语汇的关系是核心与外围的关系，但基本语汇和一般语汇的界限不是一成不变的。一般语汇中有的词，经过长时间的使用，逐渐具有了普遍性和稳固性，就可以转化为基本词，进入到基本语汇中去，例如，"电子"本来是非基本词，现在已经被普遍使用并具有了稳固性，并以此为语素创造了大量新词语，如"电子词典、电子秤、电子商务、电子邮件"等，因此"电子"有了向基本语汇转化的倾向。基本语汇中的个别词，也可能因为丧失了普遍性和稳固性而进入一般语汇，例如，"君"和"臣"在封建社会一直是汉语的基本词，现在则因为社会制度的变化退出基本语汇队伍，进入到一般语汇中。

（六）一般语汇的构成

1. 新造词

新造词的产生，是社会制度、生产方式、文化、科学等发展的结果。新造词是非基本语汇中的一个重要成员，与其他一般语汇不同的是，新造词总是以反映新概念、新事物、新面貌的目的而出现的。当新概念、新事物随着时间的推移不再"新"的时候，代表该概念和事物的词也就不再是新造词，新造词是以一定的时代为标记的，五四运动前后产生的新造词现在已经不被看成新造词了。近些年常有新词新语词典出版，也总有一部分前些年产生的新造词退出使用。

近20年来，社会发展速度快，新事物、新现象、新概念多，新造词也不断出现。

新造词主要是利用原有的语素根据需要而创制的，采用新的形式，表达新的事物与概念。

新词的创造应该考虑社会基础（包括社会需要和社会心理），也要考虑构词规则，如"网吧、刷脸、硬核"，既能满足新事物指称和交际的需要，符合人们求新求美求简的心理，又符合汉语的构词规则，易于理解和接受。

新造词不等于生造词，如果将两个语素生硬拼凑，如"跨裂"；随意改变原有的语序，如"会理、抖颤"，并不能成为新造词。使用生造词不但不能达到传情达意的目的，对语言也是一种污染。

2. 古语词

古语语汇包括文言词和历史词。文言词是指在古汉语中产生的，仅在现代汉语的书面语中继续使用的词。如一些虚词，还有一些产生于古代的词语，它所表示的事物、现象或概念，在今天的现实生活中依然存在，只不过在现代汉语中已经被通俗易懂的词语代替了，原有的词只在现代汉语的书面语中使用，这样的词就成为文言词。例如：

之（的）　何（怎么样/什么样）　且（尚且/而且）　乎（吗）　羸弱（瘦弱）

式微（衰落）　狼藉（乱七八糟）　囹圄（监狱）　　谋面（见面）

有些单音节的文言词被现代汉语词语取代之后不能再作为词单独使用，成为不成词语素。如"惧"被现代汉语"害怕"取代，"惧"不再作为词使用，只能和其他语素构成"恐惧、惧怕、惧内"等双音节词。这样的文言词还有"首（头）、冠（帽子）、足（脚）、履（鞋）、目（眼睛）"等。

现代汉语中吸收适量的文言词，可以使语言表达言简意赅、凝练匀称、庄重文雅，如公共场所的"请勿吸烟、严禁赌博、闲人免入"等，如果换成现代口语的说法，显得很别扭，也不庄重严肃，起不到警示作用。又如在对别人的称谓前加上"贵、令、贤、尊"，在自我称谓前加上"愚、鄙、家"，便显得文雅谦逊。

历史词指表示历史上存在过的或神话传说中出现过的一些事物和现象的词。历史词所反映的事物和概念现在已经不存在了，现在一般交际中也不会用到这些词，只有在特定的语境中涉及这些历史事物和概念或者为了达到一定的修辞效果时，才会使用它。在历史题材的文艺作品和学术论著中，历史词的使用比较集中。例如：

裹脚　黄包车　巡捕　租界　科举　进士　翰林　驿站　太监　驸马　私塾　凌迟

有些历史词现在可以用于修辞，起到比喻的作用，例如，"独生子女简直就是家里的小皇帝""皇帝的女儿不愁嫁""钦差大臣满天飞"。

3. 方言词

方言词有两个含义：一是指用方音表现的，在某地方言范围内使用的词，二是指普通话中有方言色彩的词，即从某地方言中吸收到普通话里用普通话标准音，成为全社会通用的词。从普通话的角度看，其语汇以北方方言为基础，在发展的过程中也从其他方言中吸收了不少有用的成分，这些吸收进来的有用成分是现代汉语语汇的重要组成部分。从方言的角度看，方言中的方言词，只有一小部分由于小说、电影、电视剧、流行歌曲、广告等的传播，可能慢慢地进入普通话之中，为广大群众所了解。例如：

够呛　老玉米　唠嗑　埋汰　瘪三　磕巴　名堂　磨蹭　炒鱿鱼　估摸　窗棂　摆谱

方言中表义形象生动或表现力特殊而普通话又没有相应词来表现的方言词；最容易进入普通话中。例如，"二流子、尴尬、垃圾"就是从方言中吸收的有特殊意义的词，而"搞"相对于"做"，"窝囊"相对于"无能"，更具有形象色彩，富有表现力，已吸收到普通话语汇中。

总之，方言词的吸收可以丰富共同语的语汇，恰如其分地使用方言词，也可以使表达更生动、更具有个性色彩。从各方言吸收到普通话中的方言词在汉语词典中常标明〈方〉的字样。

4. 外来词

从外族语言中吸收的词叫外来词。如"法兰西、巴尔干、模特儿、幽默、浪漫、景气、取缔"等。外来词是不同民族在交往过程中，把对方语言的语汇成分吸收到本族语言中来的结果。一般情况下，一种语言在吸收外族语言的语汇时，都要在原来外语语汇的基础上，经过一些改造，它和外语词虽有联系，但并不等同。

汉语吸收外来词的历史很久，从汉朝和魏晋时期就有外来词引入，比如"佛"借自梵文的"Buddha"，"站"借自蒙古语的"jam"。更多的外来词是近代和现代吸收的结果，比较多的是从西方语言中吸收，也有从东方语言（如日语）中吸收的。中国实行改革开放以来，外来词大量涌现，其数量之多，涉及范围之广，形成方式之多样化，都是空前的。汉语外来词按其吸收方式可分为以下5类。

①音译。用汉语的语音形式模仿外语词的发音而形成的外来词。例如：

麦克风（microphone）　　　扑克（poker）　　　苏打（soda）

卡通（cartoon）　　　苏维埃（俄Совет）　　　沙发（sofa）

②半音译半意译。把整个外语词分成两半，一半用音译，一半用意译的方式翻译而成的外来词。例如"沙文主义"中的"沙文"是音译chauvin，"主义"是意译ism。又如：

浪漫主义　马克思主义　冰激凌　霓虹灯

③音译加注。音译整个外语词之后，在其前后再添加一个注明类名的汉语语素形成的外来词。例如"卡车"的"卡"是car的音译，"车"是后加上去的。下列词中加线的语素都是汉语类名语素：

芭蕾舞　沙丁鱼　派克笔　高尔夫球　法兰绒　摩托车　酒吧　加农炮

④音意兼译。在按照外语词的声音对译成汉语时，特意选用与原词意义相关的汉字。例如：

幽默　逻辑　俱乐部　可口可乐　香波　苦力　模特

⑤借形。汉语外来词的借形方式有两类：字母式借形和汉字式借形。

a. 字母式借形词指直接借用西文字母或将其与汉语语素相组合形成的词，这种词也叫字母词。

直接借用的字母词，有的是借来一个词，如E-mail（电子邮件）在mail前加一个定性字母E；更多的是借外文缩略语词，例如：

UFO（不明飞行物）	MBA（工商管理硕士）	CBD（中央商务区）
CEO（首席执行官）	DNA（脱氧核糖核酸）	OA（办公自动化系统）
APEC（亚太经济合作组织）CFO（首席财务官）		MTV（音乐电视）
ABS（汽车防抱死制动系统）SOS（紧急呼救信号）		CPU（中央处理器）

西文字母与汉语语素结合成词的，例如：

AA制　　PC机　　T恤衫　　三K党　　ATM机　　pH值　　A股　　X光　　T细胞

受外来字母词的影响，把汉语词用汉语拼音缩写的方式简化，也会形成字母词，如HSK（汉语水平考试）；通过比喻的方式也可能形成字母词，如T型台（呈T形的表演台）。

b. 汉字式借形词是一种特殊的外来词，指的是从日语中转借来的汉字词语。这有两种情况。

一种是古代汉语中的词在日语中赋予了新义，例如：

革命　　文明　　具体　　宪法　　主义　　古典　　演绎　　想象　　乐观

另一种是日语中直接利用汉语材料创造的，这类词数量相当可观，直到现在还有少量日语词被汉语吸收，例如：

景气	金融	引渡	体操	客观	主观	内在	能动	取缔	物质　政党
共产	组合	元素	直接	间接	资本	放送	细胞	人气	原理　写真
系统	料理	集团	经验	场合	信号	战线	有机	手续	

使用外来词要注意以下两点。

第一，一个外来词可能有多个并存的音译形式，应根据普遍性原则，选用通行较广的一个。下面的外来词前面一个更具有普遍性："巧克力——朱古力、瑜伽——逾迦、迪斯科——的士高、色拉——沙拉、歇斯底里——歇私德里、悉尼——雪梨、新西兰——纽西兰、司汤达——司丹达尔、里根——列根"。

第二，一个外来词可能两种方式（如音译与意译）并存，甚至3种方式（如借形、音译、意译）并存，应视情况，有时宜意译优先，使语言通俗易懂；有时可从俗，用普遍流行的那一个，因为在不同的场合不同的地点需要做不同的选择。下面的外来词在目前是多个方式并存的，"克隆——无性繁殖、E-mail——伊妹儿——电子邮件、雷射——激光、秀——表演"。

5. 行业词

行业词是各种行业或学科中使用的专用词，是由于社会分工不同造成的。例如：

对立	统一	理性	感性	实践	唯物	唯心（哲学）
门诊	处方	针灸	注射	化疗	气胸	穿刺（医学）
货源	库存	款式	抢手	淡季	盘点	脱销（商业）
切削	模具	冷焊	刨床	铣刀	车刀	热处理（工业）
点射	射程	反潜	续航	防化	登陆	导弹防御系统（军事）
负数	函数	系数	小数	微分	通分	二次方程（数学）
化合	分解	氧气	电解	硫酸	溶解	干馏（化学）

电流　电荷　电阻　电磁场　变压器　透镜　折射（物理学）

备课　课时　学分制　课程表　多媒体教室（教育）

信贷　利息　结账　核算　销售　货币　利率（金融学）

题材　形象　情节　旋律　蒙太奇　概念化　现实主义（文学艺术）

行业词虽然是某个专业或行业集团的专门用语，不具有感情色彩，但是随着科学知识的普及、行业与社会生活关系的密切，某些行业用语逐渐具有了全民性，引申出了新的意义，从而成为全民熟悉的词语。例如"资本"一词有两个义项：①用来生产或经营以求牟利的生产资料和货币；②比喻谋取利益的凭借。其中，义项②是由义项①发展出来的新义。又如"麻痹""感染""折扣""折射""副作用""水平""扬弃""尖兵"等都是在专业概念之后产生了新义。

三、古代汉语中的单音词和复音词

语言同其他事物一样，是不断发展变化的。就汉语来说，它既有历史的继承性，又有时代的差别性。前者使古今汉语一脉相承，后者使古今汉语产生了差异。

汉语在发展过程中，它的各组成部分的发展速度是不均衡的。其中语法发展缓慢，具有极大的稳固性。词汇的变化最显著，尤其是词义，几乎处在经常的变动之中。生产的发展，科技的进步，文化的繁荣，习俗的改变，社会制度的更迭以及人们对客观事物的认识不断深化，这一切，词汇都反映得最为敏锐。于是不断会有新词、新义的产生和旧词、旧义的消亡。汉语词汇的这种新陈代谢，使古今词汇和古今词义逐渐产生了差异。

古今词汇差异主要有两个方面的问题：一是在词的构成上，古代汉语是以单音节词为主，现代汉语是以复音节词为主，古今词汇存在质的差异；二是在词的存废和词义的变化上。

（一）单音词

所谓单音词，是指一个音节代表一个词，在书面语里是一个汉字记录一个词。古代汉语以单音词为主，复音词居少数；现代汉语以复音词为主，双音词居多数。这不单是音节多少的问题，将口语与书面语分别开来，用单音节词作为书面语言词汇的主体，是古人高明的创造。其一，文章使用的字虽少，但信息量大。即使按照现代经济学的观点来衡量，古代汉语也高出一筹。其二，更利于艺术创作。古文的艺术性有很多讲究，比如韵律的变化、遣词造句的变化等。传诵至今的王安石的《读孟尝君传》仅有88个字，但读来却是抑扬顿挫、回肠荡气：

世皆称孟尝君能得士，士以故归之，而卒赖其力，以脱于虎豹之秦。嗟乎！孟尝君特鸡鸣狗盗之雄耳，岂足以言得士？不然，擅齐之强，得一士焉，宜可以南面而制秦，尚何取鸡鸣狗盗之力哉？夫鸡鸣狗盗之出其门，此士之所以不至也。

再如，遣词造句的变化，单音节词有很多同义、近义词，因此为遣词造句提供了很大的方便。例如李斯的《谏逐客书》（节选）：

昔穆公求士，西取由余于戎，东得百里奚于宛，迎蹇叔于宋，来丕豹、公孙支于晋。此五子者，不产于秦，而穆公用之，并国二十，遂霸西戎。孝公用商鞅之法，移风易俗，民以殷盛，国以富强，百姓乐用，诸侯亲服，获楚、魏之师，举地千里，至今治强。惠王用张仪之计，拔三川之地，西并巴、蜀，北收上郡，南取汉中。包九夷，制鄢、郢，东据成皋之险，割膏腴之壤，遂散六国之从，使之西面事秦，功施到今。

这段文章中的"取、得、迎、求、拔、并、收、取"等都是近义词，气势也极具变化，如果翻译成现代汉语的复音词，艺术性就大为逊色了。

知识拓展

古文的翻译

对阅读古文来说，牢牢记住古代汉语单音节词占优势的特点，是为了避免对文章中出现的貌似现代汉语复音词的误解，即一些词在现代汉语中是一个词，在古代汉语中却是两个词。例如：

民可以乐成，不可与虑始。(《西门豹治邺》)"可以"是两个词，能愿动词"可"与表对象的介词"以"。

——可以与老百姓一起为成功而快乐，不能和他们一起考虑事业的创始。

滕君，则诚贤君也。虽然，未闻道也。(《许行》)"虽然"是两个词，"虽"相当于现代的"虽然"，"然"是指示代词"这样"。

——滕君确实是贤明的君主，虽然如此，他也没有听说过"道"。

先帝在时，每与臣论此事，未尝不叹息痛恨于桓、灵也。(《出师表》)"痛"指"痛心"，"恨"指"遗憾"。

——先帝在世时，每次和我谈论这些事，没有一次不对桓帝、灵帝感到痛心和遗憾。

年九十余，耳目聪明，齿牙完坚。(《华佗传》)"聪"指"耳聪"，即"听力好"，"明"指"眼明"，即"眼力好"。

——(吴普)九十多岁了，耳不聋，眼不花，牙齿齐整牢固。

两家子弟材智下，不能通知二父志。(《张中丞传后叙》)"通"指"透彻"，"知"指"了解"。

——(许远、张巡)两家的孩子才能智力低下，不能透彻地了解他们父亲的志向。

一定要有深刻的"古代汉语词汇是单音节占多数"的观念，在遇到与现代汉语一样的复音词时，先要分开来理解，否则就很容易产生误解。

古代汉语单音词占优势，一词多义的现象比较突出。由于义项多，含意宽泛，所以在词义的理解上或者翻译上有一定的难度。在翻译成现代汉语时，要把古代单音词译成相对应的现代复音词。如"族"字：

宫之奇以其族行。(《左传·僖公五年》)族：宗族，家族。

毋妄言，族矣!(《史记·项羽本纪》)族：灭族。

虽然，每至于族，吾见其难为，怵然为戒。(《庖丁解牛》)族：会聚，聚结。

木族生为灌。(《尔雅·释木》)族：丛聚。

族庖月更刀，折也。(《庖丁解牛》)族：一般。

上面每句中的"族"字都译成了一组相对应的复音词。把古代单音词译成现代复音词是有规律可循的，关键是掌握它们之间的对应关系，大体有以下3种情况。

第一，将单音词变成另外的复音词。如：

擐(huàn)甲执兵，固即死也。(《齐晋鞌之战》)

"襓"译成"披上","执"译成"拿起","固"译成"本来","即"译成"走向"。

第二，在单音词前后增添相关词素，构成新的复音词。如：

台上弹人，而观其辟丸也。（《晋灵公不君》）

"观"译成"观看","辟"译成"躲避","丸"译成"弹丸"。

第三，在单音词前后添加词头词尾。如：

虎求百兽而食之。（《战国策·楚策一》）

日光下澈，影布石上。（《小石潭记》）

吾妻之美我者，私我也。（《邹忌讽齐王纳谏》）

"虎"译成"老虎","石"译成"石头","妻"译成"妻子"。

（二）复音词

具有两个或几个音节的词是复音词。古代汉语单音词占多数，不等于复音词很少，就其绝对量来说，还是相当可观的，而且与日俱增。根据词的组合情况，古代汉语复音词可以分为两类：单纯复音词和合成复音词。

1. 单纯复音词

所谓单纯复音词，从音节上说，它属于复音词，而就结构上说，它又是只具有一个词素的单纯词。记录单纯复音词的文字，只表示音节，与意义无关。古代汉语中的单纯复音词有如下两类。

（1）叠音词，古人称"重言"。它是重叠两个相同音节而成的双音词。多数是描绘状貌的形容词或模拟声音的象声词。

①描绘状貌。例如：

大隧之中，其乐也融融。（《郑伯克段于鄢》）

衔远山，吞长江，浩浩汤汤，横无际涯。（《岳阳楼记》）

"融融"表和乐，"浩浩汤汤"形容水势浩大。

②模拟声音。例如：

关关雎鸠，在河之洲。（《诗经·周南·关雎》）

坎坎伐檀兮，置之河之干兮。（《诗经·周南·伐檀》）

车辚辚，马萧萧，行人弓箭各在腰。（《兵车行》）

渐闻水声潺潺，而泻出于两峰之间者，酿泉也。（《醉翁亭记》）

"关关"是鸟鸣，"坎坎"为伐木声，"辚辚"拟车响，"萧萧"状马鸣，"潺潺"形容流水声。

应该注意：叠音词与词的叠用是不同的，它们不属于同一范畴。叠音词和写它的单字意义无关，而词的叠用却和单字原来的意义有关。例如：

旦日，卒中往往语，皆指目陈胜。（《史记·陈涉世家》）

家家习为俗，人人迷不悟。（《买花》）

"往往"表示常常，"家家""人人"表示每一家、每一人。

（2）联绵词。联绵词又称联绵字，古人称"连语"或"谜语"。它是由两个字组成的双音单纯词，在词的结构上具有不可分割的特点。书写联绵词的每个字，只是充当一个音节，字义与联绵词的意义无关。

根据联绵词两个音节之间的关系，可以分为双声联绵词和叠韵联绵词等几种形式。例如：

为之四顾，为之踌躇满志。(《庖丁解牛》)

适莽苍者，三餐而反，腹犹果然。(《北冥有鱼》)

芳草鲜美，落英缤纷。(《桃花源记》)

"踌躇"指从容自得的样子，是双声联绵词。"莽苍"指郊野之色，是叠韵联绵词。"缤纷"指繁多交杂的样子，是双声兼叠韵联绵词。确定联绵词是否双声或叠韵，不是依据今音，而是以古音为标准的。

在单纯复音词中，还有一种音译外来词。汉代以后，随着中国同外域在经济、文化等领域的交流不断发展，古代汉语里逐渐吸收了一些外来词。用以对译外来词的汉字，只是充当一个音节，与字义无关，同样不能拆开来理解。例如：

葡萄　琵琶　浮屠　罗汉　琉璃　袈裟　天竺

联绵词的两个字，只代表两个音节，与合成的复音词不同，注意不要把联绵词拆开理解。如《庄子·秋水》中"于是焉河伯始旋其面目，望洋向若而叹"的"望洋"，被误解为望着海洋。其实"望洋"是联绵字，又写作"望阳""望羊""盳羊"等，是指目光呆滞，精神迷惘的样子。而且就"洋"字来说，上古汉语里绝无"海洋"的意思，如果照字面解释，"望阳"是望着太阳，诸如此类，势必造成误解误读。所以解释联绵词，切忌望文生义。

2. 合成复音词

合成复音词是由两个或几个词素按照一定的构词方式组合而成的。合成复音词可以从不同角度进行分类：从语义的角度可以分为同义合成复音词、偏义合成复音词和转义合成复音词等；从语法的角度可以分为并列式、偏正式、主谓式、动宾式和附加式等。下面重点介绍同义合成复音词和偏义合成复音词。

（1）同义合成复音词。同义合成复音词是由两个意义相同或相近的词素构成的。它的成词经历了漫长的过程，最初是同义词的临时组合，具有很大的游动性，各单音词尚能独立运用。逐渐凝结成词后，就结成一个相对稳定的整体，其意义也已不是原来单音词意义的简单相加，而是以一个词素的意义为主，另一个词素起辅助作用。例如：

不忘恭敬，民之主也。(《晋灵公不君》)

齐王闻之，君臣恐惧。(《冯谖客孟尝君》)

"恭"和"敬"作为单音词时，"恭"指外表有礼貌，"敬"指内心严肃不苟且。合成以后不必再加以区分。"恐"和"惧"单用时，"恐"指因受外界刺激而引起的害怕，"惧"指内心的惶惑。

合成复音词的形成经过了一个长期凝结的过程，最初阶段结合并不稳固，常常合而又分，以"乏困""恭敬"为例：

行李之往来，共其乏困。(《烛之武退秦师》)

盖文帝之时，无盐铁之利而民富，今有之而百姓困乏。(《盐铁论·非鞅》)

不忘恭敬，民之主也。(《晋灵公不君》)

其行己也恭，其事上也敬。(《论语·公冶长》)

"乏困"指缺少衣食财物，可以颠倒词素，说成"困乏"。"恭敬"指端庄而有礼貌，在特定语言环境下又还原为单音词。这些情况说明同义合成复音词处在凝结过程中。判断是单音词，还是复音词，主要有两条标准：一是从词义看，由单音词组合的复音词，具有指物的单一性，如果拆开，词义就发生了变化；二是从结构看，组合体两个音节结合紧密，不能随意插入别的成分。因此，要避免以古释今，把已经凝结成的同义合成复音词还原为单音词。如《孟子·公孙丑上》："尊贤使能，俊杰在位。""俊杰"指才智出众的人，已经凝结成复音词，没有必要再拆开解释。所以切忌把已经凝结成复音词的再还原为单音词。

（2）偏义合成复音词。偏义合成复音词是由两个意义相反或相互对举的词素组合而成的，其中一个词素的意义成为该复合词的意义，另一个词素只起陪衬作用。例如：

此三子者，皆布衣之士也，怀怒未发，休祲降于天。（《唐雎不辱使命》）

休祲：指不祥的征兆。休，吉兆；祲，凶兆。这里偏用"祲"义，"休"起陪衬作用。

一旦有缓急，宁足恃乎！（《汉书·袁盎晁错传》）

缓急：指紧急而严重的情势。这里偏用"急"义，"缓"起陪衬作用。

明于治乱，娴于辞令。（《史记·屈原列传》）

治乱：指治理国家。这里偏用"治"义，"乱"起陪衬作用。

无羽毛以御寒暑。（《列子·杨朱》）

寒暑：指寒冷。这里偏用"寒"义，"暑"起陪衬作用。

偏义复词多数是由反义词构成的，但也有由相关的词构成的。例如：

今有一人入园圃，窃其桃李。（《墨子·非攻》）

"园圃"是相近词，分别是"种树的、种菜的地方"，此处只取"园"之意。

以先国家之急而后私仇也。（《廉颇蔺相如列传》）

"国家"是相关词，此处只取"国"之意。

总的来说，偏义合成复音词从词的结构形式看，都是并列关系。

四、现代汉语中的单纯词和合成词

（一）单纯词

单纯词是由一个语素构成的词。多数单纯词是由一个音节构成的。还有一部分单纯词是多音节形式。常见的主要有以下 5 种。

多音节单纯词的特点

1. 联绵词

联绵词是由两个连缀成义的音节构成的，只有这两个音节连缀在一起才能表达一个概念。联绵词按其声韵的特点，可以分为以下 3 种。

（1）双声。这种联绵词的两个音节的声母相同。例如：

枇杷　仿佛　吩咐　坎坷　忐忑　玲珑　参差　崎岖　澎湃　忸怩　荏苒　踌躇

（2）叠韵。这种联绵词的两个音节的韵母或韵母中的韵腹或韵尾相同。例如：

徘徊　傀儡　窈窕　馄饨　灿烂　蹉跎　依稀　蜻蜓　从容　螳螂　怂恿　妖娆

（3）非双声叠韵。这种联绵词的两个音节声母和韵母都不相同。例如：

芙蓉　垃圾　狼狈　蝼蛄　妯娌　蜈蚣　鸳鸯　蝴蝶　马虎　疙瘩　犹豫　牺牲

2. 叠音词

叠音词是由两个相同音节重叠而成的，其中任何一个音节都只表示读音而不具有单独的意义，只有两个音节重叠在一起才能独立地表达意义。例如：

蛐蛐　奶奶　太太　猩猩　姥姥　蝈蝈　孜孜　津津　侃侃　喋喋　翩翩　皑皑

3. 译音词

译音词是用发音相同或相近的音节来记录其他民族语言中的词，其中任何一个音节本身没有独立的意义。例如：

摩登　休克　咖啡　苏打　坦克　伦敦　沙龙　柠檬　巧克力　莎士比亚　罗马尼亚

4. 拟声词

拟声词是用汉字读音模拟客观事物声音的词。例如：

叮当　哗啦　扑通　咕咚　嘎吱　刺溜　毕毕剥剥　稀里哗啦　噼里啪啦　叽叽喳喳

（二）合成词

合成词是由两个或两个以上的语素构成的词。合成词在现代汉语语汇中占大多数，而且结构复杂。

1. 词根和词缀

构成合成词的语素分为两大类：一是词根；二是词缀。二者性质不同。

（1）词根有实在的意义，能自由出现在合成词的不同位置。例如：

话：话语　话题　话锋　讲话　会话　土话

捕：捕获　捕捉　捕捞　逮捕　追捕　缉捕

勇：勇气　勇敢　勇猛　英勇　神勇　兵勇

"话""捕""勇"是构成上述所举合成词的词根，它们都有实在的意义，且能自由出现在合成词前面或后面的位置上。

（2）词缀一般没有实在的意义，在合成词中的位置也相对固定。例如：

老：老师　老虎　老鼠　老三

头：甜头　苦头　想头　看头

子：椅子　叉子　胖子　勺子

"老""头""子"是构成上述所举合成词的词缀，它们都没有实在的意义，且在合成词中的位置是不自由的，"老"只能出现在合成词前面的位置上，我们称之为前缀，"头""子"只能出现在合成词后面的位置上，我们称之为后缀。

在现代汉语中，词根和词缀有时形式相同，容易混淆，需要特别加以分辨，见表3-2。

表3-2　词根与词缀形式相同的词语（示例）

语素	词根		词缀	
老	老汉	老调	老师	老虎
子	男子	棋子	桌子	旗子

语素	词根	词缀
儿	健儿　　婴儿	花儿　　活儿
头	船头　　烟头	石头　　甜头

2. 合成词的构成方式

根据合成词中词根与词缀组合的不同情况，合成词的构成方式主要有以下3类。

（1）复合法。复合法是由两个或两个以上不同的词根构成的合成词，这类合成词被称为复合词。根据词根与词根之间各种不同的结构关系，复合词主要有以下几种。

①联合式。这类复合词中的几个词根地位平等，无主次之分，其在意义上相同、相近、相关或相反、相对，例如：

a. 珍宝　朋友　教授　道路　评论　编辑　离别　制造　美丽　孤独　刚才　稍微
b. 领袖　骨肉　耳目　江山　皮毛　笔墨　分寸　印刷　穿戴　唇齿　权衡　洒扫
c. 反正　旦夕　早晚　始终　得失　收发　优劣　呼吸　是非　买卖　出纳　纵横
d. 国家　窗户　睡觉　人物　女儿　恩怨　质量　好歹　忘记　动静　利害　干净

a组复合词中两个词根的意义相同或相近；b组复合词中两个词根的意义相关联，并且融合构成新的抽象意义；c组复合词中两个词根的意义相反或相对；d组复合词可称之为"偏义词"。在这种复合词中，只有一个词根的意义在起作用，另一个词根的意义已经淡化，只起陪衬作用，整个词的意义只偏重于一个词根。如"恩怨"词义偏重于"怨"，"动静"的词义偏重于"动"。

②偏正式。这类复合词中的几个词根之间存在着修饰与被修饰、限制与被限制的关系，前一个词根是修饰、限制性的，后一词根是中心。例如：

a. 黑板　电灯　绿豆　雄鸡　农业　现状　内科　皮鞋　国旗　京剧　谎言　钢笔
b. 微笑　公审　前进　包抄　牢记　飞跑　雪白　漆黑　狂热　冰凉　血红　笔直

a组的中心词根是名词性语素，这类复合词也称定中式；b组的中心词根是动词性和形容词性语素，这类复合词是状中式。

③主谓式。这类复合词中的几个词根之间存在着陈述与被陈述的关系，前一词根是被陈述的主体，后一词根表说明。例如：

海啸　便秘　蝉蜕　冬至　日食（名词）
嘴硬　年轻　手软　面熟　性急（形容词）
气馁　公祭　齿冷　肩负　意料（动词）

④述宾式。这类复合词中的几个词根之间存在着支配与被支配的关系，前一词根表动作行为，后一词根表动作行为所支配、关涉的对象。例如：

司机　知己　立秋　掌柜　扶手（名词）
出众　夺目　称心　吃力　动人（形容词）
破产　投资　平反　送行　关心（动词）

⑤补充式。这类复合词中的几个词根之间存在着补充与被补充的关系，前一词根是中心，后一词根从结果、程度等方面进行补充说明。例如：

提高　阐明　改正　证实　推动　夸大　记住　治安　冲淡

扭转　揭穿　促进　减少　鼓动　割裂　解脱　摧毁　磨灭

⑥还有一类词，也属补充式复合词。例如：

人口　枪支　书本　船只　事件　纸张　车辆　布匹　花朵　房间　稿件　银两

这类复合词的前一词根表事物，后一词根表计量单位，是从数量方面进行补充说明。

复合词的内部构成方式比较复杂，我们要注意辨别词根与词根之间的结构关系。例如："跳棋"和"跳水"，二者在结构形式上都是动词性语素+名词性语素。但二者的构成方式不一样："跳棋"中的"跳"与"棋"之间是修饰与被修饰关系，属偏正式复合词；"跳水"中的"跳"与"水"之间是动作行为与关涉对象之间的关系，属述宾式复合词。

（2）派生法。派生法是由词根和词缀组合构成的合成词，这类合成词我们称之为派生词。根据词根和词缀组合位置的不同情况，派生词可分为以下两大类。

①在词根前附加词缀构成，即"词缀+词根"的方式。例如：

老：老师　老虎　老鹰　老大

阿：阿Q　阿爸　阿姨　阿飞

初：初二　初五

前缀"老"附加于表称谓、排行次序、动物的词根前，构成指称事物的名词；"阿"主要是附加在某些表亲属名称、姓名或排行的词根前，构成指称人的名词；"初"主要附加于数字前，表示次序，分别构成序数词和时间名词。

②在词根后附加词缀构成派生词，即"词根+词缀"的方式。现代汉语中后缀较多，而且呈增长趋势。例如：

子：凳子　裙子　瘦子　疯子　裤子

儿：话儿　亮儿　盖儿　花儿　粒儿

头：盼头　木头　念头　干头　苦头

者：作者　读者　记者　学者　弱者

员：船员　社员　团员　学员　演员

家：画家　行家　专家　冤家　艺术家

手：旗手　舵手　水手　扒手　猎手

师：医师　厨师　拳师　巫师　画师

性：党性　严肃性　原则性　艺术性　积极性

化：绿化　美化　钙化　自动化　现代化

然：泰然　坦然　巍然　突然　哗然

现代汉语中，后缀"子""儿""头"附加在动词性、形容词性词根后，它们是名词的一种形态标志。有些带后缀"儿"的指事物的名词，往往会有"小"或喜爱等意味。以"者""员""家""手""师"为后缀的词通常是指人的名词，它们在合成词中起添加某些概括的意义的作用，如"者""员"表示"……的人"，"手"表示"擅长……的人"，"家""师"表示"……方面有专门学识和技艺的人"。"化"主要依附于名词性、形容词性词根后构成动词，表示"转变成某种性质或状态"这种概括的意义。"然"是构成形容词和副词的标志，作为词缀，"然"概括地表示某种状态。

现代汉语中还有一些叠音后缀，例如：

乎乎：胖乎乎　圆乎乎　热乎乎

溜溜：酸溜溜　光溜溜　灰溜溜

生生：活生生　脆生生　怯生生

滋滋：美滋滋　乐滋滋　甜滋滋

烘烘：热烘烘　臭烘烘　暖烘烘

这些叠音后缀是形容词的标志，它们本身没有实在的意义，主要是加强词根的意义和感情色彩，使形容词更加生动形象，增强口语色彩。

词缀应具备 3 个主要条件：一是定位，即在合成词中的位置是固定的；二是意义必须虚化，有明确实义的不是词缀；三是要有较强的构词能力，具有标志词性的作用。具备这 3 个条件的词缀可以说是"典型词缀"。

（3）重叠法。重叠法是由两个相同的词根重叠构成的合成词，这类合成词我们称之为重叠词。例如：

哥哥　爸爸　爷爷　妹妹　姐姐　星星　叔叔　舅舅　伯伯　偏偏　仅仅　刚刚

重叠词与叠音词性质不同：重叠词中的语素是成词语素，可以单用，且整个重叠词的意义就是单个构成语素的意义，如"星星"的"星"可以单用，且"星星"的意义与"星"的意义相同；叠音词中的每一个音节都没有独立的意义，且整个叠音词的意义不能由单个音节来表示，如"猩猩"中的"猩"不能单用，没有任何意义，"奶奶"中的"奶"尽管能单用且有意义，但"奶奶"这个词的意义与"奶"的意义并无关联。

（三）多语素合成词的结构层次

由两个语素构成的合成词结构简单，只有一层结构关系。现代汉语中还有很多合成词是由 3 个或 3 个以上语素构成的，它们会有两个或两个以上的层次。第一层的结构关系决定它们的构成类型。例如：

"电话机"：这是一个偏正式复合词，"电话"修饰"机"，"电"修饰"话"。

五、词的缩略形式

缩略形式是指把一个结构较长的固定短语在形式上进行缩减省略而形成的结构较简短的语言单位，又称"简称"或"紧缩词"。例如，"世界妇女大会"缩略为"世妇会"，"奥林匹克运动会"缩略为"奥运会"，"中国共产主义青年团中央委员会"缩略为"团中央"。缩略形式是为适应社会发展和满足人们经济有效地使用语言的需求而产生的。

现代汉语的缩略形式，按其成分组合情况的不同，一般可以分为以下两大类。

（一）提取式

从原固定短语中选取有代表性的语素组合成缩略形式。常见的有以下 3 种。

（1）提取原固定短语中每个词或部分词的一个语素组合成缩略形式。例如：

①政治委员——政委　电化教学——电教

　等待就业——待业

②师范学院——师院　扫除文盲——扫盲

　　人民警察——民警　历史地理——史地

③全国运动会——全运会　教学研究室——教研室

　　少年先锋队——少先队　文艺工作团——文工团

④人民政治协商会议——政协　文学艺术界联合会——文联

①组的缩略形式是提取各个词的前一个语素或后一个语素组合形成的；②组的缩略形式是提取前一词的前语素和后一词的后语素或提取前一词的后语素和后一词的前语素组合形成的；③组的缩略形式是提取前一词的前语素和后一词的头尾两语素组合形成的；④组的缩略形式是提取部分词的代表性语素组合形成的。

（2）提取原固定短语中的各个词的一个语素和各个词的共同语素组合成缩略形式。例如：

中年青年——中青年　工业农业——工农业　离休退休——离退休　出境入境——出入境

陆军、海军、空军——陆海空军　高档、中档、低档——高中低档

（3）提取原固定短语中的一个词形成缩略形式。例如：

中国人民解放军——解放军　清华大学——清华

（二）标数式

用数字概括和标明原固定短语中各词所指称的性质相同或相关的事物。

（1）取原固定短语中各词的共同语素，然后标数。例如：

初伏、中伏、末伏——三伏

开口呼、合口呼、齐齿呼、撮口呼——四呼

百花齐放、百家争鸣——双百

（2）概括出原固定短语中各词所指称事物的共同属性，然后标数。例如：

象形、指事、会意、形声、转注、假借——六书

稻、黍、高粱、麦、豆——五谷

诗、书、礼、易、春秋——五经

金、银、铜、铁、锡——五金

立春、春分、立夏、夏至、立秋、秋分、立冬、冬至——八节

现代汉语中缩略方式多种多样，以上列举的是人们经常使用的一些方式。有些缩略形式经过人们长期、广泛的使用，其形式和内容联系紧密，已经定型为词的形式，如"五官、旅游、科技、政委、文娱、劳模"等。

📖 知识拓展

词的缩略原则

词的缩略需要注意以下 3 个原则。

1. 表义明确无误

词缩略后，意义要明确，不应引起歧义或误解。例如，某商场把"女式猪皮鞋"缩略为"女猪"，就让消费者感到费解。

2. 避免同音形式

在对固定短语进行缩略时，要注意不能跟已有的词语形式同音，避免因同音而引起混淆。例如，"纪律检查委员会"缩略成"纪委"，就跟"计委"同音。为了避免同音，可缩略成"纪检委"。又如，"全国人民代表大会"和"中国人民大学"都可以缩略成"人大"，为了不引起混淆，前者可缩略成"全国人大"，后者缩略成"中国人大"。

3. 避免重复缩略

固定短语如果已有了缩略形式，就没有必要去再造一个缩略形式，否则会引起混乱。例如，"清华大学""对外贸易"的缩略形式"清华""外贸"已经通行，就不应再缩略为"清大""外易"。

第三节 词义概述

一、词义的性质

词包含形式和内容两个方面。词的形式即词音（听觉形象）；词的内容即词义。词义与词音的结合是一种约定俗成，但有个别例外（如"蟋蟀""知了""咩"等）。词音与词义相辅相成，正如一页纸的两面，无法割裂。

词义基于人们对客观事物和现象的认识。人们在对客观事物和现象作了观察、分析、综合和抽象概括之后，形成了某种概念，然后再以一定的语音形式加以固定，于是形成了词义。

1. 词义的客观性和主观性

词义是词对客观存在的事物或现象的反映。客观存在的事物或现象是词义的客观基础。如果客观世界没有"恐龙"这种动物，语言中就不会有"恐龙"这个词义。过去没有计算机，所以语言中也就没有"计算机"这个词，当然也就不会有"计算机"这个词所代表的词义。

即使有少数词所反映的对象在客观世界中不存在，如"上帝、仙女、龙、鬼"等，但这些词是人们想象的产物，存在于人们的思想中，也是人们对客观世界的一种反映，只不过是在人们头脑中的曲折的、虚幻的反映。

词义又是人们对所指对象的概括性认识。人们的认识本身属于主观世界，因此词义又具有主观性。词义的主观性突出地表现在人们对客观对象认识的差异上。不同的历史时期，不同的人，由于认识能力、认识角度、认识深度的不同，对事物或现象的认识就会有差异。如对天、星、日食、地震等事物或现象的认识，古代人与现代人的认识就有所不同；专家与一般人对水、糖、盐、酒、玫瑰的认识也有所不同；无神论者和有神论者对神、鬼、天堂、地狱的认识显然不同。

2. 词义的概括性和具体性

词义所反映的任何一种客观事物或现象都是进行了概括的。概括，就是把同一类事物或现象的共同特点归结在一起，而舍弃许多个别的具体的东西。例如，"人"的词义是"能制造工具并使用工具进行劳动的高等动物"，它概括了各种人的共同的本质属性，而舍弃了男人、女人之间的区别，舍弃了小孩儿、青年人、中年人、老年人之间的区别，舍弃了黄种人、白种人、黑种人之间的区别。即使是单独概念的词义，也有概括性。例如，"李白"指的是唐代的一位诗人，它概括了不同时期（青年、中年、晚年）的李白，尽管各个时期的特征有所不同，但总有一些共同的东西足以证明他是同一个李白，而这些共同的东西便是从不同时期概括来的。

作为具体话语中的词的意义，又有具体性。如"人比以前瘦多了"中的"人"具体指其个人，而非泛指"能制造工具并使用工具进行劳动的高等动物"。又如"车坏了，不能骑"中的"车"是具体指某辆能供人骑的自行车、三轮车或摩托车，而不包括别的"陆地上有轮子的运输工具"，如汽车、火车。

3.词义的明确性和模糊性

词义具有相对的明确性和模糊性。明确性指的是词义的界限、范围很清楚，如"人、书、笔、飞机、轮船、3点20分58秒"等。在一般情况下，人们很容易将这些词所指的对象与其他事物区别开来。模糊性是指词义的界限、范围不清楚。客观事物中有很多事物相互之间的界限本来就不清楚，而人的认识也有模糊性的一面。例如，深一点的"绿"和浅一点的"蓝"容易相混，以致太阳下的同一片大海，有人说是绿的，有人说是蓝的。又如"青年、中年、老年"的界限难以划定。又如"秃顶"，词典解释为"脱落了大量头发的头顶"，这个"大量"是多少呢？这里并没有一个明确量化的标准。其他如春、夏、秋、冬四季，敲、打、捶等动作，也都有模糊性，至于"高—低、大—小、胖—瘦、远—近、松—紧"等词的意义，都具有相对的性质，这些词的意义模糊程度较高。

词义的明确性与模糊性是相对的，一方面，没有绝对明确的词义，即使是一些有严格定义的科学术语，其意义也有模糊性。如数学术语"圆"和"直线"，意义很明确。但事实上，世界上没有任何绝对圆或直的事物，只有近似圆或直的事物，所以这些词的所指范围仍然有模糊性。另一方面，一切模糊词义也有明确的一面。如"青年"是典型的模糊词，但也有一个大概的范围，只是在边缘部分比较模糊，如果有必要，还可以严格规定出生时间，如举办青年歌手大奖赛或青年作家作品评奖活动，就要对"青年"有严格的年龄界定。

4. 词义的稳固性和变异性

一个词的意义，一旦为人们约定俗成，成为全体社会成员的共识，就不可由个人任意改变，这就形成了词义的稳固性。否则，它就不能为社会成员所理解和运用，影响社会交际。这个道理是不言而喻的。

社会在向前发展，一些词的意义也在发生变化。如"走"，在古代当"跑"讲，此义保留在成语"不胫而走""奔走相告"中；现代指"行走、步行"。不同的词，在历史使用过程中都有变化，只是变化的方式、速度有所不同，这表明词的意义具有变异性。词义的演变常常是临时改变其用法，以满足当时交际的需要。这种用法若时间一长，可能成为"习惯用法"，逐渐固定下来，词义便有所发展，于是新义产生。过去和当今的一部分新义词就是这样产生的。

二、词义的构成

词义一般由两个部分构成：一是理性意义；二是色彩意义。理性意义是词义的核心部分，色彩意义是附加在理性意义之上的，有感情色彩、语体色彩、形象色彩和文化色彩之分。

（一）理性意义

理性意义也称概念意义，是客观事物和现象的本质属性在人脑中的概括反映，一般与概念有关。例如：

工本：制造物品所用的成本。

爱好：对某种事物具有浓厚的兴趣。

和气：态度温和。

黑钱：指以贪污受贿或敲诈勒索等非法手段得来的钱。

理性意义的作用在于反映词与所指对象的对应关系。例如"黑钱"的指称对象是"以贪污受贿或敲诈勒索等手段得来的钱"，那么"工钱""月钱""赏钱""本钱"等都不属于"黑钱"的理性意义范围。一个词能指称几种不同的对象，就有几种不同的理性意义。例如"无赖"一词，既可指称某种品行，又可指称某一类型的人，因而"无赖"一词有两个理性意义：一是指"放刁撒泼，蛮不讲理"；二是指"游手好闲、品行不端的人"。此外，如果一个词的指称范围发生变化，词的理性意义也会发生变化。例如，"硬件"一词，原只指计算机系统中的某一组成部分，后来人们借用"硬件"指称一些设施，因此，"硬件"一词出现了一个新的理性意义，即指生产、科研、经营等过程中的机器设备、物质材料等。

理性意义是人脑对客观事物和现象的概括反映。一般来说，理性意义包括通用意义和专门意义两种。通用意义是指全体社会成员共同使用的理性意义，是人们在日常生活中对事物不断认识的基础上产生的。专门意义一般是指具备某种专门知识的人使用的理性意义，是人们在专门领域内的科学实验和研究基础上产生的，例如，一般人对"乙醇"的理解只限于"酒的主要成分"，也称之为"酒精"，这个意义是"乙醇"一词的通用意义，但对于化学领域中的专业人员来说，他们对"乙醇"意义内容的理解是"有机化合物，醇的一种，分子式为 C_2H_5OH，无色可燃液体，有特殊气味，溶于水；由含糖物质发酵分馏而得，也可用乙烯制取；是制造合成橡胶、塑料、染料等的原料，也是化学工业上常用的溶剂，并有杀菌作用，可用于消毒、清洁、防腐"。

（二）色彩意义

色彩意义是依附于词的理性意义而存在的词义内容，一般不能脱离词的理性意义而独立存在。词的色彩意义主要包括以下4种。

1. 感情色彩

词的感情色彩意义是人们在表达对事物的概括认识的同时所反映的对该事物的一种主观评价。最常见的感情色彩意义有两类，即褒义色彩和贬义色彩。有些词表明了人们对所反映的事物的肯定、赞扬、喜爱、尊重等感情态度，这就是词的褒义色彩，这些词可以叫作褒义词。例如：

英明　崇高　顽强　鼓励　聪明　优秀　雄伟　公正　健康

拼搏　俊杰　豪迈　英雄　烈士　模范　真理　慈祥　贡献

有些词表明了人们对所反映的事物的否定、憎恶、鄙弃等感情态度，这就是词的贬义色彩，这些词可以叫作贬义词。例如：

粗劣　凶残　赃款　贿赂　叛徒　暴君　巴结　阿谀　猖狂

卑鄙　叫嚣　走狗　懒惰　虚伪　勾结　行径　狡猾　嘴脸

语言中的词并不都有感情色彩，大多数词既没有褒义色彩，又没有贬义色彩，被称为中性词。例如：

外甥　赶集　脸色　河流　缓慢　火气　尖锐　将养　金属

久远　开始　旷远　离休　辽阔　注视　暖和　配备　偏僻

感情色彩意义一般总是附着在特定的理性意义之上的，例如，"嘴脸"的贬义色彩就是附加在"面貌"这一理性意义之上的，不能独立存在；"团结"是指为做有价值或正义的事而结合在一起，这一词的褒义色彩就是附加在"结合"这一理性意义上的。汉语中，偶尔也有感情色彩意义独立存在的词，比如专门表示感情意义的少数叹词"呸、哼、啊"等。

另外，词的感情色彩意义在特定的语言环境中有时会发生变化，例如：

有几个"慈祥"的老板到菜场去收集一些菜叶，用盐一浸，这就是他们难得的佳肴。（夏衍《包身工》）

"慈祥""佳肴"本带有褒义色彩，但在上述例句中，两词都带有明显的贬义色彩，这种临时的贬义色彩只是一种语用意义，不是词本身固有的语汇意义。

2. 语体色彩

语体色彩是指词由于经常用于特定场合或特定文体中而形成的某种语言表现风格。最常见的语体色彩是口语色彩和书面语色彩，词（字）典里一般分别标作〈口〉〈书〉。具有口语色彩的词称为口语词，常用于日常谈话，具有平易、自然的风格。例如：

庄稼　打听　小气　丫头　财迷　折腾　压根儿　溜达　聊天

抽筋儿　日子　脑壳儿　虫牙　吹牛　吃香　干脆　毛手毛脚

具有书面语色彩的词称为书面语词，常用于书面写作，如政论文、应用文、科技文、文学作品等，书面语词具有庄重、文雅的风格。例如：

头颅　妖娆　神往　新月　邂逅　浩瀚　临床　伏特　光年

予以　特此　兹　政体　公民　专政　审核　依稀　圆周

词的语体色彩是固定依附在词的理性意义之上的，而不是在具体的语言环境中临时产生的。口语词不会因为写在书面上而失去其口语色彩，书面语词也不会因为说在口头上而失去其书面语色彩。运用具有语体色彩的词时，要注意与各自语体的搭配，做到贴切得体。我们日常说话具有轻松、自然、随意的特点，如果使用书面语词，就会使人感到生疏；反之，书面语言，特别是政府文告、法律条文、外交文件等，一般要求庄重严肃，如果随意使用口语词，同样是不得体的，甚至给人一种轻浮之感。

3. 形象色彩

语言中的一些词能使人联想起该词所指称的事物的形态、颜色、声音等生动具体的形象，这些词的理性意义上就依附有形象色彩。例如：

反映形态：云海　猫头鹰　灯笼花　马尾松　八字胡　十字路口　美人鱼．花果山

反映动态：垂柳　摊牌　上钩　失足　翻飞　迎春花　穿山甲

反映颜色：碧空　苍山　朱栏　绿茶　彩霞　雪白　黑豆　翠柳

反映声音：轰隆　哗啦　叮当　噼里啪啦

4. 文化色彩

语言中的一些词蕴含着丰富的历史文化内涵，能使人们联想到与词义相关的典故、诗文或民俗，这就是词义的文化色彩。例如，"负荆"源于《史记·廉颇蔺相如列传》，后用来表示认错赔礼。"桑梓"语出《诗经·小雅·小弁》中的"维桑与梓，必恭敬止"，意思是说家乡的桑树和梓树是父母种的，对它要表示敬意，后人用来比喻故乡。"梨园"为戏院或戏剧界的别称，这是因为传说唐玄宗曾教乐工、宫女在梨园演习音乐舞蹈。"龙"是我国古代传说中的神异动物，封建时代用龙作为帝王的象征，所以"龙"成为尊贵、吉祥的象征。这些词都能使人联想到丰富的文化背景。

> **知识拓展**
>
> ### 词的含蓄意义
>
> 含蓄意义，又称内涵意义，是指说话人对所指对象的委婉含蓄的评价，它反映了人们对事物的非本质的偶有性质的主观认识。例如，"男子汉"的概念意义是男性成年人，但也含有坚强、健壮、有气度的意味；"女人"的概念意义是女性成年人，又含有柔弱、文雅、善良、好动感情等意味。又如"书呆子"，含有不机灵、不敏锐的意思；"老实"常常带有不聪明、不灵活的意思。
>
> 词的含蓄意义同词的概念意义、色彩意义不一样，不具有时间的稳定性和接受的社会性，而往往表现为时有时无、时强时弱。含蓄意义的产生一方面与说话人的情感态度有关，另一方面与事物、现象本身的偶然性质有关。如"男人"不一定都有坚强、健壮的性质，"老实"不一定不聪明。这种含蓄意义都只反映事物、现象的偶有性质，但由于种种原因，容易使人联想到这种性质。此外，含蓄意义往往具有多义性，因为对象的偶有性质往往是多方面的。例如，"年轻"既有不成熟、缺乏经验、不可靠等消极的含蓄意义，也有有朝气、有热情、有干劲、有胆量等积极的含蓄意义。

三、单义词和多义词

（一）单义词

一个词如果只有一个意义，就是单义词。例如：

马　羊　内科　卵生　经脉　梧桐　桌子　骆驼　电灯　李白　中国　长沙

一般来说，科技术语、专有名词和表草木、鸟兽、器物及其他常见事物的名称的词语都是单义词。单义词的意义明确、固定，不会产生歧义。

（二）多义词

一个词如果有几个相互关联的意义，就是多义词。以"赶"为例：

①追：赶先进。②加快行动，使不误时间：赶任务。③去；到（某处）：赶庙会。④驾驭：赶大车。⑤遇到（某种情况）：赶上一场雨。

多义词都是由单义词演变发展而来的。一个词最初总是单义的，由于社会的发展和人们交际的需要，人们对词义的区分越来越细，语音形式又是有限的，因此，人们习惯用原有的语音形式来指称与原有的事物或概念有一定相似或相关之处的新事物或新概念，不再另造新词，这样原来的单义词就变成多义词了。现代汉语中多义词占大多数。

多义词的几个意义可以分为基本义和引申义两类。基本义是使用频率高、应用范围广的意义，其他的意义都是推演发展而来的引申义。如"包袱"指包衣物用的布，引申为影响思想或行动的负担。

引申义从不同的角度可以分为3种类型。

（1）借代引申。例如"编辑"原义是指行为，引申指执行编辑工作的人；"丝竹"原指丝弦和竹子，引申为琴、瑟、箫、笛等乐器的总称，因为这些乐器都是以丝弦或竹子为材料的。

（2）通感引申。如"苦"，原指味觉上的像胆汁或黄连的味道，跟"甘"相对，引申指心理感觉上的痛苦、难受；"痛"原指肉体上因疾病创伤等引起的难受的感觉，引申指心理感觉上的痛苦、悲伤；"尖"原指末端细小、尖锐，属视觉感觉，引申指声音高而细，也指耳、目、鼻灵敏，这些又属听觉、视觉和嗅觉上的感觉；"长"原指空间上的两点之间距离大，跟"短"相对，引申指时间上的长久；"深"原指空间上的从上到下或从外到内的距离大，跟"浅"相对，是一种具体的感觉，引申指感情深厚、关系密切，这是一种抽象的感觉。

（3）比喻引申。

①形状相似。如"眼"原指人或动物的视觉器官，引申指小洞、窟窿；"网"原指用绳线等结成的捕鱼捉鸟的器具，引申指形状像网的东西（如"蜘蛛网"）。

②功用相似。如"杠杆"原指能绕着固定点转动的杆，引申指起平衡或调控作用的事物或力量；"暗礁"原指海洋、江河中不露出水面的礁石，是航行的障碍，引申义指事情在进行中遇到的潜在障碍。

③性质相似。如"黑暗"原指没有光，引申指现象、事物落后腐败；"培养"原指以适宜的条件使生物等繁殖，引申指按照一定的目的长期地教育和训练；"金玉"原泛指珍宝，引申指华美贵重。

④结果相似。如"流产"原指胎儿未满28周就产出，引申指事情在酝酿或进行中遭到挫折而不能实现；"腐蚀"原指通过化学作用使物体逐渐损坏，引申指使人在坏的思想、行为、环境等因素的影响下逐渐堕落。

借代引申、通感引申和比喻引申与修辞上的借代、通感和比喻用法有着本质的不同。借代引申义、通感引申义和比喻引申义是经过人们长期广泛的运用而固定在词义之中的，是词义的有机组成部分，具有全民性。而修辞上的借代、通感和比喻用法是临时性的，不能离开特定的语言环境。

第四节 词义的分解与聚合

一、词义的分解

（一）义项

1.义项的概念

义项是词的理性意义的分项说明。一般而言，词的一个理性意义就是一个义项。除了单义词外，语言中的其他词都是多义词，都有两个或两个以上的义项。词的义项来自实际的语境，词在语境中表现出多少种意义即意味着它有多少个义项。词在语境中表现出的是显性意义，在词典中表现出的则为隐性意义，二者不完全等同。

词的义项并非固定不变，必须随着社会的变化和语言自身的发展而不断调整，或增或减。就一个词而言，词的各义项是彼此相关的互补关系。在特定的语境里，词的若干个义项只能有一个显性化。否则，就可能导致歧义（出于修辞目的的则为"双关"）。

2.义项的分类

按照词的义项在共时和历时词义系统中的地位和作用，义项可分为以下3类。

（1）本义：词的原始意义，一般只指最早的文献意义。

（2）基本义：最常用、最核心的义项。

注意：本义与基本义的关系有时可以等同（如"圆""亮""苦"等），有时则不一致（如"兵""汤"等）。

（3）转义：由基本义直接或间接转化而来。词的转义主要由引申和比喻两种途径产生。

①引申义：在本义或基本义的基础上推演发展出来的意义。引申义强调的是相关性。例如：

口：户口—人口（口粮）——口（量词，用于某些物品、家畜及人等）

笔杆子：笔的手抓部分—笔—能写文章的人

②比喻义：借用词的一个义项来喻指与之无关的事物。比喻义是词的比喻用法固定下来的意义，它源自事物之间的相似性。例如：

"口" a.关隘：西口、腊子口；b.容器与外界的相通之处：瓶口；c.出入通行的地方：路口；等等。

（二）义素

1.义素的概念

义素是构成词义的最小意义单位，即词义的构成要素。关于义项和义素的关系，可以做如下理解：义项是就词的全部内容进行分解，各义项在具体的语境中互补，由此形成整个词义；而义素则不同，它是对词的义项进一步分析的结果。应该说，义项可以分解为义素，义素组合起来可以构成义项。可见，义素是比义项小的单位。义素，又称语义成分或语义特征，能够帮助我们找到事物之间的共同特征和区别特征。一组词所具有的共同特征和区别特征分别称为共同义素和区别义素。例如：

鞋 =[+物品 +穿在脚上 −有筒 +着地]

靴子 =[+物品 +穿在脚上 +有筒 +着地]

袜子 =[+物品 +穿在脚上 +有筒 −着地]

2. 义素分析法

义素分析法就是把词语的义项进一步分析为若干义素的组合，以便说明词义的结构、词义之间的异同，以及词义之间的各种关系。义素分析的基本方法是对比法。义素分析通常按照 3 个步骤进行：第一步是确定对象，一般而言用来对比的通常是指称同一类对象的词语，即相关、接近的词语。例如，我们可以对"伯父、叔叔、姑姑"等词语进行义素分析；而对不属于同一类的"大海、地瓜、学生"等进行义素分析则没有什么意义。第二步是比较词义的异同，找出共同义素和区别义素。第三步是整理和描写。义素分析应力求做到准确、简明。义素用[ ]标记，以"+""−"来表示对立的义素。

例如，对上文中的"伯父、叔叔、姑姑"进行义素分析。

（1）确定对象：伯父、叔叔、姑姑。

（2）比较异同：共同义素为亲属关系（亲属为"+"，非亲属为"−"）；区别义素为性别不同（男性为"+"，女性为"−"）、年龄不同（比父亲年龄大为"+"，比父亲年龄小为"−"）。

（3）整理和描写：可用义素矩阵图表示，见表 3–3。

表 3-3　义素矩阵图

义素	亲属关系	性别	年龄
伯父	+	+	+
叔叔	+	+	−
姑姑	+	−	+/−

3. 义素分析的作用

义素分析的作用主要表现在以下 3 个方面。第一，辨析同义词，显示出词与词之间的区别与联系。如"汽车、火车、卡车、自行车"等。第二，揭示词语搭配的内部关系。如"吃"搭配的对象应具有[+固体]特征，"喝"搭配的对象应具有[+液体]特征，"吸"搭配的对象应具有[+气体]特征，所以应为"吃饭、喝茶、吸空气"，而不是"喝饭、吸茶、吃空气"。第三，显示事物之间的区别。在对义素进行比较时，除了将其共同特征分析出来外，其区别特征也随之而出。

二、词义的聚合

词汇是一个系统，系统内的词语有种种的联系，可能是意义上的，也可能是形式上的。意义上的联系构成各种语义场，语义场里面的词从不同角度观察，又有上下义、类义、同义、反义等的联系；形式上的联系表现为听觉上的同音或视觉上的同文。

（一）语义场

1.语义场的性质

不同的词之间具有共同的语义特征，人们按照这种共同语义特征和联系把词分成一个个的类，这就是词义的聚合类，每一个聚合类就是一个语义场。换言之，语义场就是根据词义的共同特点或关系划分出来的类。如"祖父、父母、兄弟、姐妹、叔伯、舅舅、姑、姨"等，关系性质相同，有一个共同的"亲属"语义特征，可以概括为亲属类的词，属语义场中的"亲属场"。

2.语义场与上下义词

（1）语义场的不同层次。

语义场的纵向联系体现为根据语义概括的范围，语义场有大有小，每个场下面可能分成若干"子场"，由场到子场，形成一个有序的集合，相对于"子场"而言，上一层次的也称作"母场"。从母场到子场，体现了语义场的层次结构。如亲属场下的子场：男性亲属场/女性亲属场，直系亲属场/旁系亲属场。

有的词可以兼属于不同层次的语义场，例如：

左位的"金"是物质场（母场）中的词，指金属；右位的"金"是金属场（子场）中的词，指金属中的黄金，这种义项的区别，是由所属的语义场表现的。

（2）上下义词。

母场与子场也是一种上位与下位的关系，母场中的词与子场中的词被称为上下义词，也叫上下位词，指的是词语之间在意义范围大小上形成的类属联系，如"动物"与"牛""马""猪"就是上下义词，"动物"意义范围大，是上位词，"牛""马""猪"意义范围小，是下位词。

一个词在不同关系上可以有不同的下位词。"工人"的下位词总的来说是从行业上区分的，但着眼点不同就有不同的下位词，如果着眼于性别，"工人"与"男工、女工"构成上下位词；如果着眼于工作的时间特点，则"工人"与"短工、零工、临时工、固定工"构成上下位词。

上下位关系是复杂的。"动物"对于"牛、马、猪"来说，是上位词，但对于"生物"这个词来说，又是下位词。"牛"对于"动物"来说是下位词，但对于"水牛、黄牛、牦牛"这些词来说，又是上位词。词的上下位关系的层次性与语义场的层次性是一致的。

根据词的上下位关系的层次性，可以把上下义词分为两种类型：直接上下义词和间接上下义词。直接上下义词指相邻层次上的词，间接上下义词指相隔层次上的词。例如："人"包括"农民、工人、商人"，"工人"又可以包括"瓦工、木工、花匠"，"人"和"工人"是直接上下义词，"人"和"木工"是间接上下义词。

上下义词的关系反映了词在意义上相互隶属的关系，可以叫作词的纵向关系。词的同义、反义关系可以叫作词的横向关系。了解词的纵向关系和横向关系，能更全面地理解词的意义联系。

3. 语义场与类义词

（1）语义场的相同层次。

语义场的横向联系体现为同一层级的词语在语义上相互制约、相互依存。比如，同一层级的"水"与"火"既有相同语义特征，又有不同语义特征，因为共同特征而聚合为一类，因为不同特征而区别为同一类中的两个个体。再如，表示同胞关系的语义场"哥哥、弟弟、姐姐、妹妹"，词与词之间在语义上也是相互制约、相互依存的，没有"哥哥、姐姐"，也就无所谓"弟弟、妹妹"。所以，语义场中词的共同义素表明各词义之间的联系，不同义素表示各词义之间的对立。

（2）类义词。

类义词是具有共同语义特征或者共同属于一个较大意义类别的一组词。如"桌子、椅子、板凳"同属家具类，"锅、碗、瓢、盆"同属厨具类，"红、黄、蓝、白、黑"同属颜色类，"纸、笔、墨、砚"同属于文具类。

由于多义词的存在，类义词的构成往往有着相对的关系。一个词的不同义项可以与不同的词构成类义关系。例如，"打"在一种意义上与"拍"构成一组类义词，而在另一种意义上又可以与"骂"构成一组类义词，"拍打"的"打"与"打骂"的"打"分别使用了"打"的不同义项。

词和词的类义联系，有的比较密切，有的比较疏远，如"父亲、母亲"是关系最密切的类义词，它们只有一个义素不同，其他义素都相同，"母亲"和"阿姨"也有类义关系，它们都表示人际关系，而且都有辈分大的共同特征，即都属长辈，但相比之下，这种类义关系就比较疏远了。

如果说上下义词是语义场成员纵的联系，那么类义词就是语义场成员横的联系。

以类相聚的类义词，具有共同的义素，知道某一类义词的共同义素，对准确解释词语的意义有帮助。词典的释义往往要说明某个词使用的场合和范围，例如：

婀娜：姿态柔软而美好。

妩媚：女子、花木等姿态美好可爱。

洒脱：形容姿态自然、无拘无束。

"姿态"是这3个词共同具有的语义成分，表明这3个词是同一类词，而且是在形容"姿态"这个范围内运用。

类义词连续使用，往往可以增强语言的感染力。例如：

夺铜牌夺银牌夺金牌冲出亚洲争宝座

重德育重智育重体育振兴中华造人才（《迎春征联集萃》）

上述对联中，"铜牌、银牌、金牌"是类义词，"德育、智育、体育"是类义词。

类义词在诗歌中用来构成对偶的句式，在古代律诗中尤为常见。例如：

青山横北郭，白水绕东城。

此地一为别，孤蓬万里征。

浮云游子意，落日故人情。

挥手自兹去，萧萧班马鸣。（李白《送友人》）

"青山"和"白水"，"北"与"东"，"郭"与"城"，"浮云"和"落日"，"游子"和"故人"，都是互为相对的类义词。

（二）同义义场和同义词

1. 同义义场

意义相同或相近的词组成的语义场叫作同义义场，义场中的各个词叫作同义词。

2. 同义词

（1）同义词的类型。

同义词指意义相同或相近的一组词。可以分为以下两类。

①等义词，也叫绝对同义词，指的是理性义完全相同、附加义略有不同的词。这类词可互相代替，语言中数量不多。例如：

士兵—兵士　演讲—讲演　觉察—察觉　水泥—洋灰

②近义词，也叫相对同义词，指的是理性义有所差异、附加义也有不同的词。这类同义词数量很多，使用中有着积极意义和作用，是词汇学和修辞学研究的重要对象。例如：

表扬—表彰　悲伤—悲哀　思念—想念—怀念

锋利—锐利　改革—改良　清除—根除—铲除

近义词之间常有如下方面的特点和联系。

a. 语音相同。如：年轻—年青，必需—必须，企求—乞求，发愤—发奋，功夫—工夫，反映—反应，做—作。

b. 语素相同而次序不同。如：灵魂—魂灵，代替—替代，健康—康健，粮食—食粮。

c. 各词有相同语素也有不同语素。如：保护—庇护，结果—后果，例如—比如，显露—表露，错误—失误，延误—耽误，愚昧—愚蠢。

d. 各词语素都不相同。如：仿佛—好像，干脆—索性，鲁莽—冒失，劳累—疲倦，卓越—杰出，广泛—普遍。

（2）同义词的产生。

①古语词的沿用，与现代普通话用词形成了同义词。例如：

赠—送　诞辰—生日　取—拿　逝世—死　措施—办法

②方言词的吸收，与共同语用词形成同义词。例如：

搞—做—干　玉米—苞米—苞谷—棒子　太阳—日头

③专业词的使用，与普通口头用词形成同义词。例如：

牙床—齿龈　水银—汞　痨病—肺结核　稀释—冲淡

④外来词的吸收，与本民族用词形成同义词。例如：

麦克风—话筒　马达—发动机

（3）同义词辨析。

同义词大多是为了准确地反映事物之间的细微差别，贴切而细致地表达人们对客观事物的态度、感情，或者为适应各种语体风格的需要，不断创造出来的。因此，掌握和运用好同义词，可以使思想表达得更为精确、严密，使语言更加鲜明、多样、生动、有力。

辨析同义词应注意的问题

掌握运用同义词，固然要把握其相同点，但关键还在能辨析同义词之间的细微差别。辨析同义词必须结合语言实际，掌握充分材料，明确其意义和用法之"大同"，分辨其意义和用法之"小异"，即找出同义词的共性和个性。辨析大致可从以下 3 个方面入手。

①理性意义的辨析。

a. 语义侧重。有些同义词的差别在于语义侧重点不同。比如"幻想—空想—梦想"都有主观的不切实际的想象或想法的意思，但"幻想"侧重于虚幻，"空想"侧重于凭空，"梦想"侧重于梦寐以求、急迫；又如"精细—精致—精巧—精美"中的"精细"着重指细密、细致，"精致"着重指别致、新奇，"精巧"着重指巧妙、玲珑，"精美"着重指美好、漂亮。

b. 程度轻重。有些同义词的差别在于词义的轻重程度不同。例如"损坏—毁坏"所表示的都是破坏行为，但"损坏"的词义轻些，"毁坏"的词义重些。又如：

改革—改良　优异—优秀—优良　哀求—恳求—祈求—请求

嗜好—爱好　绝密—机密—秘密　相当—非常—万分—极其

c. 范围大小。有的同义词所指对象的范围大小有区别。例如"边境"与"边疆"都是指远离内地接近国境的地区，但"边疆"指靠近边界的领土，范围较大，"边境"指临近边界的地方，范围较小。又如：

时代—时期　战争—战役　事件—事变—事故　家族—亲属—家属—家眷

局面—场面　性质—品质　灾难—灾荒—饥荒

d. 个体与集体。例如"信"和"信件"指的是相同性质的事物，但"信"往往是具体的个别的信，而"信件"是集合的很多的信。又如：

书—书籍　人—人类　山—山脉　枪—枪支　湖—湖泊　马—马匹　纸—纸张　花儿—花朵

②色彩意义的辨析。

a. 感情色彩。有些同义词的基本意义相同，但感情色彩不同。有的是肯定或赞许，带有喜悦的感情，有的是否定或贬斥，带有憎恶的感情，前者叫褒义词，后者叫贬义词。有的词无所谓褒贬，是中性词。例如"鼓舞—鼓动—煽动"，"鼓舞"是指某件事或某个人的高尚品质对人的感染、激发，使人振奋起来，是褒义词；"煽动"则是挑动，指使他人做坏事，是贬义词；"鼓动"指激发推动，无所谓褒贬，是中性词。类似的例子见表 3-4。

表 3-4　不同感情色彩的同义词（示例）

褒义—贬义	中性—贬义	褒义—中性	褒义—中性—贬义
果断—武断	手段—伎俩	瞻仰—观看	理想—幻想—空想
顽强—顽固	比较—比附	光辉—光线	团结—结合—勾结

b. 语体色彩。现代汉语的语体从不同的角度可以分为不同的类，同义词在语体色彩上的差别也各式各样的。

ⓐ口语和书面语的不同。例如：

吓唬—恐吓　怎么—如何　剃头—理发　溜达—散步　闺女—女儿　今儿个—今天

生日—诞辰　死—逝世　走—步行　信—函　爸爸—父亲　在—于

ⓑ普通用语和特殊用语的不同，根据特殊用语的类别可分为以下 4 种。

普通用语和文艺作品用语的不同。例如：

半夜—子夜　光亮—晶莹　寂寞—寂寥　好意—美意

普通用语和公文用语的不同。例如：

给—给予　办法—措施　现在—兹　私下—擅自

普通用语和科技用语的不同。例如：

盐—氯化钠　脑袋—头部　脸—面部　月亮—月球

普通用语和军事用语的不同。例如：

爬行—匍匐　扔—投掷　趴下—俯伏

③功能意义的辨析。

a. 搭配对象。例如"改进"和"改善"都有改变原来某一不好的状态并使之有所进步的意思，但"改进"一般与"工作、方法、技术"等词搭配，"改善"则常与"生活、关系、条件"等词搭配。又如：

⎧交换—意见　礼物　资料		担负—责任　使命　任务	
⎩交流—思想　经验		担任—职务　工作	
⎧转移—视线　阵地　目标		侵占—土地　财产　领土	
⎩转变—作风　立场　态度		侵犯—主权　利益　权益	

词的搭配关系比较复杂：词义有的抽象，有的具体，使用时有对上对下、对人对物等多方面的差别，应该广泛收集事例，借助有关的工具书深入细致地进行思考、比较和分析。而且这种搭配上的区别并不都是固定不变的。随着事物的发展，原来不能搭配在一起的一些词语也可能变成可以搭配的。

b. 词性和造句。同义词一般词性相同，但也有词性不同或不完全相同的。

例如"深刻、深入"一组，"深刻"是形容词，既能作定语修饰名词，又能作状语修饰动词，如"深刻的印象""深刻地批判"。"深入"能作形容词用，但不能修饰名词，只能修饰动词，如"深入地批判"；还能作动词用，后边带宾语，如"扁鹊深入民间"。

又如"充分、充足"一组，它们都是形容词，都可以作定语用在名词前边，如"充分/充足的理由""充分/充足的证据"。但"充分"还经常作状语用在动词前边，如"充分发挥""充分利用"。"充足"没有这种造句能力。

再如"根本、基本"一组，它们都兼属名词和形容词。在作名词用，处于主语、宾语的位置时，"根本"含有事物的根源的意思，"基本"含有事物的基础的意思。

在作形容词用充当定语时，它们往往可以互换，但意思不完全一样："根本"着重表示"最重要的，起决定作用的"；"基本"着重表示"最主要的，不可缺少的"。

"根本"还可以作副词用，充当状语，表示"始终、完全"的意思；"基本"没有这种用法。

了解词性和造句功能跟词义的关系，可以帮助我们正确理解词义，也可以帮助我们准确地使用同义词。

（4）同义词的作用。

①细致区分，表达严密。例如：

我是主张先把本民族的东西搞通，吸收外国的东西要加以溶化，要使它们不知不觉地和我们民族的文化溶合在一起。这种溶合是化学的化合，不是物理的混合，不是把中国的东西和外

国的东西焊接在一起。（周恩来《在文艺工作座谈会和故事片创作会议上的讲话》）

这段话选用了"溶化、溶合、化合、混合、焊接"（依上下文而形成的临时性同义词，或叫条件同义词）5个意义上有联系但又有区别的同义词，精确而严密地阐明"溶化"是这样的，不是那样的。

②避免重复，富于变化。例如：

我们以我们的<u>祖国</u>有这样的英雄而骄傲，我们以生在这个英雄的<u>国度</u>而自豪！（魏巍《谁是最可爱的人》）

独有<u>英雄</u>驱虎豹，更无<u>豪杰</u>怕熊黑。（毛泽东《七律·冬云》）

上两例中加下划线的同义词分别用在上下文中，避免了重复，使语言富于变化，生动活泼。

③同义连用，加强语势。有些成语是两个同义词并列连用或交相搭配而构成的。这样的成语都有加重语气，突出强调的作用。例如：

粗心大意　聚精会神　心满意足　评头品足　轻描淡写　冷言冷语

粉身碎骨　不屈不挠　赤手空拳　丰功伟绩　真凭实据　奇形怪状

④避忌避讳，显得委婉。例如，不说"死"，而针对具体情况说"去世""逝世""老了"等。"落后"和"后进"，"受伤"和"挂彩"，都属于这一类。

（三）反义义场与反义词

1. 反义义场

两个意义相反或相对的词可以构成反义义场，这两个词互为反义词。

2. 反义词

（1）反义词的性质。反义词即意义相反或相对的一组词。反义词在意义上的矛盾、对立，是客观事物矛盾、对立的反映。是否是反义词要考虑下面4个因素。

①属同一意义范畴。例如"长—短"都属于长度这个范畴，"拥护—反对"都属于对人或事物的态度范畴，"春—秋"都属于季节范畴。不同范畴的词，如"浅—长"，分属于深度和长度范畴，就不能构成反义词。

②词性相同、结构相当。"缺点—完美"意义相反，但前一个为名词，后一个为形容词，不构成反义词；"败仗—胜利"也是由于词性不同，不能构成反义词；"暗—光明"虽也有反义关系，但单双音结构不同，也不是反义词。

③色彩一致。反义词要俗皆俗，要雅皆雅，如"买—卖"同为口语色彩的反义词，"购入—售出"同为书面语色彩的反义词。

④合乎语言习惯。例如，"浪费—吝啬"语义对立，但"浪费"的反义词习惯上一般是"节约"，而不是"吝啬"；"晴天"的反义词一般是"阴天"而不是"雨天"。

反义词是就词与词的关系说的，不是就词与词组的关系说的。所以"乱—井井有条，麻痹—提高警惕，好—不好，早—不早"等词的对应，尽管表示的意义互相排斥，但不属于反义词。

词汇里反义词多，但并不是说每个词都有一个相对的反义词。此外，有的简单概念有反义词，复杂概念却不一定有相应的反义词，比如单音的"凉—热"是反义词，复音却有"热心"无"凉心"。

（2）反义词的类型。

①绝对反义词。绝对反义词一般是二元的，肯定甲，就必否定乙；否定甲，就必肯定乙，对乙也是这样，中间没有第三种意义。例如：

死—活　有—无　完整—残缺　主观—客观　动—静

②相对反义词。相对反义词是在两个反义词之间存在着表示中间状态意义的词。甲却不一定就肯定乙，中间还有丙、丁等其他意义。例如：

白—黑　冷—热　快乐—忧愁　苦—甜　方—圆

因为是相对的，所以哪个词跟哪个词构成反义关系并不是固定不变的。就通常情况而言，"白—黑"是反义关系，在特殊情况下，"白—红""红—黑"也可构成反义词。

（3）反义词的对应关系。反义词的对应关系也就是反义词的配对情况。反义词不是简单地一一对应，它们的配对关系是复杂的。了解这种情况对如何运用反义词很有帮助。

①单义词之间构成反义关系。例如：

恩人—仇人　内行—外行　出席—缺席　非法—合法

②单义词与多义词的某一个义项构成反义关系。例如，"买"是单义词，"卖"是多义词，在"买""用钱购物"的义项和"卖""以物换钱"的义项上构成反义关系。另外，"卖"还有"背叛"的义项和"尽量使出来"的义项，在这两个义项上同"买"不构成反义关系。

③多义词与多义词在某一个义项上构成反义关系。例如，"假"和"真"都是多义词，它们只在"不真实""真实"的意义上构成反义关系，在其他意义上不构成反义关系。

④多义词与多义词在某几个义项上构成反义关系。例如，"高潮—低潮"，"高潮"有3个义项，"低潮"有两个义项，"高潮"的基本义是指"在潮的一个涨落周期内，水面上升的最高潮位"，"低潮"则是指"水面下降的最低潮位"。"高潮"的比喻义是指"事物高度发展的阶段"，"低潮"则是指"事物发展过程中低落、停滞的阶段"。在这两个义项上，它们构成反义词。此外，"高潮"还指"小说、戏剧、电影情节中矛盾发展的顶点"，在这个义项上，"高潮"和"低潮"不构成反义关系。

⑤一个多义词在它的几个义项上有不同的反义词。例如，"老"的本义是"年岁大"，在这个意义上，它的反义词是"少"和"幼"。"老"的引申义有"很久以前就存在的"，如"老朋友"，在这个意义上，它的反义词是"新"。"老"还有一个引申义是"（蔬菜）长得过了适口的时期"，如"菠菜老了"，在这个意义上，它的反义词是"嫩"。

⑥一个词在它的某一个义项上也可以有多个反义词。例如：

脆弱 ｜ 坚强　①性格脆弱（坚强）
　　　 坚实　②感情基础脆弱（坚实）
　　　 稳固　③国民经济基础脆弱（稳固）

（4）反义词的作用。

①正反对照，突出矛盾。例如：

旧社会把人逼成鬼，新社会将鬼变成人。

悲剧将人生的有价值的东西毁灭给人看，喜剧将那无价值的撕破给人看。（鲁迅《再论雷

峰塔的倒掉》)

②构成对偶，精警含蓄。例如：

祸兮福所倚，福兮祸所伏。(《老子》)

③正反连用，含义隽永。例如：

为了忘却的纪念(鲁迅文章题目)

平凡的伟大(曹靖华文章标题)

④作为语素，合成新词。例如：

是非　早晚　动静　开关　利害　深浅　死活　始终　胜败　吞吐

这种合成词的语义不是简单相加，而是概括出新义，如"动静"是指动作或说话的声音情况，"深浅"是指程度或比喻分寸。反义词还可构成成语，例如：

左右逢源　啼笑皆非　坐观成败　举足轻重　自相矛盾　乐极生悲

阳奉阴违　有头无尾　古往今来　推陈出新　山高水低　大同小异

（四）同音词和同形词

1. 同音词

同音词是指一组声音相同而意义完全不同的词。

（1）同音词的类型。

①同形同音词(书写形式相同)。例如：

生(生疏/生育)　花(花朵/花费)　上装(上衣/化装)　当心(正中间/小心)　会(集会/体会)

成(完成/九成)　吃水(取用生活用水/船身入水深度)　出师(学徒期满/出兵打仗)

②异形同音词。例如：

shùmù：数目/树木

túxíng：图形/徒刑

shāo：梢/捎/稍/烧

àn：暗/岸/案/按

（2）同音词的形成。

①语音的偶合。汉语只有400多个基本音节，加上4个声调，也只有1300多个音节，远称不上丰富，因此单音词中，有几个概念乃至几十个概念同音的现象也就不可避免。例如：

鸡—机—姬—击—激—饥—基—讥—唧

此外，不同的人在不同时代、不同地点造词也难免有相同。

②词义的分化。有的多义词随着语言的演变，新的引申义和原有基本义的联系弱化或失去联系，形成同音词。例如：

"管"的各个义项之间的引申义没有联系形成同音词。"管"原义为竹制管状的六孔乐器(《说文解字》)，后扩展引申出管乐、管子；在《左传·蹇叔哭师》中："杞子自郑使告于秦曰：'郑人使我掌其北门之管，若潜师以来，国可得也。'"，其中的"管"义为钥匙(管状)，引申义为管理；而北方人口语中的"管"是"把"的意思，如"我们管这个叫粉笔"。

③外来词的借用。音译外来词很容易造成同音现象。例如，"两斤米"的"米"和"一米七"

的"米"，后者是法语mètre的音译，"听话"的"听"和"一听罐头"的"听"，后者是英语tin的音译；"站起来"的"站"和"车到站了"的"站"，后者是蒙古语Jam的音译。

（3）同音词与多义词的区别。同形同音词和多义词有相似之处——都是用同一语音形式和文字形式表示不同的意义。二者的区别可以从两个方面着眼：第一，同音词的意义之间毫无联系，只是语音形式上的巧合，而多义词的义项之间是具有密切联系的；第二，同音词是多个词多个义，多义词是一个词多个义。

（4）同音词的作用。

①构成谐音双关，言在此，意在彼，使语言显得生动新颖，含蓄风趣，耐人寻味。例如：

东边日出西边雨，道是无晴却有晴。（"晴"谐音"情"）（刘禹锡《竹枝词二首·其一》）

三姐：哦，你们三人一个姓陶，一个姓李，一个姓罗，对不对？姓桃不见桃结果，姓李不见李花开，姓罗不见锣鼓响。（"陶""李""罗"谐音"桃""李""锣"）（《刘三姐》）

②构成歇后语。例如：

二两棉花一张弓——细细弹（谈）

山顶上放暖壶——水瓶（平）高

窗口吹喇叭——鸣（名）声在外

孔夫子搬家——尽是书（输）

电灯点火——其实不燃（然）

同音词也有消极的一面。因为读音相同，比较容易引起意义混淆，产生误解，影响信息的传递和交流。为了避免误会，我们可以通过"双音化""替代""儿化"等方法加强区别性，例如，"下周举行qīzhōng（期中/期终）考试"，可以用"期末"代替"期终"。当然，更多同音词的意义在语境中是比较确定的。

2. 同形词

（1）同形词的性质。同形词是书写形式相同、语音有别、意义不同的词。如"地道（dì dào）"（在地面下掘成的交通坑道）和"地道（dì dao）"（真正的；纯粹），意义毫无联系，声音形式也不完全相同，属于同形词。另有一些同形词，如"瓦"（wǎ）和"瓦"（wà），前者是指铺屋顶用的建筑材料，是名词，后者指盖瓦，是动词，意义有一定的联系，但是这种联系属于词源方面的共源关系，不同于多义词之间的派生关系，所以，仍然是同形词的一部分。

（2）同形词的类型。

①声韵相同，声调不同。例如：

难做——遭了难　　炸油条——瓶子炸了

墙倒了——倒垃圾　　只想活——一只鸟

②韵母相同，声母、声调不同。例如：

花圈——猪圈　　重写一次——礼太重了

弹钢琴——饮弹而亡　　调工作——调价格

③声母相同，韵母、声调不同。例如：

称两斤——称了心　　还想去——还钱　　得了奖——你得去

④声调相同，声母、韵母不同。例如：

写两行——日行千里

⑤读音轻重不同。下列同形词左项为重读词，右项为轻读词。例如：

对头（合适，正确）——对头（对手，仇家）

合计（合在一起计算）——合计（商量，算盘）

拉手（牵手）——拉手（门把手）

三、词义和语境

（一）语境

语境是指语言使用的特定环境。语境由多种因素构成，有书面语中的上下文和口语中的前言后语，有使用语言的时间、地点、场合等，有使用语言的对象的身份、职业、年龄、文化程度等。这些因素都能影响语言的使用。

《三国演义》中有这样一个故事：

曹操行刺董卓未成，逃亡到他父亲的好友吕伯奢家。晚上，曹操听到后堂有人说话："缚而杀之，何如？"曹操以为吕家人要杀他，思忖："是矣，今若不先下手，必遭擒获。"于是杀尽吕伯奢一家。直至到后面看到一口被绑着待宰的猪，他才明白杀错人了。

曹操在逃亡中，思想处于高度警惕和防备，正是在这种特殊的环境下，曹操错误地理解了"缚而杀之"的对象，从而铸成大错。

（二）语境对词义的作用

语境对词义的作用，主要表现在以下3个方面。

1. 语境使词义单义化

在我们的语言中，多义词的数量远远多于单义词，可这并没有影响到语言的交际功能，其主要的原因就是语言的使用是在语境中进行的，语境制约了多义词，令它只有一个意义起作用。例如，"五一广场的地下通道修建好了"中的"地下"是指"地面之下"；"一个地下赌博场被公安部门查封了"中的"地下"是指"秘密活动的，不公开的"。在上述两个语境里，"地下"一词的意义被单义化了，只能作一种理解。

2. 语境使指称具体化

词义具有概括性，但是在语境里，所指对象具体化了。例如，"牛"是指一种身体大，肢端有蹄，头上长有一对角，尾巴尖端有长毛的反刍类哺乳动物，这个意义是抽象概括的。但当一个人问："你看见了什么？"另一个人回答："我看见了一头牛在草地上吃草。"在这种情境中，"牛"具体化了，是指特定时间、地点被特定的人所看见的牛。

3. 语境使词义发生变化

语境使词义发生变化的常见情况有以下两种。

（1）变成反义。词的色彩意义在语境中有时会临时发生相反的变化。例如：

①我们全党全民要把这个雄心壮志牢固地树立起来，扭着不放，"顽固"一点，毫不动摇。（邓小平《目前的形势和任务》）

②中国军人的屠戮妇婴的伟绩，八国联军的惩创学生的武功，不幸全被这几缕血痕抹杀了。

（鲁迅《记念刘和珍君》）

例①中的"顽固"在句中是用来指实现新时期总任务时所应具有的坚忍不拔的精神。例②中的"伟绩""武功"二词在句中是指"中国军人"和"八国联军"屠戮、惩创人民的劣迹。这3个词在各自的语境中所表达的褒贬色彩与词汇意义中的褒贬色彩刚好相反。

（2）产生新义。词的理性意义在语境中临时发生变化，转出新的意义。例如：

3月14日下午两点三刻，当代最伟大的思想家停止思想了。让他一个人留在房里还不到两分钟，当我们进去的时候，便发现他在安乐椅上安静地睡着了——但已经永远地睡着了。（恩格斯《在马克思墓前的讲话》）

例句中的"睡着"一词并不是指进入睡眠状态，而是指逝世，这一意义就是在特定的语境中产生的转义变化。转义变化现象往往还发生在一些专用名词上，例如"活雷锋""中国的牛顿"等词语中，"雷锋"泛指具有毫不利己、专门利人的共产主义思想的人，"牛顿"泛指有突出贡献的大物理学家。这些词的泛指意义都是在特定语境中产生的转义。

第五节　熟语

一、熟语概述

熟语是由词或语素构成的现成用语。熟语是一种特殊的语汇构成成分。它是大于词的语言单位，但又具有词的特性，造句功能与词相同。它形式上像短语或向子，但又不同于一般的临时自由组合而成的短语或句子；它是久经沿用基本定型了的，只能整体用来表义，一般不能随意变动组成部分。

熟语包括成语、惯用语、歇后语、谚语和俗语等。

二、成语

（一）成语的特点

成语是长期以来形成的一种定型的语素组合体，形式上像短语或小句。它具有以下3个特点。

思政小课堂

（1）结构的定型性。汉语成语由于是相沿已久、约定俗成的，因而在结构上凝固成型了。它的结构成分——语素，如果没有特殊需要，一般不能随意颠倒，不能用意义相同、相近的来替换，也不能任意增加或减少。例如，"胡作非为"不能说成"非为胡作"，"与虎谋皮"不能说成"谋皮与虎"，"麻木不仁"不能说成"麻痹不仁"，"情不自禁"不能说成"神不自禁"，"一孔之见"不能说成"一孔之所见"，"不屈不挠"不能说成"不屈挠"。

（2）意义的整体性。成语中的四个语素组合起来，一般都表示一个概括的、不可分割的完整意义。

在不同的成语中，整个成语的意义与各个语素的意义的关系是不完全相同的。有的成语的意义与语素的意义已经丧失联系，整个成语的意义不能从语素的意义推断出来。例如"瓜田李下"青出于蓝""守株待兔"等，尽管我们都能理解每个语素的意义，但并不一定就懂得由这些语素组成的成语的意义。因此，要了解这些成语的意义，就不能直接照字面的意思去理解，而必须了解它们的来源。

有的成语的意义与构成成语的语素义有一定的联系。整个成语的意义虽然不是四个语素义的简单相加，但是由它们的意义引申出来的。人们根据这些语素的意义，可以大致推测出整个成语的意义。例如，"对牛弹琴""浑水摸鱼""班门弄斧""万马奔腾"等。

当然，也有一种成语，它们的意义直接由各个语素义合成，人们一看就能理解。例如"悲喜交集""奇形怪状""粗心大意""欢天喜地"等。

（3）成语在使用上和色彩上具有历史性、民族性和书面语色彩。

大多数成语历史悠久，保留了古语词成分和古代汉语的语法特征，反映中华民族特有的历史事件、人物、故事传说等，是历史文化、民族文化的丰厚积淀。

（二）成语的来源

成语大部分是从历史上继承下来的，少部分是现代创造的。成语的历史性比较强，所以学习和研究成语更需要穷源溯流，即从源和流两个方面找可靠的书证，以了解一个成语的出现、发展和演变的历史以及现状。

（1）大量成语来源于历史故事、古代寓言、神话传说以及古代书面语言中著名的现成语句。有的直接是援用，有的经过了改造。

①来源于历史故事、古代寓言、神话传说的成语，大多是对其故事情节加以概括而形成的。例如：

历史故事：四面楚歌　望梅止渴　负荆请罪　破釜沉舟
古代寓言：自相矛盾　愚公移山　滥竽充数　刻舟求剑
神话传说：夸父逐日　开天辟地　精卫填海　八仙过海

②来源于古典诗文的成语常常是直接援用其中的现成短语或句子。例如，"巧言如簧"（《诗经·小雅·巧言》）、"不耻下问"（《论语·公冶长》）、"学而优则仕"（《论语·子张》）等。

（2）一部分成语来自用古白话写成的语录、文学作品和民间流传的语句。例如：

众口难调　欢天喜地　白纸黑字　三长两短　指手画脚

（3）现代汉语也在不断产生新成语，反映新社会、新生活、新观念等。例如：

百花齐放　繁荣昌盛　独立自主

（三）成语的运用

运用成语要注意以下几点。

第一，弄懂成语的意义。有些成语古今意义差别很大。例如，"落花流水"原来用于形容春景衰败，现在用来比喻惨败。"出尔反尔"原意是你怎样对待人家，人家将怎样回报你，后来指人的言行前后矛盾，反复无常。对某些成语，如果我们了解了它的语素义，我们就可以理解整个成语的含义了。例如，"不速之客"，"速"是"邀请"的意思。"不名一文""名"是"占有"的意思。"汗流浃背"，"浃"是"湿透"的意思。

如果不弄懂成语的意义，不求甚解，望文生义，就往往会用错。

第二，弄清成语的感情色彩。成语有褒义的，有贬义的，情感色彩非常鲜明。例如"呕心沥血"指用尽心血，"挖空心思"指费尽心机。两者意思相近，但情感色彩相反：前一个褒义，后一个贬义。又如"自食其力"是褒义的，"自食其果"是贬义的；"红光满面"是褒义的，"面红耳赤"是贬义的。

如果不了解成语的情感色彩，就有可能用错。

第三，注意成语的字形和读音。成语每个字的写法都要合乎规范，不能任意用同音字替换；也不要粗心大意，写成了形近字。例如：

欢欣鼓舞——"欣"不能写作"心"

至理名言——"名"不能写作"明"

成语里有的字音比较特别，注意不要误读。例如：

自怨自艾——"艾"念yì，不念ài

气喘吁吁——"吁"念xū，不念yù

博闻强识——"识"念zhì，不念shí

暴虎冯河——"冯"念píng，不念féng

第四，为了适应表达的需要，成语可以活用。

在某些场合灵活地运用某些成语，这是允许的。例如，"事实胜于雄辩，水落自然石出"，这里在成语"水落石出"中间插入"自然"，一方面是为了与前面的音节对称，另一方面更加重了事实真相必然会显露出来这种肯定的语气。

三、惯用语

"惯用语"这一概念原来并无专指，后用来专门指称熟语中有别于成语、谚语、歇后语等的一类，是表达一种习惯含义的固定词组。其特点主要有以下5点。

（1）大多惯用语由3个字组成。例如：

开后门　跑龙套　泼冷水　碰钉子　戴高帽　敲竹杠　开小差　开夜车

少数惯用语是多于3个字的。例如：

喝西北风　钻牛角尖　坐冷板凳　打退堂鼓　捅马蜂窝　唱对台戏　开空头支票

（2）惯用语以动宾结构为主，如上述各例；也有的是偏正结构，例如：

门外汉　半瓶醋　铁饭碗　纸老虎

（3）惯用语的意义是整体化了的，一般不用其字面义，通常是其比喻义的固定使用，它已经从字面意义转化为一种更深刻抽象的含义。例如：

翘尾巴：比喻骄傲自大。

和稀泥：比喻无原则地调解或折中。

打小算盘：比喻为个人或局部利益打算。

（4）惯用语在使用时，可以被其他成分隔开，词序也可以变化，但它的整体意义保持不变。例如："敲竹杠"可以说成"你这是敲谁的竹杠？"，中间可以插入其他成分；"吹牛皮"可以说成"牛皮吹得山响"，语序出现变化。这体现了惯用语结构的特点——既有定型化的一面，也有其灵活性的一面。

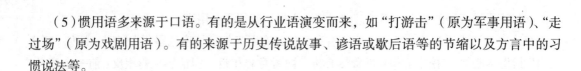
（5）惯用语多来源于口语。有的是从行业语演变而来，如"打游击"（原为军事用语）、"走过场"（原为戏剧用语）。有的来源于历史传说故事、谚语或歇后语等的节缩以及方言中的习惯说法等。

四、歇后语

（一）歇后语概述

歇后语由前后两部分组成，前半部分是具体的形象的表达，后半部分是解释它的含义，前后构成引注关系（前为"引子"，后为注释说明），结构相对固定，具有口语特色，形象风趣。

（二）歇后语的语义

歇后语的前后两部分构成一个统一的语义单位。两部分在表义上的作用不是等同的，前半部分只起辅助作用，表示附加意义，后半部分是表义的重点，表示整个歇后语的基本意义。因此，歇后语的语义，是由前半部分所表示的附加意义和后半部分所表示的基本意义两者有机地构成的。

（1）歇后语后半部分表示其基本意义，主要有如下3种情况。

①歇后语后半部分的解释，直接表示这个歇后语的含义。这个歇后语只有一个本义。例如：

诸葛亮皱眉头——计上心来

狗咬耗子——多管闲事

大热天穿棉袄——不是时候

后半部分的解释与该歇后语的实际意义是一致的，都只有一个确定的意义。

②歇后语后半部分的解释，通过比喻、双关等手法产生新的意义，成为歇后语的实际意义。这个实际意义一般是在运用中得到明确显示，大多已约定俗成，成为该歇后语的固定意义。

a. 比喻手法。例如：

老鼠钻风箱——两头受气：比喻夹在中间受到两方面的批评或埋怨。

茶壶里煮饺子——有货倒不出：比喻有能力但表现不出来，或有知识但表达不出来。

b. 双关手法。例如：

四两棉花——弹不上：实际意义是"谈不上"。这是谐音双关。

孔夫子搬家——净是书：实际意义是"净是输"。这也是谐音双关。

脑门上长瘤子——额外负担：这是语义双关，利用了同音同形异义字"额"。

③歇后语后半部分字面上有意搭配成一个词或词组的形式，使之与现有的成语、惯用语之类的固定结构在字面上相同，意义发生转换，并同时表达已有的词或语素的固定义（多为引申义）。例如：

脚后跟拴绳子——拉倒：后半部分是对前半部分的总结，是实指，"拉"指用绳子拉，"倒"指身子倒下。但合起来构成的形式，正好与词汇系统中一个已有的词相同。这个已有的词的常用义项是引申义为算了，作罢。

灶王爷放屁——神气：后半部分是对前半部分的概括，是实指，"神"指神灵，"气"是气体。

合起来构成一个词的形式，也正好与一个已有的词相同。这个已有的词的常用义：a. 神情；b. 精神饱满；c. 自以为优越而表现出得意或傲慢的样子。

老鼠掉进书箱里——咬文嚼字：后半部分恰巧与一个成语在字面相同，于是用该成语的常用义。

（2）歇后语的前半部分表示附加意义，表示附加于该歇后语基本意义之上的某些色彩，主要是形象色彩，还有感情色彩、风格色彩、地域色彩等。绝大多数歇后语都具有形象色彩。例如：

周瑜打黄盖——一个愿打，一个愿挨：除了表示两相情愿这个基本意义之外，还能让人联想到《三国演义》中东吴大将黄盖主动向周瑜献苦肉计，然后诈降曹操的历史情境。

黄鼠狼给鸡拜年——没安好心：除了表示基本义，还给人们描绘了一个具体可感的细节，形象生动，印象深刻，有助于基本义的表达和强调。

有的歇后语，基本意义就包含某种感情色彩；有的是前一部分带有感情色彩，而使整个歇后语的感情色彩更加鲜明突出。例如：

芝麻开花——节节高：此歇后语为褒义。

猫哭老鼠——假慈悲：此歇后语为贬义。

（三）歇后语的构成材料

（1）歇后语的构成材料可以来自日常习见的事物现象，社会生活的各个方面。例如：

竹篮打水——一场空

十五个吊桶打水——七上八下

小葱拌豆腐——一清二白

兔子的尾巴——长不了

（2）歇后语的构成材料可以来自历史故事、传说。例如：

司马昭之心——人人皆知（或"路人皆知"）

姜太公钓鱼——愿者上钩

狗咬吕洞宾——不识好人心

（3）歇后语的构成材料可以来自虚构形象。例如：

猪鼻子插大葱——装象

阎王爷贴告示——鬼话连篇

阎王爷审案子——全是鬼事

（四）歇后语的运用

歇后语最初来自民间，流行于群众口语之中，后来逐渐为文人所理解接受，逐渐被吸收到书面语中来。运用歇后语使口语和文艺作品更加形象、生动、富有想象、诙谐风趣。

使用歇后语要有鉴别，注意规范。基本意义不明确的，前后部分引注关系不合理的，附属色彩与基本意义相矛盾的，内容庸俗不健康的，都是词汇规范化的对象。使用歇后语还要注意它的结构形式的定型、书面形式的统一。如标点符号问题，在歇后语的前后部分之间是用破折号还是用逗号，需要规范；一些同音字也需要确定其中的一个作为规范的对象。

五、谚语

（一）谚语概述

谚语是流传于民间的通俗易懂而含义深刻的口头用语。表现为韵语或短句的形式，反映实际生活的经验或感受。例如：

万事开头难。

天上鲤鱼斑，明日晒谷不用翻。

众人拾柴火焰高。

十层单不如一层棉。

油多不坏菜。

天下乌鸦一般黑。

拳不离手，曲不离口。

饭后百步走，活到九十九。

朝霞不出门，晚霞行千里。

路遥知马力，日久见人心。

一个篱笆三个桩，一个好汉三个帮。

千里送鹅毛，礼轻情意重。

留得青山在，不怕没柴烧。

（二）谚语的特点

（1）谚语流传在群众口头上，具有广泛的群众性、鲜明的口语性。例如：

不是一家人，不进一家门。

火要空心，人要真心。

看人吃豆腐，牙齿快。

人是铁，饭是钢，一顿不吃饿得慌。

三百六十行，行行出状元。

（2）谚语概括性强，表达一个整体意义。从语义的角度看，谚语有如下3种类型。

①谚语的字面意义就是其实际意义，如"名师出高徒""百闻不如一见"。

②实际意义和字面意义不一致，字面意义已不被人们使用。如"狗嘴里吐不出象牙"，实际意义是指坏人嘴里说不出好话来。

③有两个实际意义：字面意义和派生意义。如"新官上任三把火"既可指新上任的官员办几件事情抖抖威风，也可用来比喻一般人刚刚负责某岗位时总要努力办好几件事情，以显示自己的本领和工作热情。

谚语的字面意义一般是形象的，而实际意义往往是抽象的、概括的，所表达的意义更具有普遍性和哲理性。

谚语善于把深刻的哲理寓于浅显生动的形象之中，上述各例大都如此。又如"人不可貌相，海水不可斗量"。

（3）谚语结构固定，句式整齐，富有音乐美，易于传诵记忆。有不少谚语使用对称结构，或宽对或严对，而且上下句押韵。如"人往高处走，水往低处流"。也有的是顶真句、回环句等。如"响水不开，开水不响。"是宽式回环。

少数谚语的结构和成分没有严格固定，具有一定的灵活性。如"性子急，吃不了热粥""心急吃不得热粥""心急吃不了热豆腐""性子急，吃不了热豆腐""小洞不补，大洞一尺五""小洞不补，大洞吃苦"。

有的谚语，结构具有紧缩性。比如："不是冤家不聚头"，用的是紧缩句；"九月油菜，十月麦"（江西农谚，说的是农历九月种油菜，十月种荞麦），是关键词语的意合；"吐鲁番的葡萄哈密的瓜"也是关键词语的意合，两个偏正词组前后相连。

（4）谚语在内容上，概括生产知识和生活经验，反映社会现实和深刻哲理，富有知识性和教育意义。正因为如此，谚语的分类常常以内容为依据，如农业谚、气象谚、风土谚、常识谚、讽诵谚、规诫谚、哲理谚等。例如：

①概括各地物产、名胜古迹、自然环境、风土人情等方面知识的，是风土谚。"天无三日晴，地无三尺平"是形容贵州旧时自然环境。"东北有三宝：人参、貂皮、乌拉草"是强调东北的三种特产。"吃过端午酒，扇子不离手"是指江西在端午节后，天气日趋炎热。

②"种瓜得瓜，种豆得豆""良药苦口利于病，忠言逆耳利于行""蛇有蛇路，鳖有鳖路"等，都是哲理谚。

（三）谚语和成语的主要区别

谚语和成语的区别见表3-5。

表3-5　谚语和成语的区别

谚语	成语
口语性强，是人们的口头创作	书面性强，很多在古文献中可以找到出处
结构和成分不如成语固定，有的成分可以改变	结构和成分很固定，不可随意改变
多为通俗表义；无论是词汇意义还是语法关系，都容易从字面去理解和接受	多为典雅表义；有些成语，人们仅凭字面不能了解其实际意义
有些谚语有地区性和行业性	成语大多具有全民性
表示判断和推理，概括地反映出深刻的道理和有效的经验	表示一般的概念，一种客观的现象以及人或事物的特点和状态等
一般是多于四个音节的现成句子，多为对偶式，两句对照，押韵	绝大多数是四个音节的固定词组
使用时多独立成句	使用时多充当句子成分

（四）谚语和格言、名言

格言和名言，都出自名人或名篇，一般是言简意赅的警句。其中，格言，是含有劝诫和教育意义的可作为准则的句子，一般较为精练。如："虚心使人进步，骄傲使人落后。"名言是著名的话。朱自清在《论标语口号》中有做说明:"格言也罢,名言也罢,作用其实都在指示人们的行动,向着某一些目的。""格言偏重个人的修养,名言的作用似乎更广泛些。"

三者的共同点:都不是言语交际中临时组合而成的;都是人们熟知的现成句子;都能揭示知识和思想,给人启发教育。

三者的不同点:①从来源上看,谚语是人民群众集体创作的;格言和名言多为名人语录。②从内容上看,格言和名言意在阐发事理,多为警策之辞;谚语虽然也有规诫警策之辞,但更多的是对知识的概括和对经验的总结。

🔷 知识拓展

熟语和词、短语的异同

熟语和词的异同

同:作用相同。熟语和词都可以充当句子成分。

异:构成成分不完全相同。熟语是由语素或词构成的,词是由语素构成的。

熟语和短语的异同

同:"量"的大小相同。熟语和短语都是比词大的语言单位。

异:组成方式不同。熟语是固定组合,一般不允许随便更换其中的构成成分;短语是临时组合,可以根据表意的需要随意组合。

思考与练习

1. 什么是词汇? 现代汉语词汇由哪些部分组成?

2. 基本词的特点是什么?

3. 谈谈词义的性质,试举例说明。

4. 指出下列合成词的结构类型

语言 纸张 关闭 出口 车辙 赞扬 失望 磁化 电梯 夺目 耳鸣 漫谈
放哨 马匹 通红 助手 审判 肚子 削弱 阳性 压低 咽喉 游子 照明
光辉 反正 渐渐

5. 从下列各句括号里的同义词中挑选出恰当的一个,并说明理由。

①酒吧里的灯光是暗的,别有一种(趣味、味道、情趣)。

②这些人整天(凑、聚、厮混)在一起,不干正经事。

③听了他的解释,疑团打消了,心里(甜畅、欢畅、畅快、宽畅)多了。

④老人很(慈善、善良、和善),从不对孩子发脾气。

6. 写出下列各词的反义词。

昂贵 本质 沉着 粗野 高涨 华丽 紧密 平和 强制 深奥 萎靡 忠厚

7. 比较下列成语和谚语、俗语,说明它们的区别。

①孤掌难鸣;一个巴掌拍不响

②见异思迁；这山望着那山高

③饮水思源；吃水不忘挖井人

④口蜜腹剑；口里蜜蜜甜，心里一把剑

⑤一曝十寒；三天打鱼，两天晒网

⑥吹毛求疵；鸡蛋里面挑骨头

⑦以蠡测海；海水不可斗量

⑧相形见绌；不怕不识货，就怕货比货

第四章

语 法

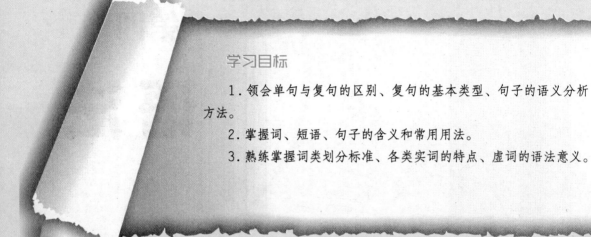

学习目标

1. 领会单句与复句的区别、复句的基本类型、句子的语义分析方法。

2. 掌握词、短语、句子的含义和常用用法。

3. 熟练掌握词类划分标准、各类实词的特点、虚词的语法意义。

第一节　汉语语法概说

一、语法和语法学

（一）语法、语法学的含义

语法是语言的结构要素之一，指的是大大小小的语言单位组合的结构规则，包括语素组合成词的规则，词组合成短语的规则以及词、短语构成句子的规则。

思政小课堂

语法学是研究语法结构规律的科学，是人们对客观存在的语法规律的认识和总结。在语言运用中，"语法"一词有两个含义。一是指语法规则本身。二是指语法学，即对于语法事实进行研究的成果。语法学意义上的"语法"，涵盖了语法学著作和语法学知识。

（二）语法的性质

1. 抽象性

语法是从无数的具体语言事实中总结归纳出来的一套规则。如"桌子、教材、电灯、思想"等词的概念意义各不相同，但它们都能受数量词语的修饰，都可以充当主语和宾语，据此可以将它们归为一类，称为名词；又如"市场繁荣、态度端正、今天晴天、他读小说"等句法组合的意义不同，但其内部成分的构造方式是一致的，可以归为一类，称为主谓短语。语法规律是从无限多的具体的语言现象中抽象出来的，是对一种语言中各类语法单位在组合关系和聚合关系上的特点的归纳和抽象。

2. 生成性

语言中具体的语言事实数量众多、纷繁复杂，但一种语言的语法规则是有限的，每一条语法规则都联系着大量的语言现象。依据有限的语法规则可以造出人们在各种场合所需要的句子，这就是语法的生成性。如按照"述语+宾语"的规则可以造出"学汉语、看电视、考大学、去上海、喜欢唱歌"等具体的句法组合。

3. 递归性

在语法单位组合的过程中，数量有限的语法规则可以反复运用，造出结构复杂的句子，这种性质被称为语法的递归性。一个句法组合从理论上说是可以不断扩展的，其长度是无限的。如反复利用"定语+中心语"构成偏正结构这一规则，可以使"学校的教学楼"这一组合的形式不断延伸，结构不断复杂化。如：

学校的教学楼

学校的新教学楼

学校的新文科教学楼

他们学校的新文科教学楼

递归性保证了句法结构的可变化性，保障了人们表达思想的需要。

二、汉语语法的特点

（一）缺少严格意义的形态变化

严格意义的形态变化是一个词表示不同语法意义的形式变化。在有形态变化的语言中，一个词出现于不同的句法位置、与不同的词语组合时要求选择特定的形式。如英语中当数词为"一"时，可数名词只能用单数形式；多于"一"时，只能用复数形式。而汉语缺少严格意义的形态变化，一个词不管出现于什么位置上、与什么样的词语组合，形式没有任何变化。例如：

汉语	英语
一本书 / 两本书	a book/two books
我说 / 他说	I speak/he speaks
他高 / 他比你高	He is tall/He is taller than you

（二）词类与句法成分非一一对应

句法成分指的是构成句法结构的直接成分，包括主语和谓语，述语和宾语，定语、状语、补语和中心语。有些语言中词类与句法成分之间有大致的对应关系，即某类词只能充当某种或某几种句法成分，反过来，某种句法成分只能由某类词充当。由于汉语缺少严格意义的形态变化，词类与句法成分之间不存在简单的一对一的关系，同一个词可以充当不同的句法成分；反过来说，同一种句法成分可以由不同类的词语充当。如"我买、我打算买、买的东西"中动词"买"分别充当了谓语、宾语、定语。

汉语中只有少数词类与句法成分之间有大致的对应关系，如区别词只能做定语，副词主要做状语。

（三）词、短语、句子构造规则基本一致

现代汉语中，语素构成词、词构成短语以及词、短语构成句子的规则基本一致。主谓、述宾、偏正、述补、联合是现代汉语词根复合构词的 5 种基本方式，也是词构成短语的 5 种最基本的方式。例如：

	词		短语	
主谓：	年轻	心酸	年纪很轻	我们散步
述宾：	司机	安心	洗衣服	写小说
偏正：	红旗	狂欢	红色的旗帜	尽情地欢呼
补充：	说明	提高	说明白	看清楚
联合：	精美	国家	精致而美丽	研究和分析

现代汉语的句子是在词或短语的基础上构成的，绝大多数短语带上语调（有的还要加上语气词）可以成为句子，因此，句子的构造规则与词、短语的构造规则是基本一致的。

（四）语序和虚词是表达语法意义的主要手段

汉语缺少严格意义的形态变化，语法意义主要靠语序和虚词来表达。

1. 语序

语序是线性序列中构成成分出现的先后顺序。语序的作用表现在句法、语义和语用 3 个方面。

（1）句法上语序的改变会带来句法结构关系的变化。如"来人了"是述宾结构，而"人来了"是主谓结构；"来拿"是联动结构，"拿来"是述补结构。

（2）语义上语序的变化会带来句法组合中动词与名词之间意义关系的改变。如"他打我"和"我打他"都是主谓结构，但前者"他"是动作行为的发出者，即施事，"我"是动作行为支配的对象，即受事，而后者正相反。

（3）语用上语序的变化是出于特定的语言运用目的而对语序作出的调整。这种语序的变化不改变句法组合的结构关系和语义关系，如"你们快出来吧！"可以说成"快出来吧，你们！"。

2. 虚词

虚词泛指没有完整意义的词汇，但有语法意义或功能的词。用不用虚词，用什么虚词能显示语法意义的差别。如"社会进步"是主谓结构，"社会的进步"是偏正结构；"学生和家长"是联合结构，而"学生的家长"是偏正结构；"去了美国"表示实现，而"去过美国"表示经历。

三、语法单位

语法单位指语法分析中所使用的大大小小的音义结合体，包括语素、词、短语、句子、句群。

（1）语素是最小的语法单位，是语言中最小的语音和语义的结合体。

（2）词是由语素构成的、能独立运用的最小的音义结合体。

（3）短语是由词和词组构成的、不具备语调的语法单位。短语的构成必须以语义能搭配和符合语法规则为前提。根据构成成分的结构关系，短语可以分为主谓短语、述宾短语、偏正短语、述补短语、联合短语、连动短语、兼语短语等。根据功能，短语可以分为体词性短语、谓词性短语、加词性短语。

（4）句子是最小的具有交际功能的音义结合体，是语言交际的基本单位。形式上句子有语调，表示一定的语气，句末有比较长的停顿，书面上有句末点号"。""？""！"。例如：

他在北京上大学。　　这个人很聪明。

你去哪儿？　　　　　你对这件事有兴趣吗？

太棒了！　　　　　　火！

（5）句群是包含两个或几个句子的语法单位。构成句群的句子，可以是单句，可以是复句。

第二节　词类

一、词类的划分

词可以从不同角度进行分类。语法学所说的词类，指的是词的语法分类。具体点说，指的是根据词的语法特点划分出来的词的类别。

一般来说，所谓"词类"，专指名词、动词、形容词、副词、介词、连词、助词等这一层级上的语法分类。"词类"上面，有上位类别，即实词和虚词。划分的依据是词的句法功能，即能否充当句子成分。"词类"下面，有下位类别，即词类次类。如人物名词和时地名词，这是名词的次类。任何一个词类都可以从不同角度划分为两个或几个次类，各个次类下面又可以再划分次类。次类划分的不同角度和深浅程度，取决于进一步说明语法现象和阐明语法规律的需要，划分时都必须根据这样或那样的语法特点。词类的划分见表4-1。

表4-1 现代汉语词类一览表

类别			举例
实词	名词	方位词	上、下、前、后、以上、之后
		时间词	上午、前天、去年、刚才
		处所词	上面、前边、附近、亚洲
	动词	动作行为动词	跑、吃、整理、研究、恨、喜欢、开始、竞赛
		心理动词	爱、喜欢、反对、理解
		能愿动词	能、肯、应该、可以、敢、会
		判断动词	是
		趋向动词	来、去、起来、下去、进来、出去
		形式动词	进行、予以
	形容词	性质形容词	好、热、优秀、光荣、美丽、雪白、重要
		状态形容词	雪白、笔直、冰冷
	数词		零、半、一、七、十、百、千、万、亿
	量词	名量词	个、件、条、斤、斗、棵、块、箱、张、只、元
		动量词	趟、遍、次、回、顿、番、场
		时量词	天、月、年、季、日、周
	副词		很、非常、已经、刚刚、也、亲自、又、竟然
	区别词		正、副、男、女
	代词	人称代词	我、你、他、我们、自己、大家、咱们
		疑问代词	谁、什么、怎么、哪儿
		指示代词	这、那、这儿、那儿、这里、那里

类别			举例
虚词	介词		对于、关于、把、在、于、从、为了
	连词		和、跟、同、与、或、不但、因为、尽管、而且
	助词	结构助词	的、地、得
		动态助词	着、了、过
		时制助词	的、来着
		比况助词	似的、一样、一般、如
		其他助词	们、所、第、初
	语气词		的、了、吗、呢、吧、啊、呀
叹词			唉、嗯、哎呀、哎哟
拟声词			乒乓、叮当、哗啦、扑通、呼呼

二、实词及其运用

实词是意义实在或者比较实在，可以充当句子成分的词类。

（一）名词

（1）名词的语法功能。

①名词大多可以受数量词语的修饰。

a.个体名词所表示的人或事物可以逐一计数，可以受个体量词修饰，如"一张纸、三本书、五位同事、八条鱼"。

b.集体名词表达集合概念，不能逐一计数，只能用"班、批、队、群、些、点"等量词，如"一批物资、一队人马、一些文具"。

c.抽象名词只能用"种、类、门"等量词，如"一种精神、一门学问"。

d.专有名词表示独一无二的事物，通常不能用量词短语修饰。但有时为了强调或比较，可以使用某些量词。如"（中国出了）一个毛泽东、（世界上只有）一个中国"。

e.表示时间和处所的名词不能受量词短语的修饰。

②名词主要充当主语、宾语和定语，可以和介词构成介词短语，不能充当补语，充当谓语和状语受到很大的限制。名词充当谓语构成的语法单位是句子，是句子层面上的现象，如"今天晴天。""明天国庆节。"短语中名词不能充当谓语。

③名词一般不能重叠。但"家、人"等可以重叠，如"家家、人人"，这样用时它们是量词。

④名词不能受"不"修饰。但"人不人、鬼不鬼""僧不僧、道不道""不人不鬼、不僧不道"等必须对举出现。

（2）名词中的特殊小类。

①方位词。方位词是表示方向或位置的词，包括"上、下、左、右、前、后、东、西、南、北、

中、里、外、内、旁"以及前加"以、之"等构成的"以上、以下、以前、以后、以外、以内、之上、之下、之前、之后"等。"表示方向或位置"只是方位词的意义基础，并不是所有表示方向或位置的词都属于方位词。方位词在对举的结构中可以单独充当主语或宾语，体现出一定的实词性。例如：

上有老，下有小。

前怕狼，后怕虎。

他在前，我在后。

作为名词中的一个特殊的小类，方位词的语法特点是结构上的附着性，它们通常黏附在其他实词或短语的后面表示方向或位置。例如：

桌子上　教学楼前　长亭外　断桥边　来上海以前　回家以后

②时间词。时间词表示时间的名词，即时点或时刻，可以用来回答"什么时候"，也可以用"这个时候""那个时候"来指代。例如：

现在　刚才　将来　上午　中午　前天　去年　平时　当时　古代　现代

时间词可以充当主语、介词的宾语。跟一般名词不同的是，时间词还经常充当状语，而且既可以出现在主语前，也可以出现在主语后。例如：

刚才他告诉我一件事。

他刚才告诉我一件事。

③处所词。处所词表示空间位置，可以用来回答"哪儿""什么地方"之类有关处所的问题，也可以用"这儿（这里）""那儿（那里）"来指代。主要包括以下几类。

a.方位词后加"边、面"等构成的合成词，如"上面、后面、左边、前边"。

b.表示处所的名词，如"附近、远处、高处、明处、暗处、郊区"。

c.表示地名、机构的名词，如"亚洲、中国、日本、东京、北京、北京大学、商场"。

（二）动词

（1）动词的意义分类。

①表示动作行为，如"走、吃、看、说、学习、参观、阅读"，称为动作行为动词。其特点是能用作祈使句的谓语。

②表示心理活动，如"爱、喜欢、讨厌、同意、反对、了解"，称为心理动词。

③表示可能、应该或意愿，如"能、能够、可以、应该、敢"，称为能愿动词。

④表示判断，如"是、为（wéi）"，称为判断动词。

⑤表示动作行为进行的趋向，如"上、下、进、出、上来、下去"，称为趋向动词。

⑥有的动词没有实在的意义，要求后面加其他动词充当宾语，如"进行、加以、给以、予以"，称为形式动词。

（2）动词的基本功能。

①多数动词可以带宾语和补语，构成述宾短语和述补短语。

a.有些动词必须带宾语，例如：

加以　给以　试图　企图　处于　属于　得以　给以　当作　懒得　成为　促使

b.有些动词不能带宾语。例如：

游行　游泳　休息　咳嗽　约会　答辩　巡逻　睡觉　考试

c.绝大多数动词可带宾语，也可不带宾语。例如：

听　买　想　有　完成　表扬　考查　保护　访问　发送　改善　关心　担任

d.不能带宾语的动词以及只能带施事宾语和处所宾语的动词称为不及物动词，能带其他宾语的动词称为及物动词。

e.从所带宾语的性质看，有些动词只能带谓词性宾语，称为谓宾动词。例如：

打算　认为　感到　企图　试图

f.有些动词只能带体词性宾语，称为体宾动词。例如：

写　喝　修　治理　看望　属于

g.有些动词既可以带谓词性宾语，也可以带体词性宾语，称为体谓宾动词。例如：

看电视	看打球
喜欢音乐	喜欢跳舞
研究文物	研究怎么做
讨论问题	讨论买不买

②多数动词可以后附"了、着、过"，表示动作行为进行的状态。例如：

写了几句话	咨询了两个问题
听着音乐	看着那个人
提过这件事	问过老师

③多数动词可以重叠，重叠以后表示时量短或动量小。

a.单音节动词A可以采用AA、A了A、A—A等方式重叠。如"看看、说说、想想，看了看、说了说、想了想，看一看、说一说、想一想"。

b.双音节动词AB有两种重叠方式。一种是ABAB完全重叠式。如"学习学习、研究研究、考虑考虑"。另一种是AAB部分重叠式，有些支配式离合动词采用这种方式重叠。如"散散步、聊聊天、睡睡觉、谈谈心"。

c.能愿动词、趋向动词、判断动词、形式动词等不能重叠。

④绝大多数动词可以受副词修饰，表示时间、范围、否定、方式等意义。除心理动词、能愿动词外，其他动词一般不能受程度副词修饰。例如：

刚来　已经离开　正在交谈　都去　不希望　没看　徒步旅行　很可能　非常愿意

（三）形容词

（1）形容词的分类。形容词分为性质形容词和状态形容词两类。

①性质形容词前可以加否定副词"不"和程度副词"比较、很、非常"等。例如：

对　错　好　高　高兴　漂亮　潇洒

性质形容词的重叠形式可以是AA或AABB形式的，如"高高、好好、严严实实、大大方方、痛痛快快"。

②状态形容词不能受"不"及程度副词的修饰。具体有以下几种类型。

a.只能以ABAB形式重叠的偏正式形容词。如"雪白、漆黑、乌黑、笔直、通红、冰凉"。

b.带叠音后缀的形容词。例如：

~乎乎：黑乎乎　热乎乎　　　　~哄哄：闹哄哄　乱哄哄

~巴巴：干巴巴　凶巴巴　　　　~腾腾：慢腾腾　热腾腾

~丝丝：甜丝丝　凉丝丝　　　　~油油：绿油油

~邦邦：硬邦邦　　　　　　　　~花花：白花花

c.其他少数复杂形式的形容词。例如：

老实巴交　灰不溜秋　土里土气　傻里傻气

（2）形容词的基本功能。

①形容词都可以充当谓语，除"广、少、起劲、吃香"等少数形容词外，绝大多数形容词可以做定语，也可以做状语。做状语时，单音节形容词（如"高、好"等）不带"地"，双音节形容词可带"地"，也可不带"地"，而状态形容词通常要带"地"。例如：

长叹了一口气

认真（地）阅读原作

高高兴兴地走了

②形容词不能带宾语，但有些词兼有形容词和动词两类词的功能：做形容词用时可以受程度副词修饰，但不能带宾语；做动词用时能带宾语，但不能受程度副词修饰。例如：

繁荣：繁荣市场　　　　市场很繁荣（√）　　　　很繁荣市场（×）

端正：端正态度　　　　态度比较端正（√）　　　　比较端正态度（×）

③可以受程度副词修饰，同时又可以带宾语的词是动词，不是形容词。例如：

关心：领导很关心　　　　　领导很关心我们的生活。

喜欢：他们非常喜欢　　　　他们非常喜欢球类运动。

讨厌：大家特别讨厌　　　　大家特别讨厌这个人。

④性质形容词可以受程度副词修饰，状态形容词不受程度副词修饰。例如：

很白（√）　　很雪白（×）　　很白花花（×）

⑤绝大多数形容词可以重叠，单音节性质形容词用AA式，双音节性质形容词用AABB式，双音节状态形容词用ABAB式。例如：

AA式：远远　大大　紧紧

AABB式：整整齐齐　漂漂亮亮　清清楚楚

ABAB式：雪白雪白（的）　漆黑漆黑（的）　笔直笔直（的）

⑥形容词重叠以后充当定语和谓语时，通常带有程度适中的意味；充当状语和补语时，通常含有程度加深的意味。例如：

他有一双大大的眼睛。　他的眼睛大大的。

他高高地举起手。　他把手举得高高的。

🔘 知识拓展

进入动态化模式的形容词

怎样看待进入动态化模式的形容词？

所谓"动态化模式"，指"已经×了""立即×起来"之类动词经常出现的、带有时间性的结构模式。某些形容词，有时进入了这类模式。如：天已经黑了｜大家立即紧张了起来。

考察可知，这类模式中的形容词仍然可以受程度副词的修饰，而且不能带宾语。如：外头已经很黑了！大家立即更加紧张了起来。因此，它们仍然是形容词，可以认为是形容词的动态化用法。

能进入动态化模式的形容词，表示有级差的可以逐渐加强的性状。凡是不具备这一语义特征的形容词，不能进入这类模式。比如"壮大"，可以说成"逐渐壮大了起来"；然而"伟大"，便不能说成"逐渐伟大了起来"。

（四）数词

（1）基数词和序数词。数词表示数目和次序，表示数目的词叫基数词，表示次序的词叫序数词。

①基数即数目的大小，分为系数词和位数词两种。

系数词：一 二 两 三 四 五 六 七 八 九 十 零 半

位数词：十 百 千 万 亿

系数词与位数词构成系位组合可以表达任意数目。如"二十、五百三十二、八千、十万"。

②序数即先后次序，可以直接用数词表达，如"三楼、五月"也可以在数词前加"第、老、初"来表达，如"第一、第三、老二、老五、初八、初十"。

（2）数词的语法功能。数词的主要语法功能是与量词组合，构成量词短语。除了数学运算以及某些固定表达法，如"三心二意、五颜六色、七上八下、三三两两""一是一，二是二""六六大顺、九九归一"等，数词不能单独充当句法成分，也不能重叠。

（五）量词

量词是用来计量单位的词，分为单纯量词和复合量词两类。

（1）单纯量词。单纯量词包括名量词、时量词、动量词。

①名量词：用来计量人或事物。根据所计量名词的不同，名量词可分为4种。

个体量词：如"个、本、只、条、位、把"等，用于计量表示个体事物的名词。个体名词通常都有各自的专用量词，如"门"论"扇"，"灯"论"盏"，"电话"论"部"，"房子"论"间"等。个体量词与名词之间有一定的选择性，有些限制较严，如"大炮"只能用"门"，"机枪"只能用"挺"；也有些个体名词可能有多个量词适用，如指人的名词可以用"个""位""员""条"等量词，但不同的量词其使用范围及附加色彩方面有差异。"条"通常与"好汉""汉子"等名词搭配，如"一百零八条好汉"；"员"通常用来计量武将，如"一员猛将"；"位"则含有尊敬之意，如"一位长者"；而"个"是现代汉语中使用最广泛的量词，如果没有专用量词，差不多都可以用它。但如果有专用量词，要避免"个"使用的泛化。

集合量词：如"批、群、帮、套、双、副"，用于计量成组或成群的事物。表达集合概念的集合名词只能用集合量词，如"一批军火""一批物资"；个体名词既可用个体量词，也可以用集合量词，如"一个游客""一群游客"，但使用不同量词时意义不同。

类别量词：如"种、类、等、级"，用于给事物进行分类。

度量衡量词：如"克、千克、吨、米、厘米、千米、立方米"，用于表示重量、长度、容积等的计量单位。

②时量词：如"年、天、分、分钟、秒"，是时间长度的计量单位。

③动量词：如"趟、次、阵、回、遍、顿"，用来计量动作行为。

以上几类量词都是专用量词，现代汉语中还可以借名词、动词等来作为事物或动作行为的计量单位。如可以说"一条被子"，也可以说"一床被子"；可以说"切一下"，也可以说"切一刀"。其中的"床"和"刀"是借名词作为量词。

（2）复合量词。复合量词是两个量词的连用，可以分为两类。一类是相乘关系，常见的有"架次、人次"。另一类是选择关系，两个量词分别计量不同的事物，常见的有"台套、篇部、件套"等。如"十篇部"意为论"篇"（如文章）和论"部"（如专著）的项目总和为十。

（3）量词的语法功能。

①量词不能单独充当句法成分，通常和数词一起组合成量词短语，表示事物或动作行为的数量特征。当数词是"一"时，有时"一"可以省去。例如：

找（一）个人　　买（一）本书　　去了（一）趟北京　　看（一）次电影

②量词也可以与"这、那"等指示代词构成"指示代词+量词"的结构，如"这个、这种、那本、那回"等，这样用时，量词前的数词只能是"一"。

③大多数单音节量词可以重叠，重叠以后可以做主语、定语、状语、谓语等成分，表示"每一""逐一"或连绵不断的意思。例如：

个个是好汉　　条条大路通罗马　　花香阵阵　　渔歌声声　　层层包围　　节节败退

④量词重叠以后除"一"以外，前面不能出现其他数词。

（4）数量的表达。

①概数。概数是不确定的数目，现代汉语中概数表示法主要有以下三种。

a. 用相邻数词连用表示概数。如"两三个、十四五岁、七八个、一二十个"。

b. 数词后加"把、来、多"表示概数，如"百把本书、二十来个人、一百多吨重"。"把"只能用在位数词"百、千、万"后面，且位数词前不能有系数词；"来"和"多"只能用在"十"及带系数词的"十、百、千、万"后面，区别在于用"把"表达数量在此上下，而用"多"一定多于此数量。

c. 用"左右、上下、许多、好些、若干"等词语表达。如"两米左右、五千克上下、许多人、好些事情"。

②分数和倍数。

a. 分数的典型格式是几分之几，如"五分之三"，有时也可以直接用"分"或"成"来表示，如"三分"和"六成"，相当于"十分之三"和"十分之六"。分数既可用于表达数量的增加，也可用于表达数量的减少。

b. 倍数由"数词+倍"构成，只能用于表达数量的增加，不能用于表达数量的减少。在表达"减少、降低、缩小"等数量时，不能使用倍数，如不能说"成本降低了五倍"。

③二、两和俩。"二"和"两"都是数词，都可用来表示基数，如"二人"和"两人"，"二米"和"两米"。它们用法的差别主要表现在以下四个方面。

a. 在一般量词前，用"两"不用"二"，如"两本书"，不说"二本书"；但如果是系数词与位数词连用，则用"二"不用"两"，如"二十二"不说"两十两"。

b. 度量衡量词前，都可以用，但量词"两"之前只能用"二"；在大小度量衡单位连用时，最前面的都可以用，但后面的只能用"二"，如"两米二"。

c. 在序数、小数、分数及数学运算中，用"二"不用"两"；表序数时"两点钟"是一个例外，这里的"两"表示序数。

d. 表虚指时，用"两"不用"二"，如"说两句""有两下子"。

"俩"是两个的合音，读liǎ。大致说来凡可以用"两个"的地方都可用"俩"。如"哥儿俩、父子俩、他们俩"等。"俩"常用在名词或代词后面，有时也可用于名词之前，如"俩学生"。与代词连用时，只能用在代词后面，不能用在代词之前，如"他们俩、咱们俩"。由于"俩"本身已包含了量词"个"，使用时要避免再出现与之搭配的量词。

⬡ 知识拓展

"半"和"双"

"半"和"双"是数词还是量词？

由于数词和量词相互规定，相互促成，对于数词和量词，在一般情况下我们可以使用"据数辨量"和"据量辨数"的识别标准。

"半"，在"半个、半斤"里，是数词；在"一半、两半、一大半"里，是量词。"双"在"一双、两双"里，是量词；在"双份（礼品）、双重（压力）、双层（板壁）"里，是数词。可见，"半"也好，"双"也好，有时是数词，有时是量词。我们不能只把"半"判定为数词，把"双"判定为量词。

（六）副词

（1）副词及其基本功能。副词的主要功能是修饰谓词性成分做状语，表示时间、范围、程度、语气、肯定、否定、方式等意义。副词是现代汉语词类系统中比较复杂的一类，个性强于共性。就内部成员的数量看，情态副词具有开放性，其他小类的成员具有相对的封闭性；从出现环境看，有些副词只能在动态的句子中出现，不能在静态的短语中出现。基于能单独充当状语这一句法功能，将副词归入实词。

副词都能做状语，表示语气、口气的副词做状语时位置比较自由，可以在句首（主语前）或句中出现；其他副词做状语时一般不能出现在主语前。例如：

大概他已经知道了。　　他大概已经知道了。　　他已经知道了，大概。　（√）

已经他大概知道了。　　都他们来了。　　　　　亲自他驾车。　　　　（×）

"很""极"等少数副词可以做补语，"很"做补语时必须用"得"，"极"做补语时则不能用"得"，必须后附"了"。如"开心得很、开心极了"。

副词不能做定语。如果名词是带顺序义的名词，前面可以出现某些副词。例如：

你才科长，他已经处长了。

今天星期四，快周末了。

除"也许、大概、的确、果然、不、没有"等少数副词外，绝大多数副词不能单说，具有黏着性。例如：

——小王走了吗？

——已经。（×）

——也许。/的确。/没有。（√）

"又、就、也、才、再、都"等副词具有关联功能。起关联作用时，有的可单独用，有的需合用，也有的要与连词配合使用。例如：

想走你就走。

他不来我就去。

既然来了，就好好工作吧。

（2）副词的分类。

①程度副词。程度副词修饰性质形容词和部分动词，表示程度量的高低。根据能否出现于"比"字句中或是否有比较对象、比较范围的情况，可以将程度副词分为相对程度副词和绝对程度副词两类。

相对程度副词：如"更、越发、稍、稍微、略，最、顶、比较、较为"。

绝对程度副词：如"太、过于、很、极、极其、非常、相当、格外"。

"更、越发"等程度副词可以出现在"比"字句中。"最、顶"等程度副词虽然不能出现在"比"字句中，但如果有比较范围，可以出现在通过"与……相比""（在）……中"引进比较对象或比较范围的比较句中。例如：

做这样的工作，你比他更合适。

（在）他们几个人当中，老王最有人缘。

绝对程度副词没有明确的比较对象，通常以常识或常理作为程度判定的标准，不能出现在比较句，特别是"比"字句中。

事情很难办。（√）　　这件事比那件事很难办。（×）

做事非常认真。（√）　　他做事比小王太认真。（×）

有些程度副词出现在不同的结构中，其功能有明显的差异，如"还"。当"还"重读时，是相对程度副词，可以出现于"比"字句中，如"这道题比那道题还难"；当"还"轻读时，是绝对程度副词，用于弱化程度量，如"他最近还好"。

②范围副词。范围副词虽然在句法上修饰谓词性成分，但在语义上却是说明事物的范围或数量特征的。

"都、全、大多、皆、尽、一概、一律、统统"等范围副词的主要功能是总括事物的范围，表明所总括的对象具有共同的性质。例如：他们都是学生。

范围副词总括的对象通常必须位于它的前面，即此类副词具有语义上前指的特征，总括的对象必须具有可分的特性。如上例中"都"总括的对象是主语"他们"，表明"他们"中的每一个人都具备"是学生"这一特点。

"只、仅、就、光"等范围副词重在表达一定范围内的部分成员不同于其他成员的个性，往往带有说话人的主观色彩，可以表达范围小、数量少、程度低、时间短等主观上的量。语义上具有后指特征，而且语义指向的对象必须在该句法组合中出现，不能省略。例如：

据估计，制作这部影片只需花费 6 000 万美元。

我只记得那个人老背着一个灰色的包，是不是这一个，不好说。

这里不需要外交辞令，只需要几句现编的童话。

"共、总共、才、一共、至少、起码、至多"等范围副词要求其后必须有一个数量成分充当它语义指向的对象。例如：

他总共养了 50 只蝴蝶。（√）

他总共养了 50 只。（√）

他总共养了蝴蝶。（×）

③时间副词。时间副词不能表达精确的时点和时段，是专门修饰谓词性成分表达时间先后关系或时间间隔、时间延续情况的副词。例如：

曾经 曾 业已 已经 已

将 终将 必将 迟早 及早

正 正在 在

一度 暂且 刚才 就 马上 立刻 当即 顿时

一直 永远 从来 历来 往往 常常

仍然 还 仍旧

"曾经、已经"等表示动作行为或事件在某个参照时间以前发生；"将、迟早"等表示动作行为在某个参照时间以后发生；"正、正在"表示动作行为与说话时间或某一参照时间同时进行；"一度、暂且"等表示时间间隔较短；"一直、从来"等表示动作行为或事件延续时间较长；"仍、仍然"等表示动作行为或事件本身的延续。

时间副词与时间名词是用来表达时间意义的，都经常充当状语，它们之间的主要区别在于：时间名词可以充当主语、宾语和定语，可以与介词构成介词短语，而时间副词不能。例如：

现在是十点。　现在的情况如何？　从现在开始。（√）

正在是十点。　正在的情况如何？　从正在开始。（×）

④否定副词。现代汉语的否定副词包括"不、没、没有、未、别、非、勿、莫"等。"不"可以单用，主要用于对主观意愿、习惯性行为等的否定。例如：

他不去。

这个小孩不听话。

他从来不喝酒。

他不喜欢武打片。

"没有（没）"有动词和副词两种用法，体词性成分前的"没有"是动词，如"没有条件"。谓词性成分前的"没有"是副词，如"没有看清"。副词"没有"多用于否定客观现实性。如"他没有来。"例句中的"没有"通常指由于某种原因无法来。

⑤语气副词。语气副词主要用于句首或句中帮助语气、口气等的表达，如"的确、确实、其实、难道、莫非、也许、大概、果然"等。语气副词的主要特点包括以下两点。

a. 只能在句子中出现，不能在短语中出现，其功能与独立成分有相通之处。语气、口气等是句子一级语法单位中才具有的因素，因此，凡是语气副词所在的结构必定是具有表述功能的动态单位。

b. 语气副词在句子中出现的位序有一定的灵活性。单音节语气副词不能出现在主语前,双音节语气副词可以在句首或句中出现。与其他副词一起出现时,语气副词必须位于最前面。如:

他们也许都已经准备好了。(√)

他们已经也许都准备好了。(×)

他们都已经也许准备好了。(×)

⑥情态副词。情态副词的主要功能是表示动作行为进行的方式、情状,如"亲自、亲口、亲手、亲眼、并肩、轮番、随手、当众、如期、婉言、低声、一起、一同、暗自、大举、径直、冉冉、鱼跃、拂袖、飞速"等。与范围副词、程度副词等相比,情态副词具有以下特点。

a. 数量众多,复现率较低。

b. 意义比较实在,与所修饰的动词性成分之间的选择性较强。如"徒步"只能修饰少数"行走"义的动词,如"徒步旅行、徒步穿越";"亲口""亲眼"分别只能修饰"言说"类及表示与"眼睛"有关的动作行为的动词,如"亲口说出来""亲眼见到"。

c. 在线性序列中,情态副词必须紧贴在它所修饰的动词性成分前;在与其他副词一起出现时,情态副词位置在最后,如"他大概已经亲自去了"。

(七)区别词

区别词是只能做定语的一类词,主要用于表示事物的属性,因而具有分类功能,大部分是成对或成组的。常见的单音节区别词有:

公 母 雌 雄 男 女 正 副 荤 素 阴 阳 金 银 单 双

大部分区别词是双音节或多音节的,例如:

边远 常务 初始 独家 断代 多边 部属 公共 尖端 内在 上述 伪劣

有线 资深 微型 小型 中型 大型 巨型 特大型 多弹头

有些区别词有一定的构成模式,具有较强的能产性。例如:

~式:中式 英国式 雷锋式 拉网式 自由式 花园式 散文式 双重水冲式

~型:大型 福利型 资源型 小康型 外向型 造血型 技能型 应用型

~级:特级 部级 大师级 国家级 大使级 世界级 顶尖级

~性:活性 慢性 雌性 神经性 先天性 突发性

~等:高等 甲等 头等 优等 初等

~用:家用 军用 民用 农用 医用 日用

超~:超级 超导 超薄 超大型

单~:单程 单孔 单相 单面 单轨

无~:无轨 无机 无期

绝大多数区别词可以直接修饰名词做定语,也可以后加"的"用来指称。例如:

男的 男同学　　大型的 大型企业　　先天性的 先天性心脏病

只有少数区别词具有描写功能,不能加"的"用于指称。例如:

锦绣 区区 偌大 广大 稀世 毕生 广袤 硕大 摩天 大无畏

区别词不能做谓语,否定时用"非",不用"不",如"非大型、非民用、非部属"。

（八）代词

代词是指代某种对象的词。如"我、你、这、那、谁、什么"等。

代词在语法上没有共同的突出的特点，但是，在跟指代对象的联系上都具有极强的不定性。任何代词，都不固定地跟某一具体的人或事物、时间或地点、行动或性状、数量或程度发生联系。世界上**所有**的人都可以称"我"，世界上所有的物都可以用"什么"去提问，世界上所有的人或物都可以用"这、那"去指代。一个代词，究竟指代什么，只有进入具体的语言环境才能确定。

根据作用的不同，我们可以把代词分为3类。

1. 人称代词

人称代词指对人物起称代作用的代词。包括第一人称的"我、咱"，第二人称的"你、您"，第三人称的"他、她、它"。人称代词一般都可以加"们"，表示多数。此外，人称代词还有"自己"（复称）、"人家"（泛称）、"大家"（总称）等。人称代词一般用来称代人，用来称代物的只有"它（们）"。

2. 疑问代词

疑问代词指对人物或情况起询问求代作用的代词。包括"谁、什么、哪、哪儿、哪里、几时、多会儿、多少、几、怎么、怎样、怎么样、什么样"等。这类代词，不是直接指代某个对象，而是通过询问，求代某个对象。

代词可以活用。比如，人称代词有时变换使用，有时游移指代。

3. 指示代词

指示代词指对人物或情况起指示区别作用的代词。包括"这（近指）、那（远指）"和由它们构成的"这里、那里、这儿、那儿、这会儿、那会儿、这么些、那么些、这么、那么、这样、那样、这么样、那么样"等。此外，指示代词还有"每、各"（分指）、"某"（不定指）、"另"（旁指）、一切、任何、所有"（统指）等。

📖 知识拓展

指示代词的活用

指示代词可以活用，常见情况有两种。一是游移指代。即"这、那"在特定范围中有所指，但跟具体的远近对象没有固定联系。如"大伙都挤上前，问这问那。"二是统括指代。即"这、那"之类呼应使用，不但表示所指不定，而且有在特定范围内统括一切的作用。如"这也不吃，那也不吃，你想饿死呀？"

三、虚词及其运用

（一）介词

介词是附着在体词性成分前（少数可用在谓词性成分前）构成介词短语的虚词，介词的后置成分通常称为介词宾语。介词不能单独使用，也不能单独充当句法成分，它必须附着在体词性成分或谓词性成分前构成介词短语才能用于造句。介词短语本身也不能单独使用，不能做谓语。介词短语的主要功能是充当状语，或者借助于"的"做定语。

介词所附着的成分与结构中的谓词性成分有多种语义关系。

表示施事：被 叫 让 给 由 为

表示受事：把 将 管 拿

表示对象：和 跟 同 与 对 对于

表示依凭：用 以 凭 依照 根据 按照

表示时间：在 当 从 自 自从

表示处所：在 从 向 朝 沿着 顺着

表示比较：比 较 较之 于

表示原因、目的：因 因为 为 为了

表示关涉：至于 关于 对于 除 除了

现代汉语的介词绝大多数是由古代汉语的动词虚化而来的，虚化是个连续的渐进过程，有些至今仍处在虚化的过程中，因而有些词表现出兼有动词和介词两类词的性质。

动词和介词的区别主要表现在以下两个方面。

①介词不能单独使用，必须附着在其他实词或短语前面，构成介词短语。介词短语不能充当谓语；而动词可以单用，可以构成述宾短语充当谓语。如"比"和"在"就兼属介词和动词：

你比他强　　　　　　你比他（此处"比"为介词）

他在黑板上写了几个字　　他在黑板上（此处"在"为介词）

你和他比？　　　　　　你和他比什么？（此处"比"为动词）

他在不在家？　　　　　　他在家。（此处"在"为动词）

②介词不能带"了、着、过"等动态助词，带其他绝大多数动词都可以。"为了、除了、沿着、趁着、随着、通过、经过"中的"了、着、过"是构词语素，不是独立的虚词。

（二）连词

连词是用来连接词、短语、分句或句子的虚词。其语法特点，主要表现在以下两个方面。

一是连词只有连接作用，不能成为句子成分。所谓"连接"，既有连接的意思，也有组结的意思。即把两个或几个语法单位连接起来，使它们组结成为一个更大的语法单位。如"和"是连词，它可以把"我""他"连接起来，组成更大的语法单位"我和他"。又如"因为""所以"是连词，它们可以把"他去了""我不能不去"连接起来，组成更大的语法单位"因为他去了，所以我不能不去"。

二是连词起码具有双向性。在句法结构中，连词总要关涉到两个或几个语法单位。因此，只要有连词出现，不管是单个儿使用，还是配对照应使用，一定有它所关涉到的两个或几个单位出现。如果关涉到两个单位，便是双向的；如果关涉到三个或更多的单位，便是多向的。比如在"我和他"中，"和"是双向的；在"你、我和他"中，"和"是三向的。

知识拓展

介词和连词的区分

有些词兼有介词和连词双重功能。

1. 由于、因为、为了

"由于、因为、为了"的后面为体词性成分时，它们是介词；后面为谓词性成分时，它们是连词。例如：

因为你，他挨了批评。（介词）

因为下雨，运动会只能改期。（连词）

为了祖国的明天，我们应该努力学习。（介词）

为了早点到达目的地，他一大早就起程了。（连词）

2. 和、跟、同、与

要区分"和、跟、同、与"，有以下 3 种方法。

（1）换序法：互换"和、跟、同、与"前后的成分，如果意思不变，它们是连词；如果意思改变或者不能互换，它们是介词。

（2）添加法：看能否在"和、跟、同、与"前添加状语，如果能添加，它们是介词；如果不能添加，它们是连词。

（3）省略法：看能否省略"和、跟、同、与"前的成分，如果能省略，它们是介词；如果不能省略，它们是连词。例如：

①小王和小李喜欢踢足球。　　　　②小王和小李说过他下午有事。（"他"＝小王）

＝小李和小王喜欢踢足球。　　　　≠小李和小王说过他下午有事。（"他"＝小李）

和小王喜欢踢足球。　　　　　　　和小李说过他下午有事。

例①中"和"是连词，例②中"和"是介词。

（三）助词

助词是在语法结构中起辅助之用的词。常见的助词，有以下 5 类。

1. 结构助词

结构助词的读音都是"de"，书面上写成"的""地""得"，分别作为现代汉语中定语、状语和补语的标志。

（1）"的"的主要作用有两种。

一是用在体词性偏正结构中，起连接定语和中心语的作用。例如：

我们的祖国　地铁的开通　干干净净的衣服　水灵灵的眼睛

二是附加在名词、动词、形容词及某些短语后面，构成"的"字短语，用于指称。例如：

图书馆的　看打球的　吃的　好玩的　你想要的　大型的　国营的

（2）"地"用于谓词性偏正结构中，起连接状语和中心语的作用。例如：

稳稳地接住　高高兴兴地离开　一个接一个地走了　三个三个地跑

（3）"得"用在述补结构中，连接中心语和补语。述补结构中用"得"来连接的补语主要是状态补语和结果补语可能式的肯定形式，另外部分程度补语也用"得"来连接。例如：

说得很好　高兴得手舞足蹈　吓得两腿发软　哭得眼睛都红了

搬得动（搬不动）　吃得完（吃不完）　治得好（治不好）

好得很　闷得慌

2.动态助词和时制助词

（1）动态助词附着在动词后面，表示动作行为进行的状态。

"了"表示动作行为的完成或实现。如"写了一封信、送走了两个朋友、问了一个问题"。

"着"表示动作的进行或状态的持续。如"开着会、说着话、下着雨"中的"着"表示动态的进行；"戴着帽子、坐着一个人、墙上挂着一幅画"中的"着"表示静态的持续。

"过"表示曾经有过某种经历。如"去过上海、见过这个人、听说过这件事"。

（2）时制助词"的"和"来着"表示事件发生在过去，即事件在说话前发生。

"的"通常用在述语和宾语之间。例如：

你什么时候上的车？

他是前年去的美国。

我在城里读的高中。

"来着"用于句末，表示不久前刚刚发生的事，口语中较常见。例如：

你刚才说什么来着？

这几天你都忙什么来着？

3.比况助词

比况助词可以附着在某些实词或短语的后面构成比况短语，充当定语、状语或补语。例如：

火一样的热情　暴风雨般的掌声　飞也似的跑了

4.其他助词

"第、初、老"等后附数词，用来表序数。如"第一、第五、初二、初八、老二、老三"。"把、来、多"与数词配合使用，用来表达概数，如"百把本书、十来个人、五十多吨货物"。

"们"在现代汉语中主要用在指人名词后面表示复数。加"们"的名词前面不能使用表示确数的数量词语或"许多、少数、多数"等词语。如不能说"十名同学们""许多同学们"。除了比喻、拟人、借代等修辞手法，"们"不能用在非指人名词后。

列举助词"等、等等"后附于实词或短语，表示列举。可以是列举未尽，也可以是列举已尽。如"美英等国、柴米油盐等生活必需品"。

助词"所"的作用有3种。一是前附于单音节动作动词，构成"所"字短语，如"所见、所闻、所想"。二是加在主语和谓语之间，如"我所知道的、大家所熟悉的"；后边接上中心词，代表受事。如"所见的事""我所知道的问题"。三是与"被、为"等构成"被/为……所+动词"的结构，如"被世人所唾弃、为人所害"。助词"所"不能出现在体词性成分前。

"被"有介词和助词两种用法。介词"被"与其所附着的成分构成介词短语；助词"被"直接附着在动词性成分前，表示被动，如"被骗、被误解、被开除"等。

助词"连"主要用于表示强调，通常与"都/也"构成"连……都/也……"的结构，"连"既可附着于体词性成分前，也可以附着于谓词性成分前，它所附着的成分必然是句子强调的成分。例如：

这件事，连我都不知道。（句子的强调重音在"我"）

他连接送小孩都没有时间。（句子的强调重音在"接送小孩"）

（四）语气词

1. 语气词与句类

语气词是只能出现在句子或分句的末尾的虚词，是现代汉语中语气表达的重要因素之一。现代汉语的语气主要借助于语调、语气副词和语气词来表达。

（1）现代汉语中常见的语气词可以分为两类。

①单音节语气词：的　了　吧　吗　呢　啊　呵　呀　哇　哪　哟　呗　啦　喽　么　呐　咧

②双音节的语气词：罢了　而已

（2）有些语气词会因为出现环境的不同而造成读音变体，或者是两个或几个语气词合用而形成变体。如语气词"啊"因为受前一音节收尾音的影响，有"呀、哇、哪"等变体，"了+啊"读成"啦"。

（3）现代汉语中最常用、最基本的语气词有六个："的、了、吧、吗、呢、啊"，它们的用法比较复杂。

①"的"主要用于陈述语气，表示情况本来如此，用以加强对事实的确定。如"这件事，他以前跟领导说过的。"

②"了"重在表达新情况的出现，强调当前相关性。如"那封信，我已经交给他了。""我已经问过他了。"

③"吧"用于表示揣测或商量，说明说话人对自己的看法不太肯定，句中常有"大概、可能、也许"等词语。如"他也许不会同意吧。"

④"吗"和"呢"用于疑问句。"吗"主要用于是非问句，要求听话人做出肯定或否定的回答。如"是这样写的吗？""小王在吗？""你去吗？""呢"主要用于特指问、选择问以及正反问，例如：

他去了哪里呢？

选考物理化学还是选考历史地理呢？

这样做好不好呢？

老王呢？

你的自行车呢？

⑤"啊"常用于感叹句和祈使句末，如"多香的茶啊！""快走啊！"用在疑问句末，"啊"有舒缓语气的作用。如"这么晚了，你还要出去啊？"

（4）语气词与句子的语气类型之间不是一对一的关系，同样的，语气可以选用不同的语气词；同一个语气词，也可以用来表达不同的语气。例如：

他是谁呢？

他在等你呢。

同样使用语气词"呢"，一个表达疑问，一个表达陈述。又如：

校长怎么解释这件事的？　　　　　　　校长怎么解释这件事？

你不去上海了？　　　　　　　　你不去上海？

这本书是小王的吧？　　　　　　这本书是小王的？

你也想去吗？　　　　　　　　　你也想去？

这怎么行呢？　　　　　　　　　这怎么行？

你去不去啊？　　　　　　　　　你去不去？

以上两组例句都是疑问句，左边例句中用语气词，右边例句中不用语气词，所表达的疑问语气是有区别的。用"的"加强了对事实的追问的语气；用"了"表示出现了新情况，即预设"你原来是想去的"；用"吧"带有推测的意味；用"吗"带有要求对方确认的意味；用"呢"带有深究的意味；"啊"则带有舒缓的语气。

2. 语气词的连用

语气词可以连用，连用时有一定的顺序。根据句末语气词连用的顺序，可以将6个基本的语气词分为3组。

A：的

B：了

C：吗 吧 呢 啊

语气词连用时可以有AB、BC、AC几种顺序。例如：

他也真够辛苦的了。（AB）

他到家了吗？（BC）

我以为你早走了呢。（BC）

你知道他怎么说的吗？（AC）

你以前见过他的吧？（AC）

这个字是怎么写的呢？（AC）

事情真够多的啊。（AC）

3. 句中语气词

语气词"吧、啊、呢、么"等也可以出现在句中，它们的出现位置与句子的句法结构无必然联系，其主要功能不是表达语气，而是表达停顿以及说话人对句子信息结构的心理切分。例如：

我觉得他这几天有点不对劲。

我呢，觉得他这几天有点不对劲。

我觉得呢，他这几天有点不对劲。

我觉得他呢，这几天有点不对劲。

我觉得他这几天呢，有点不对劲。

4. 结构助词"的""了"和语气词"的""了"

结构助词"的"和语气词"的"都读轻声，容易混淆，它们之间的区别主要表现在出现位置、省略的可能性以及添加中心语的可能性，见表4-2。

表 4-2　结构助词"的"和语气词"的"的区别

不同"的"	出现位置	省略	添加中心语
语气词"的"	句末	可以	不可以
结构助词"的"	句末、句中	不可以	可以

例如：

这本是图书馆的。（句末）　　　　　　我去过图书馆的。（句末）

这本是图书馆。（不可省略）　　　　　我去过图书馆。（可以省略）

这本是图书馆的（书）。（可以添加中心语）　我去过图书馆的。（不可添加中心语）

上面两例中的"的"分别是结构助词和语气词。

动态助词"了$_1$"语气词"了$_2$"也存在划界的问题。当"了"出现于句中的谓词性成分后时，是动态助词"了$_1$"；和当"了"出现于句末且前为体词性成分时，是语气词"了$_2$"；当"了"出现于句末，且前为谓词性成分时，兼有语气词和动态助词双重作用，是"了$_1$+了$_2$"。例如：

他已经看了$_1$两本书了$_2$。

他走了$_{1+2}$。

四、拟声词和叹词

拟声词和叹词是现代汉语中两个比较特殊的类，它们经常单独使用，充当独立成分或单独成句，结构功能很弱，通常不与其他成分发生句法结构关系。

（一）拟声词

拟声词是模拟自然界各种声音的词，如"叭、咚、咣、轰隆、哗啦、乒乒乓乓、叽叽喳喳、噼里啪啦"等。

拟声词可以单独成句，或者充当句子的独立成分。如"轰隆！""叭，叭，传来两声枪声。"

拟声词也可以充当定语、状语、补语等成分。如"叮叮当当的声音""噼里啪啦地响了起来""睡得呼呼的"。

（二）叹词

叹词是表示感叹、呼唤、应答等的词。叹词的独立性很强，主要充当句子的独立成分，或者单独成句。例如：

唉！又输了。

哎呀，你放开手吧。

（三）语气词"啊"与叹词"啊"

（1）语气词"啊"读轻声，叹词"啊"不读轻声，表示赞叹时读阴平，表示惊讶或不知道时读阳平，表示醒悟读上声，表示应诺读去声。例如：

啊（ā）！太好了！

啊（á）！这么快呀？

啊（ǎ）！原来是这么回事啊！

啊（à）！好吧！

（2）语气词"啊"不能位于句首，叹词"啊"可以出现于句首、句中或句末。

（3）语气词"啊"是附着性的，与它所附着的成分间不能有停顿，书面上不能有点号；叹词"啊"的前后必须有停顿，书面上有点号将它与其他成分隔开。

第三节　短语

一、短语和词

（一）短语的性质

短语（也称词组）是词和词按照一定的语法规则和意义关系组合起来的没有语调的语言单位，是由两个或两个以上的词组合起来构成的。根据短语包含词语的多少，可以把短语分为简单短语和复杂短语。简单短语的内部只有两个词，且只包含一种语法结构关系；复杂短语的内部有三个或三个以上（可能很多）的词，并且词与词的结构层次和语法关系都比较复杂。

短语与语素、词一样，是基本的语法单位之一，与句子相比，短语是语言的备用单位。汉语句子的构造原则与短语的构造原则基本一致，短语带上语调，就具有了表述性，成为句子。短语一头联系着词，另一头联系着句子，在汉语中具有重要的地位。掌握短语的结构，对于学习后面的内容——句型，具有重要作用。

（二）短语和词的区别

短语和词的基本区别，表现在以下三个方面。

一是单位的大小。短语是大于词的语法单位，一个短语起码包含两个词。短语所包含的词的数量，取决于人们在造句时表述意旨的需要。在实际语言运用中，有的短语所包含的词，可以多达数十个。

二是音节的长短。短语的音节一般多于词的音节。词的音节，一般控制在三个之内。音节最少的，一个音节；音节最多的，一般不超过三个音节（如"冲锋枪、游泳池"之类）。四个音节的词也有，不过，它们是词的特殊表现形态（如象声形式"叮叮咚咚"、重叠形式"漂漂亮亮"之类）。短语的音节，往少说不能是一个，至少得两个，不同于词；往多说可以是十几个、几十个甚至上百个，更不同于词。

三是层次的多少。短语的结构层次多于词的结构层次。由于词的音节一般不超过三个，合成词在结构上一般最多只有两个层次，包含两种关系；而短语，由于其长度不受严格控制，在结构上自然可以形成多个层次，包含多种关系。比如"看到歹徒打伤旅客的列车员"，这个短语就层层包容了以下关系：①定心（～的列车员）；②动宾（看到歹徒打伤旅客）；③主谓（歹徒打伤旅客）；④动宾（打伤旅客）；⑤正补（打伤）。

二、短语的结构类型

（一）主谓短语

1. 主谓短语的构成

主谓短语由主语和谓语两个成分构成，主语是陈述的对象，谓语是对主语加以陈述和说明。主谓短语内部只有两个直接成分——主语和谓语。例如：

主谓短语＝主语＋谓语

朋友出国	朋友	出国
我们学习英语	我们	学习英语
空气新鲜	空气	新鲜
球赛非常精彩	球赛	非常精彩

2. 主谓短语的功能

（1）主谓短语带上语调（有时还要加上语气词以及其他完句成分）可以构成主谓句。例如：

太阳从东方升起。

他现在不在家。

你们什么时候出发？

（2）主谓短语可以充当主语、谓语、宾语、定语、状语、补语等各种成分。

①主谓短语充当主语时，谓语通常表示判断、评价或说明。例如：

他这样做是有道理的。

他能理解家长的苦心就好了。

他不敢出面作证说明他心里有顾虑。

②主谓短语充当谓语的句子称为主谓谓语句，是主谓句的一种下位句型。例如：

这种情况我们以前遇到过。	比较：	我们以前遇到过这种情况。
小王态度很认真。		小王的态度很认真。
这三个人我只认识两个。		我只认识这三个人中的两个。
这件事老王很有经验。		对于这件事，老王很有经验。

③主谓短语做宾语时充当述语的是"知道、希望、相信、认为、发现、发觉、觉得、意识到、懂得、记得"等表示心理活动的动词。例如：

发现他最近有点变了。

记得小王过去是什么样子。

希望你能顺利通过这次考试。

意识到事态很严重。

④主谓短语做定语时要用"的"连接定语和中心语。例如：

他发表的那篇文章。

他们处理问题的方式。

我了解到的情况。

封面很漂亮的那本书。

⑤主谓短语做状语时一定要带结构助词"地"，而且做状语的主谓短语中的主语与句子的主语之间通常具有领属关系。例如：

他们精神抖擞地出发了。

他头也不回地冲了出去。

⑥主谓短语做补语时，与中心语之间必须加结构助词"得"，而且做补语的主谓短语中的主语与句子的主语之间有领属关系。例如：

他紧张得话都说不出来了。

他被吓得脸都白了。

（二）述宾短语

1. 述宾短语的构成

述宾短语是由述语和宾语两个直接成分构成，述语在句法上支配宾语，宾语是述语支配和关涉的对象。例如：

述宾短语	=	述语	+	宾语
写小说		写		小说
买毛笔		买		毛笔
喜欢干净		喜欢		干净
吃惯了食堂		吃惯了		食堂
关心集体		关心		集体
踢前锋		踢		前锋
端正了态度		端正了		态度
来了一个人		来了		一个人

述宾短语中充当述语的可以是单个动词，也可以是动词带上动态助词"了、着、过"。但有些动词不能单独充当述语带宾语，必须以述补短语形式才可以带宾语。例如：

哭肿了眼睛 （√）　　哭眼睛 （×）

摔断了腿 （√）　　摔腿 （×）

涨红了脸 （√）　　涨脸 （×）

吃坏了肚子 （√）　　吃肚子 （×）

2. 述宾短语的功能

（1）述宾短语带上语调（有时需要带上语气词）可以单独成句，可以是非主谓句，也可以是省略主语的主谓句。例如：

下大雨了。

说你呢！

（小王）去图书馆了。

（2）述宾短语经常充当谓语、定语，也可以充当主语、宾语、状语、补语等成分。

（三）偏正短语

偏正短语由定语和中心语或状语和中心语两个直接成分构成，定语或状语起限制或修饰中心语的作用。

1. 定中型偏正短语

绝大多数实词和短语都可以充当定语，表示中心语的性质、状态、数量、时间、处所、材料、领属、工具、结果以及施事、受事等。例如：

偏正短语	=	定语	+	中心语
大型企业		大型		企业
高大的体形		高大		体形
非常聪明的孩子		非常聪明		孩子
十个人		十个		人
以前的经历		以前		经历
我买的书		我买		书
游泳的姿势		游泳		姿势
对这件事的看法		对这件事		看法

定中型偏正短语的中心语一般是名词性成分，某些主谓短语借助于助词"的"也可以转化为定中型偏正短语，这类定中型偏正短语的中心语是谓词性的。例如：

狐狸的狡猾

牌楼的拆除

地铁的正式开通

航天飞机的成功发射

这类定中型偏正短语只能充当主语或宾语。

◈ 知识拓展

定语和中心语的组合方式

1. 必须用"的"的组合方式

某些短语如主谓短语、介词短语、连动短语、兼语短语做定语时必须带"的"，由主谓短语转化而来的定中型偏正短语也要借助于"的"来表示定语和中心语的关系。

2. 不能用"的"的组合方式

定语与中心语直接组合。数量组合做定语时通常不带"的"。例如：

三个人	三个的人
五间房子	五间的房子
八辆汽车	八辆的汽车

3. 可以用"的"也可以不用"的"的组合方式

有些用"的"和不用"的"的意义有区别，或者可能会产生歧义。例如：

中国朋友　中国的朋友　　　　孩子脾气　孩子的脾气

学生家长	学生的家长		学习材料	学习的材料

4.用不用"的"对意义影响不大。例如：

干净衣服	干净的衣服		学校领导	学校的领导

2.状中型偏正短语

充当状语的主要是副词、形容词、介词短语、时间词、处所词以及某些数量组合，表示时间、处所、情状、程度、范围、对象等意义。例如：

偏正短语	=	状语	+	中心语
已经看完初稿		已经		看完初稿
亲口告诉他		亲口		告诉他
高高地举起		高高		举起
非常得意		非常		得意
都参加		都		参加
为将来着想		为将来		着想

状中型偏正短语的中心语一般由动词或形容词性成分充当，状语与中心语的组合有带"地"和不带"地"两种情况。时间词、处所词、绝大多数副词以及单音节形容词做状语时一般不带"地"；形容词重叠形式、数量组合的重叠形式以及部分双音节形容词做定语时，可带也可不带"地"。

（四）述补短语

述补短语是由中心语和补语两个直接成分构成。中心语由动词或形容词充当，补语通常是谓词性成分、介词短语、表示动量的数量组合等。例如：

述补短语	=	中心语	+	补语
说清楚		说		清楚
冲出去		冲		出去
打在他脸上		打		在他脸上
去过两次		去过		两次
高兴得手舞足蹈		高兴		（得）手舞足蹈
说得他脸都红了		说		（得）他脸都红了

述语与补语的组合有两种方式。

（1）直接组合。如上例中"说清楚、冲出去、打在他脸上、去过两次"，又如"好极了、吓坏了"。

（2）借助结构助词"得"来组合。这种方式又可细分为两种情形：一种是无论补语是肯定形式还是否定形式，都必须用"得"，如上例中"高兴得手舞足蹈、说得他脸都红了"，又如"好得很"；另一种是肯定形式用"得"，否定形式用"不"，如"说得清楚说不清楚、冲得出去冲不出去"，表示可能与不可能。

（五）联合短语

1. 联合短语的构成

联合短语由两个或两个以上同类的实词或短语平等并列地组合起来，绝大多数实词和短语都可以构成联合短语。例如：

上海北京　　学生和家长　　红色的或绿色的
分析研究　　讨论并通过　　去北京还是去上海
勤劳善良　　又粗又短　　　宽敞而且干净

2. 联合短语的组合方式

从组合手段看，联合短语可以不用虚词，构成成分间可以没有语音停顿，如"桌椅板凳、吹拉弹唱"，也可以有短暂的停顿，书面上用"、"表示；也可以用连词或起关联作用的副词来连接，如"和、或、并、而、又……又……"等。

3. 联合短语的特点

与主谓短语、述宾短语、偏正短语、述补短语比较，联合短语有如下特点。

（1）联合短语的构成成分地位平等，没有主次的分别，因而构成联合短语的词相互之间意义上不能有包含关系。

（2）联合短语内部构成成分的性质一般相同，因而整个短语的功能与构成成分的功能基本一致。

（3）主谓、述宾、偏正、述补四种短语只能由两个直接成分构成，而联合短语内部的构成成分可以多于两项。

（六）连动短语

连动短语由两个或两个以上谓词性成分连用构成。例如：

请假回家处理这件事
坐着看书
去北京进货
有资格当医生
买几个馒头填饱肚子
拉住他不放手

连动短语内部的谓词性成分之间没有语音停顿，没有关联词语，没有主谓、述宾、述补、偏正、联合等句法关系，意义上可以具有动作行为的先后关系，或者方式、手段、目的与动作行为的关系等，几个谓词性成分陈述的是同一个对象。

（七）兼语短语

兼语短语由一个述宾短语和一个主谓短语套叠而成，述语短语的宾语同时充当主谓短语的主语。例如：

请他赶快来一下

让人摸不着头脑

令我们很遗憾

有个地方叫黑风口

（1）可以构成兼语短语的动词包括以下3类。

①表示使令义的动词。例如：使 派 请 让 命令 逼 劝 让 求 动员 号召 禁止 鼓励 强迫。

②表示称谓或认定义的动词。例如：叫 称 当 追认。

③其他动词。例如：有 没有。

（2）兼语短语可以充当谓语、主语、宾语、定语等多种句法成分。

（3）兼语短语与主谓短语做宾语的述宾短语很容易混淆。例如：

兼语短语	述宾短语
鼓励小学生打篮球	看小学生打篮球
请老马去一下	希望老马去一下

两者的区别有以下3点。

①动词的类型：兼语短语中的第一个动词通常带有使令义，述宾短语与主谓短语之间往往有因果关系。述宾短语中充当述语的动词没有使令义，如"希望、知道、懂得、认为、感到、觉得、相信、发现、以为"等。

②停顿的位置：兼语短语中如果要停顿，通常在兼语与其后的谓词性成分之间，如"请他|赶快来"，不能在第一个述语与兼语之间；述宾短语内部的停顿通常在述语与宾语之间，如"希望|他赶快来"。

③插入状语的位置：兼语短语中如果插入状语，只能在第二个谓词性成分前，不能加在兼语前，如"请他明天来"，不能说成"请明天他来"；而述宾短语中可以在宾语的主谓短语前，也可以在做宾语的主谓短语的主语和谓语之间添加某些状语，如"希望他明天来""希望明天他来"。

（4）动词"有"构成的"有+体词性成分+谓词性成分"结构既可以是连动短语，也可以是兼语短语。区别在于：连动短语的几个谓词性成分陈述的是同一个对象，而兼语短语前后两个谓词性成分陈述的对象不同。例如：

连动短语	兼语短语
有能力做好这件事	有人找你
有条件读完大学	有个地方叫李家屯
有机会赢得这场比赛	有篇文章讨论过这个问题

（八）同位短语

同位短语由两个成分连用构成，这两个成分指称同一个对象，意义上构成复指关系，在句中充当同一个句法成分。构成同位短语的两个成分通常都是体词性的。例如：

首都北京

国庆节那天

《红楼梦》的作者曹雪芹

总经理张大林

教学主楼文苑楼

他们一伙人

我们年轻人

你们自己

我们大家

他们俩

同位短语具有以下几个特点。

（1）如果前一个成分是谓词性的，则后一个体词性成分中通常带有"这、那"等指示代词。例如：

去不去旅游这个问题

小王打人那件事

未成年人进网吧这种现象

（2）同位短语内部的两个构成成分之间不能有语音停顿，不能插入其他成分。

（3）同位短语和定中型偏正短语都可以是两个体词性成分的连用。例如：

定中型偏正短语　　　　同位短语

首都机场　　　　　　　首都北京

古代西安　　　　　　　古城西安

我村年轻人　　　　　　我们年轻人

两者的区别有以下 3 点。

①同位短语的两部分从不同的角度指称同一些事物，具有同指性；而偏正短语的两部分一般指的不是相同的人或事物，不具有同指性。如"首都"和"北京"，"我们"和"年轻人"在短语中所指相同，而"首都"限定"机场"，"我村"限定"年轻人"，所指不同。

②同位短语的两个构成成分之间不能加助词"的"或者加上"的"以后意义发生改变，定中型偏正短语中的定语和中心语之间通常可以加"的"而意义不变。如"我村年轻人"与"我村的年轻人"意义基本相同，而"我们年轻人"却不同于"我们的年轻人"。

③同位短语由于两个部分具有同指性，因而可以用其中的一个部分代替整个短语，而偏正短语不行。

（九）方位短语

方位短语由实词或短语后加方位词构成，表示时间、处所等意义。例如：

教室里

桌子上

屋檐下

上课前

会议结束后

打完球以后/之后

来这里以前/之前

方位词具有附着性，与其所附着的成分之间不能加"的"。方位短语可以充当主语、定语、状语等成分，可以与介词构成介词短语。例如：

教学楼前是田径场

这是他出国以前的样子

他三年前去过美国

自从来到这里以后

在黑板上（写了两个字）

📖 知识拓展

"×+方位词"结构的处理

方位词是一类特殊的名词。它可以单独使用，相当于时地名词，如"你走前，我走后""以后我一定多做好事"；更多的时候是附着在别的词语后边，成为一个结构单位，如"门前站着几个人""全国解放以后他回到了上海"。

在进行语法分析时，"×+方位词"的结构如果只有两个音节，可以算是合成词，如"门前""海边"；如果多于两个音节，则算是方位短语，如"解放后""大门外面"。

（十）量词短语

量词短语包括以下 3 种类型。

（1）数词+量词：两本 三个 一次 五趟 四公斤 两米

（2）指示代词/疑问代词+量词：这本 那个 这趟 那回 哪个 哪辆

（3）指示代词/疑问代词+数词+量词：这三个 那五条 这两遍 那几次 哪几个 哪三本

由名量词构成的量词短语可以充当主语、宾语、定语，由动量词构成的量词短语通常充当补语或状语。

"数词+量词"构成的量词短语可以重叠，当数词是"一"时可以有"一辆一辆"和"一辆辆"两种重叠方式，如"一个一个、一次一次"和"一个个、一次次"。数词不是"一"时，只能采用"数量数量"的方式重叠，表示分组依次进行，如"两箱两箱地（搬）、三个三个地（走）"。

（十一）介词短语

介词短语由介词附着在实词或短语前构成，表示时间、空间、施事、受事、对象、依据、目的等意义。例如：

从明年（开始）

在墙上（挂了一幅画）

被他（扔了）

把那名工人（开除了）

对这件事（负责）

根据上级的要求（妥善处理此事）

为了孩子的将来（，他们做出了很大的牺牲。）

（1）绝大多数介词所附着的成分都是体词性的，少数介词可以附着在谓词性成分前构成介词短语。例如：

通过学习（，大家提高了认识。）

大家对扩大生产规模（发表了各自的看法。）

（这件事）跟老王被绑架（有关。）

经过说服教育（，他认识到了自己的错误。）

（2）介词短语只能充当状语、补语或定语，不能充当主语、谓语和宾语。

①介词短语充当状语时可以有句首和句中两个位置，并且不带助词"地"。有些介词短语只能出现于句首（主语前），有些介词短语只能出现于句中，也有些介词短语既可以出现于句首，也可出现于句中。例如：

至于这件事，大家可以再讨论。（√）

大家至于这件事，可以再讨论。（×）

他把这件事告诉了主任。（√）

把这件事，他告诉了主任。（×）

对于/对这件事，大家很有看法。（√）

大家对于/对这件事很有看法。（√）

②介词短语做补语时有两种情况。

一是用在动词后表示时间、处所。例如：

站在操场边

走向胜利

来自法国

生于 1900 年

二是出现在宾语后面，大都是一些相对固定的格式。例如：

给我们以深刻的启示

集诸多优点于一身

③介词短语做定语时，如果介词所附着的成分是单音节的，可以不用"的"；如果不是单音节的，通常必须带助词"的"。例如：

对华政策

随身物品

沿江地区

对这件事的看法

关于他的传言

（十二）助词短语

助词短语是由某些助词附着在实词或短语上构成，常见的有"的"字短语、"所"字短语、比况短语等。

1."的"字短语

"的"字短语是由助词"的"附着在实词或短语后面构成的用于指称的短语,"的"所附着的成分可以是体词性、谓词性或加词性的。例如:

木头的	图书馆的	他的	尼龙的	
大的	新的	比较突出的	最能干的	
我看的	看书的	最能说服人的	让大家感到不安的	
男的	女的	大型的	彩色的	黑白的

"的"字短语可以大略地视为"定语+的+中心语"省去中心语构成的,但并非所有带"的"的定中型偏正短语都可以省去中心语构成"的"字短语。

(1)名词性成分+的(+名词性成分)。如果充当中心语的名词性成分泛指人或具体物品,可以省;如果指人的称谓或抽象事物,一般不能省。例如:

你们班的(同学)到齐了没有?(√)

这是他的(行李)。(√)

我们的(意见)是明天再去,他的(想法)是今天就走。(×)

(2)形容词性成分+的(+名词性成分)。

①如果定语是限制性的或分类性的,中心语可以省。例如:

他有两个小孩,大的(小孩)十岁,小的(小孩)才三岁。

找到目击证人是最重要的(事情)。

②如果修饰语是描写性的或带感情色彩的,中心名词不能省。例如:

美丽的(花朵)

光辉的(形象)

宏伟的(蓝图)

热烈的(场面)

(3)动词性成分+的(+名词性成分)。充当中心语的名词性成分如果与做定语的动词性成分中的主要动词具有潜在的主谓或述宾关系时,中心语通常可以省。例如:

看比赛的(人)很多。

他唱的(歌)是流行歌曲。

小李做的(饭)不好吃。

"的"字短语主要充当主语和宾语,意义上主要用于指别和代替。通常情况下"动词性成分+的"构成的"的"字短语常用于代替,而"体词性成分/形容词性成分/区别词+的"构成的"的"字短语常用于分类或指别。

2."所"字短语

"所"字短语是由助词"所"附着在动词前或者"所"插加在主语和谓语之间构成。例如:

所见所闻

古人所说(的)

你所认为(的)

教材所提到(的)

助词"所"只能附着于动词性成分前。"所"字短语主要充当定语,如"所需费用、他所了解的情况"等。"所+单音节动词"可以充当主语或宾语,带有文言色彩,如"各取所需、所剩无几"。"所+动词+的"以及"所"插在主语和谓语之间再附助词"的"构成的是"的"字短语,这类"的"字短语可以比较自由地充当主语、宾语。

3. 比况短语

比况短语是由比况助词"似的、一样、一般、般"等附着在实词或短语后构成,主要用于表示比喻,有时也用于表示推测。例如:

暴风雨般的

闪电般

像钢铁一样

发出山呼海啸般的欢呼声

着了火似的。

同学们一个个雪人似的早早来了。

"一样、似的、一般"等比况助词经常与"像、仿佛、跟"等词语配合使用,构成"像/仿佛/跟……似的/一般"结构,充当状语、定语、谓语、补语等成分。例如:

他壮得像小老虎一样。

大幕像浇了油似的轰然起火。

还不到一个月,他却像换了一个人一样。

三、短语的层次分析

(一) 简单短语和复杂短语

短语是由词和词按照一定的先后次序以及层层套叠的关系组合而成的,由此便形成了句法组合的层次性。只有一个层次的短语叫简单短语,包括所有由两个实词组合而成的短语以及由多个实词平等并列组合而成的联合短语。如"学习外语、非常努力、大家满意""上海、天津、重庆和北京""观察、描写和解释"等。

有两个或两个以上层次的短语叫复杂短语。复杂短语至少由3个词构成,并且至少有两个组合层次,如"研究解决问题的方法、大家努力学习外语"等。

(二) 复杂短语的层次分析——直接成分分析法

直接成分分析法也称层次分析法,是结构主义语言学分析语言现象时常用的一种方法。词和词按照一定的规则组合成一个合法的线性序列,但词与词组合的先后次序与它们在线性序列中出现的次序并不完全一致。另外,一个小的句法组合体还可以充当更大的句法组合体的构成成分,形成大套小的套叠关系。组合的先后次序和层层套叠的关系形成了语言单位组合的层次性特点,直接成分分析法的主要目的就是要反映语言单位组合的这种层次关系。

层次分析包括两个方面,一是切分,二是定性。所谓切分就是寻找每一个层次上的直接成分,所谓定性就是确定直接成分之间的句法结构关系。

层次性是语言结构的本质特点之一，也是人们理解话语的关键。日常交际过程中所听到的或表达出来的都是线性词语序列，但要理解某一句法组合体的意义，就必须理清这些线性词语序列中词与词之间的组合次序和层次构造。

层次分析应遵循以下 3 条基本原则。

（1）结构原则，即从一个句法结构体中切分出来的片段必须是语言合法的音义结合体，或者是词，或者是短语。如"两条工人 | 提出的意见"的切分就是错误的切分，因为切分出来的直接成分"两条工人"是不符合语法规则和意义关系的短语，正确的切分应该是"两条 | 工人提出的建议"。

（2）语法原则，即切分出来的直接成分之间必须有一定的语法关系，直接成分的组合必须符合语法规则。

（3）意义原则，即将切分的结果重新组合应与原句法结构体的意义一致。如，"新的教师宿舍"的意思是教师的新宿舍，应切分成"新的 | 教师宿舍"，这样一来才符合原意。

（三）层次分析的步骤

运用直接成分分析法分析短语，一般是从大到小进行切分，先分析出构成这个短语的两个直接成分，然后再分别分析两个直接成分的内部结构，这样层层切分，一直切分到词为止。下面以"我们大家应该学好语法知识"为例，具体说明复杂短语的层次分析步骤。

第一步，仔细阅读短语，准确理解短语的意义，在此基础上确定组成短语的两个直接成分，以及两个直接成分之间的结构关系，然后把两个直接成分标示出来，并在下面标明结构类型。从总体上看，这个短语第一层次的两个直接成分之间是陈述与被陈述的关系，短语的结构类型是主谓短语。分析如下：

我们大家　应该学好语法知识。
└───────┘

第二步，第一步切分出来的两个直接成分"我们大家"和"应该学好语法知识"，仍然是两个短语，因此，还要分别切分出它们的直接成分，确定它们各自的结构关系。先看左边的直接成分，经分析确定为同位短语；再看右边的直接成分，经分析确认为状中短语。分析如下：

第三步，分析第二步切分出来的 4 个直接成分，其中"我们"、"大家"和"应该"3 个直接成分可以确定是词，因此，这 3 个直接成分就不必再进行分析。直接成分"学好语法知识"仍是短语，还要进行分析。经分析确定"学好语法知识"是述宾短语。分析如下：

第四步，分析第三步切分出来的两个直接成分"学好"和"语法知识"。经分析确定，"学好"是述补短语，"语法知识"是定中短语。分析如下：

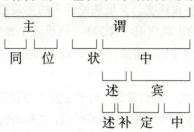

最后4个直接成分"学""好""语法""知识"都是词，不必再分析。这个短语的结构层次到此就完全分析出来了。短语切分步骤的多少，不是固定的，由短语成分的多少决定。成分多，结构复杂，分析步骤必然多；成分少，结构简单，分析步骤相应也就少。以上的短语从上到下一共是4个层次，切分了6次。只要掌握了短语的结构类别，运用以上的切分原则和步骤，复杂短语的层次分析是不难的。下面再举两个例子：

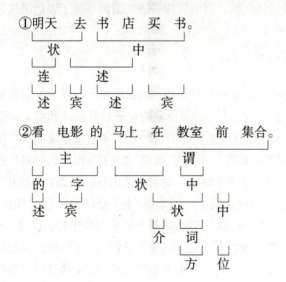

第四节 句子概述

一、句子

句子是由词或短语组成的用来交流思想的语言单位。句子和句子之间有较大的语音停顿，书面上用标点符号表示。

（一）句子的表述性

词典中的"熊猫"不是句子，而动物园里大人指着某种动物对孩子说："熊猫！"这就是句子。"熊猫！"之所以成为句子，主要是由句子的表述性决定的。"表"是客观事实的表达，"述"是主观意识的陈述。

表述性是句子的重要特征。词、短语、句子都能反映客观现实，但是，词、短语与句子在反映客观现实方面是有区别的：句子表述兼备，既反映客观现实，又反映说话人的主观意识；词、短语只表不述，只反映客观现实，而不反映说话人的主观意识。"熊猫！"既反映了客观现实，又反映了说话人的主观意识，所以它是句子。而词典中的"熊猫"只反映客观现实，所以它不是句子。

一个句子由于具有了表述性，才有了交际功能，因此，人们常说"句子是使用单位""句子是交际单位""句子是说话的单位"。实现句子表述性的手段有两种：一是句调；二是语气词、语气副词等。句调是运用语音的高低升降来表达语气的，句调产生的语气有 4 种类型：陈述、疑问、祈使、感叹。每一个句子都有句调，它能单独表示语气。而语气词、语气副词等需要与句调配合才能表示语气。

语气不同于口气。语气是指说话人根据句子的不同用途所采取的说话方式和态度，只有陈述、疑问、祈使、感叹 4 种；口气是句子中思想感情色彩的种种表达方法，包括肯定与否定、强调与委婉、活泼与迟疑，等等。句调是表达语气的，而语气词、语气副词等除了表达语气之外，还可以表达口气。

（二）具体的句子和抽象的句子

句子有具体和抽象之分。具体的句子与现实的联系是外显的，抽象的句子与现实的联系是隐含的。具体的句子是形式、意义和内容的"三位一体"，而抽象的句子只有形式和意义，没有内容。如："他现在饿了。"作为抽象的句子，它有一连串的语音形式，其意义是说话人在说这句话时认为第三者饿了，而句子的内容则无法判明，如"他"指谁，"现在"指什么时间？这些都没有具体的内容。而抽象的句子一旦与现实发生了联系，就增加了内容。例如：1806 年 1 月 6 日下午 2 时，约瑟芬在谈到拿破仑时说："他现在饿了。"这里的"他"是指拿破仑，"现在"指"1806 年 1 月 6 日下午 2 时"；1920 年 1 月 7 日下午 3 时，克鲁普斯卡娅谈到列宁时也说过"他现在饿了"，这里的"他"是指列宁，"现在"指"1920 年 1 月 7 日下午 3 时"。在理解抽象的句子时，只要通过句子的形式理解句子的意义就行了，而对具体句子的理解，除了通过形式理解意义之外，还要在特定语境中通过形式和意义来理解内容。对抽象的句子一般是做句法、语义的分析，对具体的句子进行分析时，除了做句法、语义的分析之外，还要做语用的分析。

区分具体的句子和抽象的句子有两个标准。一是指称有无内容。具体的句子在指称上有具体的内容，而抽象的句子在指称上无具体内容。二是陈述有无具体时间。具体的句子的陈述有具体时间，而抽象的句子的陈述无具体时间。

具体的句子和抽象的句子都具有表述性。因为它们都有句调，在书面上体现为都有句末标点。靠句调来实现其表述性是所有句子的本质特征。二者差别在于具体的句子的表述性是外显的，已经体现了和语境的联系，而抽象的句子和现实语境的联系是隐含的，并未体现和现实语境的联系。

二、句类

句子可以从语气角度来分类，这就是句类。根据不同的语气，句子可以分为4种类型：陈述句、疑问句、祈使句、感叹句。

句类的划分

叙述或说明事实并使用陈述句调的句子叫陈述句。用疑问句调提出问题的句子叫疑问句，包括是非问、特指问、选择问、正反问。要求对方做或不做某事的句子叫祈使句。带有强烈感情的句子叫感叹句。

语气的主要表现手段是句调，其次是语气词。此外，句子的结构和某些词语的运用也能显示句子的语气特点。一个词或短语，没有句调就不称其为句子。句子是通过主观来反映客观现实的，这就是语气所起的作用。如"汽车"作为词有它的含义，反映概念。"汽车！"作为感叹句，表示说话人对事物加以指称，并表示惊叹。"汽车？"除了表示说话人对事物加以指称，还表示疑问。一个词或短语，没有语气不能称其为句子，只要是句子就一定得有语气。

句子有具体和抽象之分，具体的句子和抽象的句子都有句调，都表达语气，语气是构成句子的必要条件，是句类划分的唯一标准。

三、句式

句子可以根据结构的某些特征加以分类，把有同样特征的句子归为一类，例如，"把"字句、"被"字句就是句式。

（一）"把"字句

1．"把"字句的特征

"把"字句，是以介词"把"作为结构标志的句式。可以从下列例句考察"把"字句的特征：

①他把衣服穿好，把帽子戴上。

②同学们把教室打扫得干干净净。

③你把书放在书架上。

从这几个例句中，可以发现"把"字句的特征有以下4点。

（1）主语（如"他、同学们、你"）是施事（主动者），"把"的后置成分（如"衣服、帽子、教室、书"）是受事（被动者）。

（2）"把……"后边的动词在意念上管得着"把"的后置成分。具体地说，就是谓语动词对"把"的后置成分所代表的事物施加影响，如刚才的例①、例②、例③。

（3）谓语动词必须是动补结构，或者带有补语，或者带有别的连带成分。例如，例①的动词"穿好""戴上"是动补结构，例②的动词"打扫"后边带有补语，例③的动词后有连带成分。

（4）否定词与助动词在"把"字句中做状语时，一定要放在"把"字结构之前。

2．注意事项

（1）"把"字句的谓语动词是单音节的，且前后又不带别的词语的情况，只见于戏曲唱词。如"急急忙忙把路赶""咬紧牙关把他打"之类。

（2）"把"还有一种特殊用法，就是"把"相当于"使"，这原是方言的用法，如今已进入普通话了。例如：

你别把他累着了。

这种句子仅限于"累""气""急""忙"等几个动词，如果在动词后边加上"坏"，就成为一般的"把"字句了。

（二）"被"字句

"被"字句，是以介词"被"作为结构标志的句式。"被"字句具有以下两个特征。

（1）主语是受事，"被"的后置成分是施事。这个施事有时候也可以不出现。

（2）"被"字句的谓语动词不能由单个的动词充当，必须带上语气助词。

第五节　单句

现代汉语的句型包括单句和复句两大类。单句由单个的词或短语构成，单句的句型包括主谓句和非主谓句。

一、主谓句

（一）句首修饰语

句首修饰语出现在主谓句之首，起修饰限制作用。有的要用逗号把它同主谓句的主语隔开，有的则不用。从修饰限制的对象来看，有以下3种情况。

（1）修饰限制谓语。例如：

①早上，我五点起床。

②下星期日咱们去游览长城。

这种句首修饰语往往是句中的状语（特别是表时间的）通过前置形成的，因此还可以移回谓语中（"我早上五点起床""咱们下星期日去游览长城"）。前置状语成为句首修饰语，有的是为了突出时间，有的是为了衔接上文，有的是为了使语言简练。

（2）修饰限制主语。例如：

①除了夜游的东西，什么都睡着了。

②在这些人中，他们是先进的。

这种句首修饰语主要是对主语而言，一般不能移至句中。

（3）修饰限制整个句子。例如：

①关于教学工作，咱们研究一下。

②至于生活问题，你不能想得太多。

这种句首修饰语主要对全句而言，一般不能移至句中。

充当句首修饰语的有副词、形容词，有表时间、处所或表对象、范围等的一些短语。

（二）独立语

独立语是句子的另一个特殊成分。它在句子里位置不固定，结构上不与其他成分发生关系。

它不影响句子结构的完整性，但在表意上却往往是必要的，在加强语势、变化语气等方面有重要作用。具体表现在以下几个方面。

（1）表示呼唤、应答或感叹，例如：

①同志，前边危险！

②好，就这么办。

③天哪，怎么搞的！

（2）表示引起对方注意。例如：

①你看，谁来了？

②前面有车，当心。

（3）表示对情况的推测与估计。例如：

①这东西，少说也得用个十年八年的。

②看样子，这天气一时半会儿晴不了。

（4）表示特定的口气。例如：

①说真的，他确实能干。

②严格地说，这样做是不对的。

（5）表示消息或情况的来源。例如：

①村东头那座古庙，相传是清朝末年修建的。

②据说情况有变化。

（6）表示总括。例如：

①一句话，不能干那种损害国家的事。

②这件事，归根结底还得由你自己拿主意。

除此之外，在句中还经常用破折号、括号表示某些词语是用来按注和解释的；用"例如、正如、如"等表示举例；用"换言之、换句话说"等表示变换语气；用"首先、其次、第一、第二、甲、乙"等表示次第；用"此外、另外"等表示语意未尽。凡此种种，只要是不和其他成分发生结构关系的词语，均可视为独立语。

句首修饰语也好，独立语也好，它们都不影响句子的结构类型。

（三）主语

1. 话题主语与施事主语

名词性谓语句、形容词性谓语句的主语是话题，也就是陈述的对象，不难辨认。

动词性谓语句的主语有多种情况。

（1）典型主语（施事兼话题）。例如：

①他/大学毕业了。

②外国朋友/喜欢来中国旅游。

（2）非典型主语。例如：

①明天/是小王的生日。　　（主语是话题而不是施事）

②什么人/打来了电话？　　（主语是施事而不是话题）

③这种事 / 他最有办法。　　（话题先出现，然后出现施事）

话题有两个特点：第一，在句首出现。第二，表示的是定指的事物。例②中的"什么人"是不定指的，所以不能看作话题。例③中的"这种事"可以称之为话题主语，它后边出现的是谓语。谓语是主谓结构，例③中的"他"是施事主语。话题主语也被称为大主语，施事主语被称为小主语。

2. 充当主语的条件

（1）在动词性谓语句里，能够充当主语的词和短语比较多。它们在充当主语时，有的要有一定的条件，有的则不需要什么条件。

①山菊花 / 开了。	（名词）
②大家 / 快喝茶吧。	（代词）
③该来的 / 都来了。	（的字短语）
④这儿的生活 / 充满了朝气。	（定中短语）
⑤奋斗 / 就是生活。	（动词）
⑥虚心 / 使人进步。	（形容词）
⑦十 / 是五的二倍。	（数词）
⑧（大妈的儿子），个个 / 招人喜欢。	（量词）
⑨（两张画），一张 / 送给朋友了。	（量词短语）

名词、代词、名词性短语经常充当主语，而且不需要什么条件。（①②③④）

动词、形容词也可充当主语，充当谓语的大多是"多、使、有"等不表示动作的动词或形容词。（⑤⑥）

数词单独充当主语，多半是表示数目计算的句子。（⑦）

量词单独充当主语，限于重叠形式，而且一般要有一定的语言环境。（⑧）

量词短语充当主语，它指称的事物一般要在上文中出现过。（⑨）

（2）其他短语大都能充当主语。例如：

①他们哥儿俩 / 刚到。	（同位短语）
②学习、工作和生活 / 都应该关心。	（联合短语）
③培养人才 / 是四化的需要。	（述宾短语）
④虚心一点 / 不会降低你的人格。	（述补短语）
⑤努力工作 / 是应该的。	（状中短语）
⑥让谁累着 / 也交代不了。	（连述短语）
⑦他是北京人 / 没问题。	（主谓短语）

（3）表示时间、处所的名词和方位短语也可以充当主语。例如：

①明天是教师节。	（时间名词做主语）
②深圳被划为我国经济特区。	（处所名词做主语）
③三天之内下了两场大雪。	（表时间的方位短语做主语）
④窗台上摆满了鲜花。	（表处所的方位短语做主语）

这些主语都是话题，但非施事。如果在谓语的前边再加上表时间或处所的词语，主语是不

是不变呢？请看下列例句。

⑤几年前，深圳被划为我国经济特区。

⑥深圳几年前被划为我国经济特区。

⑦三天之内这里下了两场大雪。

⑧这里三天之内下了两场大雪。

⑨窗台上昨天摆满了鲜花。

⑩昨天窗台上摆满了鲜花。

一个句子通常只有一个话题。例⑤和例⑥动词前边出现处所和时间，人们总是选择处所为主语，所以主语仍旧是"深圳"，例⑤的"几年前"是全句修饰语，例⑥的"几年前"是状语。例⑦和例⑧、例⑨和例⑩都比照这个规律，确定处所词为主语，而时间词是修饰语。如果时间词、处所词出现在受事名词之前，那么主语得由受事名词充当。例如：

⑪窗台上昨天鲜花摆满了。

⑫昨天窗台上鲜花摆满了。

上面这两个句子的主语都是"鲜花"。

（4）附带要说明的是，介词短语出现在句首时，不充当主语。例如：

①在三天之内，下了几场大雪。

②在学习中，要努力培养独立思考的能力。

③关于企业管理，天津已经做出了成绩。

例①和例②句首的介词短语是状语，两例都是非主谓句。例③的主语是"天津"，前边的介词短语是句首修饰语。

（四）谓语

名词性谓语最简单，形容词性谓语次之，最复杂的是动词性谓语。下面着重分析动词性谓语的各种类型。

1.述宾谓语

述宾谓语是由述宾短语充当的。

从能否带宾语的角度看，动词有的能带宾语，有的不能带宾语（如"休息、开幕、出发"）。能带宾语的动词中，有的必须带宾语（如"姓、等于、成为"），有的则可带可不带（如"讨论、学习、表演"）。

从所带宾语的性质看，有的只能带名词性宾语（如"修理机器、打击侵略者"），有的要求带非名词性宾语（如"予以解决、禁止喧哗、严加管教、感到高兴"），有的既可以带名词性宾语，又可以带非名词性宾语（如"爱科学、爱劳动、喜欢排球、喜欢游泳、讨论问题、讨论怎么办"）。

（1）定语的分类。从语义关系看，宾语可以分为受事宾语、施事宾语和关系宾语。

①受事宾语：宾语是述语动作支配或涉及的对象。例如：

战士/保卫边疆。　　　　　　　　　（对象）

衣服/扯了个大口子。　　　　　　　（结果）

老张/抽烟斗。　　　　　　　　　　（工具）

咱们／喝两盅。　　　　　　　　　（数量）

我／写楷书，不写草书。　　　　　（方式）

弟弟／担心学不会。　　　　　　　（原因）

②施事宾语：宾语是述语动作的施事者。例如：

门口／蹲着条狗。　　　　　　　　（存在）

外面／起风了。　　　　　　　　　（出现）

邻居／丢了一只鸡。　　　　　　　（消失）

这类宾语前面的动词，还有"坐、放、站、来、走、死"等，都是用来表人或事物的存在、出现或消失。这类宾语所表示的人或事物往往是不定指的，动词是不及物的。这类句子中的不及物动词前后的名词，通常有领属关系。例如，"王冕死了父亲"中"王冕"和"父亲"有领属关系，"他们来了客人"中"他们"和"客人"有领属关系。

③关系宾语：宾语既非施事，又非受事。例如：

谁／是最可爱的人？

儿童们／像一束束的花朵。

同志们待我／似亲人。

这个人的外号／叫"闲不住"。

这类宾语前面的动词，还有"姓、有、成为、当作、等于、算作、算"等，属非动作的动词，对主语起判断、说明作用。动词都是及物的。

（2）双宾谓语句。在述宾谓语句中，还有一个比较特殊的句型，即一个述语动词有时带有两个宾语。两个宾语都是受事宾语，一般是一个指人，另一个指物。通常把这种句子叫双宾谓语句，简称"双宾句"。例如：

朋友／送我一本书。

其中"我"和"一本书"都是送的宾语，后一个宾语（指物的）叫"直接宾语"，前一个宾语（指人的）则叫"间接宾语"。

双宾句分为给予和承受两大类。

①给予类：指主语给予了间接宾语一些什么。例如：

老师／给我很大帮助。

大家／叫他老黄牛。

同学／告诉我一个好消息。

这类常用的动词还有"赠、还、卖、交、输、赔、称"等。

②承受类：指主语从间接宾语那儿得到了一些什么。例如：

我／收到爸爸一封信。

妹妹／拿了哥哥一支笔。

老汉／买东家一头牛。

这类常用的动词还有"接、赢、占、抢、欠"等。

有的动词后接"给"，损益关系不变，如"送"与"送给"、"交"与"交给"。有的损益关系改变了，如"租"与"租给"、"拿"与"拿给"。有的动词能用于给予和承受两类，如"我借同学两本书"中的"借"。为了避免歧义，可根据语义把"借"改成"借给"或"借到"。

有的双宾句在特定的语境下可以省掉其中的任何一个宾语，如"他问我去什么地方"；有的只能省间接宾语，如"他借了我一本书"；有的只能省直接宾语，如"我求你一件事"；有的两个宾语都不能省，如"我叫他小王"。

（3）述宾谓语句的特殊情况。述宾谓语句，一般都是述语在前，宾语在后。但也有宾语出现在述语前面的，不过要有一定条件。常见的有以下3种情况。

①通过"一……都（也）+不（没有）"格式把宾语前置。例如：

这天儿/一点风都没有。

他/一个人也不认识。

②宾语是疑问代词或由疑问代词充当定语的定中短语，并常跟副词"都""也"相配合。例如：

他/谁都不想。

我们/什么困难也不怕。

③全句是列举的形式，几个表示列举项目的述宾短语的宾语也能用在动词述语的前面。例如：

他英语也会，日语也会，俄语也会，很多外语都会。

这个人吃的也想要，穿的也想要，用的也想要，什么都想要。

有时，在句子形式上并不出现并列的词语，而在意念上说的又不止一项，也可以采用这种形式。如"日语也会"表明"他"会的不只是日语，还有别的语种。

上述3种情况有个共同的特点，即具有遍指的意思，同时也有强调的作用。"一句话也不说"是任何话都不说，"什么都想买"是任何东西都想买。至于表列举的，当然也含有这种意味。

这种"前置宾语"是述宾谓语的一种形式，它只能在主谓句中，不能独立成句，即在它的前面总要有一个被陈述的对象。

2. 述补谓语

述补谓语是由述补短语充当的谓语。

述补谓语，不仅动词谓语句中有，形容词谓语句中也有。从充当述语的词的性质来看，及物动词、不及物动词都可以充当（如"唱起来、坐一下"），形容词也可以充当（如"光荣极了、平静得很"）。

从意义上看，补语有表示结果程度的（如"吓晕了、气得哭了一场、摆得很整齐、高兴极了"），有表示趋向的（如"冲上去、坐起来"），有表示方式、手段的（如"报祖国以赤子之心、给敌人以沉重打击"），有表示数量的（如"读了两遍、学习了三年"）。在各类补语中，用来表程度、结果的多是动词、形容词性词语和副词，用来表趋向的是趋向动词，用来表方式的多是由介词"以"组成的介词短语，用来表数量的是量词短语。

结果补语和趋向补语有基本式和可能式的区别，见表4-3。

表4-3 结果补语和趋向补语的基本式和可能式的区别

补语类型	基本式	可能式	
结果补语	听懂 看明白 打扫干净	听得懂 看得明白 打扫得干净	听不懂 看不明白 打扫不干净

续表

补语类型	基本式	可能式	
趋向补语	上去 钻进来 找回来	上得去 钻得进来 找得回来	上不去 钻不进来 找不回来

有些语言单位只有基本式，没有可能式，如"说明、改进、降低"，这些单位是词，而不是短语；有些单位只有可能式，如"来得及"和"来不及"、"对得住"和"对不住"，它们是短语。

此外，还有情态补语，必须带"得"，但否定形式与结果补语的可能式不同。例如：

表结果：跑得快（肯定）　　跑不快（否定）

表情态：跑得快（肯定）　　跑得不快（否定）

量词短语出现在动词的后面，有充当宾语和充当补语两种情况（出现在形容词后面只能充当补语，因为形容词不能带宾语）。它们的区分方法是补语在表示动作次数时，是由动量词组成的量词短语充当的（如"去两趟、玩一下"），而宾语在表示动词支配对象的数量时，是由物量词组成的量词短语充当的（如"买两本、要一件"）。

量词短语在表示时间量时，有时充当宾语，有时充当补语。例如：

①我为了找资料，花费了两天。

②在这里，我已经住了两天。

例①可以转换为"我为了找资料，两天花费了。""两天"是宾语。例②不能转换，不能说成"两天住了"，"两天"是补语。

宾语和补语有时在一个句子中同时出现。如"小猫碰破了一只茶杯""你妈妈找了你好几趟"，前句应为述宾谓语句，后句应为述补谓语句。

3. 连述谓语

连述谓语是由连述短语充当的。有两种情况，一种如：

①同志们／下河洗澡吧！

②大家／鼓掌欢迎。

③我／倒杯茶喝。

④谁／没有房子住？

这类连述谓语中的几个组成部分都能单独和全句主语直接构成陈述关系，所以一般称之为"连动式"。另一种如：

⑤我娘／让你进来。

⑥谦虚／使人进步。

⑦我／有个朋友爱游泳。

这类连述谓语中的各组成部分，一般不能单独和全句主语直接构成陈述关系（或者表义不完整，或者改变了原义）。谓语中的词语与它前后两部分词语同时发生句法关系，与前面的词语构成支配关系，与后面的词语构成陈述关系，既是受事，又是施事，故一般称之为"兼语式"。

有时两种连述谓语结合在一起构成一种复杂的连述谓语句。例如：

⑧你马上起草一份作战计划报送军部请军首长批示。

⑨军首长命令部队立即出发支援灾区。

4．主谓谓语

主谓谓语是由主谓短语充当的谓语。主谓谓语的主要类型有以下 4 种。

①这个人／头脑清楚。

他／脸色不大好。

②班里的战士／多半来自农村。

这些东西／大部分是你爱吃的。

③刚来的那个人／我认识。

这部小说／我没有看过。

④祖国／这是多么庄严的名字。

这些同志／我们多么想念他们。

第①组，大主语和小主语有领属关系。第②组，大、小主语有全体和部分的关系。第③组，大主语既是话题，又是受事。第④组，主谓谓语中有代词复指大主语。总之，大主语都是话题，这是主谓谓语句的共同之处。

有些句子由一个大主语（话题主语）和几个小主语构成。例如：

⑤他们俩／一个是工人，一个是农民。

⑥这本书／我看过，你也看过，你觉得怎样？

这种句子介于单句与复句之间，不妨看作主谓谓语句中的特殊类型。

二、非主谓句

非主谓句是不同时具备主语和谓语的句子。根据构成材料的不同，非主谓句可以分为 3 类。

1．谓词性非主谓句

谓词性非主谓句由于像谓语，且前面没有出现也无须补出主语，所以也通常被称为无主句。例如：

①下雨了。

②好险！

2．名词性非主谓句

（1）有的名词性非主谓句像主语，且后面没有出现也无须补出谓语。例如：

①狼！

②这样的婆婆！

（2）有的名词性非主谓句是独立成句的呼语。例如：

①爸爸！

②尊敬的来宾们！

3．摹声性非主谓句

摹声性非主谓句由拟音词充当，包括独用成句的感叹词和拟声词。例如：

①哼！

②轰隆！

三、句子的语义分析和语用分析

（一）语义分析

语义是在结构中体现出的意义。例如，"你看我"中，"你"有施事义，"我"有受事义；"我看你"中，"你"有受事义，"我"有施事义。这些意义属于语义。语义主要是名词和动词之间的含义，通常包括施事、受事、时间、处所、工具等，都用名词表示，同时与动词关联。

分析句子时，指明主语或宾语是施事、受事、时间、处所等，这是句子的语义分析。句子的语义分析可以使句子的分析更为细致。例如：

①饭吃饱了。

②饭吃完了。

③饭吃多了。

这3个句子从结构上分析，属同一类型。可是从语义上看，例①中"饱"与施事（未出现）发生关系；例②中"完"与受事（饭）发生关系；例③中"多"与"吃饭"这一行为发生关系。又如：

④我找不着先生教。

⑤我找不着东西吃。

⑥我找不着地方睡。

从结构上分析，这3个句子属同一类型。可是从语义上看，句末的动词和它前边的名词有不同的关系。例④中的"先生"是"教"的施事，例⑤中的"东西"是"吃"的受事，例⑥中的"地方"是"睡"的处所。再如：

⑦他们来了客人。

⑧他们来了三位。

这两个句子虽然属同一类型，但它们的区别不只是表现在宾语的具体含义不同，还表现在宾语和主语的关系不同：在例⑦中"客人"在"他们"之外，例⑧中"三位"在"他们"之中。这是因为用数量短语代替名词，必须有"先行词"。例⑧中的"三位"代替客人，而它的先行词是"他们"，所以"三位"与"他们"发生了联系。这种联系虽然不是动词与名词之间的关系，但也属语义的范围。

（二）语用分析

句子的语用分析，是分析语言单位与说话人主观态度之间的关系。拿语序变化为例，"天气好"和"好天气"的差别在句法上，语义和语用上没有什么不同。"母亲疼孩子"和"孩子疼母亲"，句法上无差别，但施受关系不同，也就是说，语义上有差异。"你的笔找到了吗？"和"找到了吗，你的笔？"这两个句子属同一类型（主谓句，动词谓语），语义上无差别，反映的是同一事实。前者是一般的问句，后者的语序发生了改变，反映了说话人的情绪有些激动，也就是说，是语用上有所不同。

与语用有关的因素包含以下几种。

1. 新信息和旧信息

句子用来交流思想，总是在旧信息（已知信息）的基础上传达新信息。例如：

镇江西北有座金山，山上有金山寺，始建于东晋，距今已有一千五百多年历史。

"镇江西北"是旧信息，"有座金山"是新信息。接下去"山上"指"金山上"，是已知信息，"有金山寺"是未知信息。如此层层推演，形成话语链。

语言中的省略，总是省略旧信息。例如：

①谁在唱歌？ ——小王。

②小王在干什么？ ——唱歌。

2. 指称和陈述

在说出的话当中，通常有指称，也有陈述。比如上面的例子中，"镇江西北"是指称，指明一个处所；"有座金山"是陈述，说明指称的对象怎么样。有指称，不一定有陈述。例如，人们指着地图上的一个点说："北京！"这是指称。又如，有人去书店买书，指着书架对店员说："电大的汉语教材。"这也是指称。依靠语境，单有指称就可以达到交际的目的。可是，有陈述必定有指称。例如，有人在汽车站上等着，忽然说了一句："来了！"陈述时听的人必须懂得指称的对象，才能了解说话人的意思。或者说"人来了"，或者说"车来了"，总之，离开了指称，就不能表达完整的意思。

分析"下雨了"这个句子，从句法分析的角度看，它是个述宾结构。从句子类型的角度分析，它属于非主谓句。从语用的角度看，它是个陈述句。这个句子有陈述，没有指称，指称必定隐含在语境之中。也就是说，人们说"下雨了"，必定有所指，如"今天下雨了""现在下雨了""这儿下雨了"等，决不会认为任何时间、任何地点都在下雨。

3. 定指和不定指

指称可以分为定指和不定指。试比较：

①雨下了。　　客来了。　　水开了。

②下雨了。　　来客了。　　发大水了。

例①中的主语代表指称，属定指。例②中的宾语也是指称，属不定指。人们看到天上乌云密布，知道快要下雨了，忽然说"雨下了"是指心目中的雨，"客来了"中的"客"是心目中的客。人们走在路上，忽然遇到下雨，于是说"下雨了"，这里的"雨"是不定指；"来客了"的"客"是不速之客。再比较：

③屋里有人。

④人在屋里。

例③中的"屋里"和例④中的"人"都是定指。在汉语里，主语倾向定指。至于宾语，在特定的格式（如上面的例①和例②）中是不定指。宾语如果是人称代词、专有名词、某些定中短语，那么就是定指。

4. 焦点和疑问点

（1）新信息的重点叫作焦点。一般的句子中，焦点在后。试比较：

①王冕死了父亲。

王冕父亲死了。

②我没有把这件事情办好。

我没有办好这件事情。

例①中"死了父亲"的焦点在"父亲"，而"父亲死了"的焦点在"死了"。例②中"没有把这件事情办好"的焦点在"办好"，而"没有办好这件事情"的焦点在"这件事情"。

有时，对比的形式可以突出焦点，试比较：

③我今天不在家，明天在家。

④他北京到过，天津到过，上海没到过。

例③的焦点在时间，例④的焦点在地点。

利用副词"是"指明焦点，更属常见。在口语里，可以用重读来指明焦点。

（2）疑问句有疑问点，也就是要求对方回答的重点。

特指问的疑问点用疑问代词"谁、什么、哪儿、怎么"等表示。

选择问的疑问点用肯定形式与否定形式相重叠的方式表示，如"去不去、好不好"。副词"是"的叠用形式"是不是"本身不表示疑问点，作用在指明后边的词语是疑问点。如"是不是去、是不是好"等。

一般是非问用整个命题表示疑问，但在一定的语言环境中，也可以有疑问点。例如有人问："他整天在家里休息吗？"如果对话双方知道他在家里休息，但不了解是不是整天，那么，焦点在"整天"；如果对话对方知道他整天休息，但不知道他是不是在家休息，那么，焦点在"家里"；如果对话对方知道他整天在家，但不了解在家的情况，那么，焦点在"休息"。

值得注意的是，有些句子的疑问点不明确，例如：

你知道他是什么地方的人？

如果认为"什么"表示疑问点，那么这个句子属特指问，句末可以用"呢"；如果认为"什么"是虚指，那么这个句子属是非问，句末可以用"吗"。也就是说，句末用上"呢"或"吗"，疑问点就明确了。如果用上"呢"，对话对方要针对"什么地方"来回答。如果用上"吗"，只需对整个命题加以肯定或否定，即回答"知道"或"不知道"就行了。

5．预设

预设是理解句子意义的前提。例如，语气词"着呢"表示一种坚信不疑的语气，它常常指明某种预设。例如：

①水还热着呢！　　　　　　（预设水由热而凉）

②水还凉着呢！　　　　　　（预设水由凉而热）

又如，语气词"了"表示出现新情况，例如"老张会滑雪了"，预设说明老张原来不会滑雪，"会滑雪"是新情况。下面的句子中用上了"早"，只能用预设说明。

③我早就瞧见你了。

说话的人预设对方并不知道早瞧见了他，所以就这一点说，仍然属于新情况。

四、句子中常见的语法问题

我们学习语法的目的，在于提高正确运用语言的能力。这种能力表现在两个方面：一是从正面加深对语言规律的正确认识；二是从反面了解常见的语法错误的现象，并探究导致错误的原因。

语法错误是多种多样的，下面是 5 种常见的情况。

（一）搭配不当

1. 主语、谓语搭配不当

主语、谓语搭配不当是指句子的主语和谓语组合起来不符合常理。例如：

①中学生是青少年学习的重要阶段。

②教育事业是培养和造就实现四个现代化人才的重要阵地。

③狂风和暴雨从天空一齐倾泻下来。

④金色的阳光，拨开云层，露出笑脸。

⑤秋天的盘山是美丽的季节。

例①"中学生"指的是人，谓语把它判断成"阶段"是错误的。应把"中学生"改成"中学时期"。例②"事业"不是"阵地"。例③"从天空中……倾泻下来"的只能是"暴雨"，"狂风"不能"倾泻"。例④"阳光"不会"露出笑脸"，可以把"金色的阳光"改为"金色的太阳"。例⑤"盘山"和"季节"不是同一属性的东西，"盘山"不可能是"季节"，应改为"盘山的秋天是美丽的季节"。

2. 述语、宾语搭配不当

述语、宾语搭配不当是指动词和宾语在结构或意义的配合上不妥当。例如：

①盐在血液循环中起着重要地位。

②学习语文可以丰富知识和写作水平。

③家大业大，要节省不必要的开支和浪费。

例①中的"地位"可以和"提高"相搭配，不能和"起"相搭配，而"起"可以和"作用"搭配。因此应把"地位"改成"作用"。例②"写作水平"不能"丰富"，只能提高，应改成"丰富知识，提高写作水平"。例③"开支"可以"节省"，"浪费"不能节省，只能"杜绝"，应改成"节省不必要的开支，杜绝浪费"或把"节省"换成"减少"。

3. 述语、补语搭配不当

述语、补语搭配不当是指述语与补语的组合不符合语言习惯。例如：

①我们对他照顾得实在不周全。

②它将把我们的家乡打扮得更加美丽富饶。

③他的字写得稀里糊涂一大片。

④她每天把屋子打扫得整整齐齐。

例①"周全"是"完整全面"的意思，多用来形容说话。"周到"是面面都照顾，不疏忽。应把"周全"改为"周到"。例②打扮的结果可以"美丽"，但不能"富饶"。可把整句改为"它将使我们的家乡更加美丽、富饶"，或"它将把我们的家乡打扮得更加美丽，建设得更加富饶"。例③"稀里糊涂"是用来形容头脑不清晰，迷迷糊糊。说明字写得如何，要说"好""坏""工整""不工整""清楚""不清楚"等，应改为"乱七八糟一大片"。例④"打扫"的结果只能是"干净"，通过"整理"或"收拾"才会"整齐"，应改为"收拾得整整齐齐"或"打扫得干干净净"。

4. 定语、中心语搭配不当

定语、中心语搭配不当主要是指修饰语用在中心语前面会造成表达上的不合习惯或不合常理。例如：

一切有志气的青年，应为光辉灿烂、美丽富饶的共产主义事业而努力奋斗。

"富饶"是物产多、财富多的意思，多用来修饰土地等，不能修饰某种"事业"，可把它去掉，把"美丽"改成"美好"，或把"美丽富饶"去掉。

5. 状语、中心语搭配不当

状语、中心语搭配不当主要是指限制语与中心语搭配在一起不符合语言习惯。例如：

①建华的心很细，做作业总是精打细算地演算数学题。

②有的人在生活作风上拖拖拉拉，得过且过。

例①"精打细算"是形容计算得相当精细，没有"仔细"的意思，应改为"很仔细地演算数学题"。例②状语"生活作风"可以与"拖拖拉拉"相配，而"得过且过"是生活态度，与"生活作风"不能相配。应改为"在生活作风上拖拖拉拉，在生活态度上得过且过"，或变状中结构为主谓结构，"生活作风拖拖拉拉，生活态度得过且过"。

造成各种成分之间搭配不当的原因很多，主要有以下两个方面。一是对词义理解得不透、不准确，或张冠李戴，或判断错误。如把"周全"误认为"周到"，把"中学生"误认为"是……阶段"，把"教育事业"误认为"是……阵地"。二是结构复杂，顾此失彼，或搭配的两个成分相隔较远，前后照应不到；或搭配的成分中有联合成分，搭配时，只顾其一，忽略其二。如"狂风和暴雨……倾泻下来"。这就要求我们在组词造词时，既要从个体着眼，准确地掌握使用的每个词的意义，又要从全局出发，瞻前顾后，注意前后相关联的词语是否搭配。

（二）语序不妥

1. 定状错位

我们的语言中有"长长地吁了一口气""圆圆地围了一个圈"之类的说法。可是下面的句子属于定语错放在状语位置上，或状语错放在定语位置上。例如：

①绚丽的朝阳，灿烂地放射出万道光芒。

②过去的苦难岁月，在她幼小的心灵中，留下了深深的永远的烙印。

例①的"灿烂"是定语，错放在状语的位置上了，应改为"放射出万道灿烂的光芒"。例②"永远"是状语，错放在定语的位置上了，应改为"永远地留下了深深的烙印"。

2. 多项的定语、多项的状语序位不当

多项的定语、多项的状语序位不当，即处于不同层次的多项的定语或状语的序位不妥当。例如：

①革命的、符合社会主义建设需要的各项规章制度，每个同志都应当自觉遵守。

②在社会主义建设事业上，发挥着他们无穷的蕴藏着的力量。

③市公共汽车三厂决定，陆续从今天起在"早高峰"时增开母子专车。

④他们仍然有些同志继续战斗在引滦前线。

⑤雨越下得大越好。

按照多项修饰语的序位，例①应改为"各项符合社会主义建设需要的革命的规章制度"。例②应改为"发挥着他们蕴藏着的无穷的力量"。例③应改为"从今天起，在'早高峰'时陆续增开母子专车"。例④是小主语和状语的序位不当，应改为"他们有些同志仍然继续战斗在引滦前线"。例⑤应改为"雨下得越大越好"。

（三）成分残缺或多余

1. 成分残缺

成分残缺是指句子里缺少了必不可少的句法成分。例如：

①在这场不大不小的风波中，悟出了一个深刻的道理。

②东方歌舞团来津演出，受到热烈欢迎，对演出评价很高。

③傍晚的时候，张大爷在去林场的路上，突然有个人迎面走来。

④这个公众号里的文章，给广大青少年带来了何等影响。

⑤学校根据新时代国家改革要求，培养德才兼备，有创新意识、创新能力的高水平人才，放在首要地位加以考虑。

⑥我们要在广大青少年中造成一种爱科学、讲科学、用科学。

例①缺主语，应在"悟出"前面应加上适当的主语。例②也是缺主语，应该在"对演出……"之前加上适当的主语。例③缺谓语，"张大爷在去林场的路上"怎么样？没有交代，应改成"张大爷在去林场的路上走着，……"。例④缺少必要的定语，"带来了何等影响"语义不明，应在"影响"前加上"重要""非常大"一类的定语。例⑤缺少状语。从全句的内容来看，"培养……人才"应是"放在首要地位加以考虑"的状语，但由于缺少"把"字，而使它失去了作状语的资格。应改为"把培养……人才放在首要地位加以考虑"。例⑥"造成"的后面应是一个定中短语做它的宾语，应在"爱科学、讲科学、用科学"的后面加上中心语"的风气"。

2. 成分多余

成分多余是指句子结构已完整，表意也很明确，却又画蛇添足，增加了不必要的词语。例如：

①这班学生，在上课时，一般来说，大家都能遵守课堂纪律。

②他每天读报，注意关心国内外大事。

③今年高考还有三天就要开始考试了。

④她是一位漂亮、美丽、聪明、好看的刚满二十岁的年轻姑娘。

⑤曾经没有人听到那件事。

例①"这班学生"是主语，在谓语里又出现了主语"大家"，显得多余，应删掉。例②"关心国内外大事"是个述宾短语，构成了一个完整的谓语，前面又增加"注意"做述语，没有必要，应删掉。例③"高考"本身就是考试，后面又出现"考试"做宾语是多余，应删掉。例④定语重复多余，"漂亮""美丽""好看"是同一个意思，应只取一个，删掉两个。"二十岁"必然是"年轻"的，也可以删掉一个。例⑤状语多余，"曾经"应删掉。

（四）句式杂糅

1. 不同结构相套

把两种能够表达同一个意思的语言结构，生硬地糅在一起，造成结构上的混乱。例如：

①要想真正学点东西，一定要下苦功夫不可。

②我一定要做好一个受学生欢迎的辅导员工作。

例①或者说"一定要下苦功夫"，或者说"非下苦功夫不可"，这里却把两种结构套在了一起。例②或者说"我一定要做好辅导员工作"，或者说"我一定要做一个受学生欢迎的辅导员"，现在把这两种说法混在了一起，造成结构上的混乱。

2. 前后纠缠

把前一句话的后部分用为后一句话的前部分，两句话硬捏成一句话。例如：

①这部电影多么使人感动人心啊！

②鲁迅具有坚韧不拔的战斗精神作为我们学习的榜样。

例①把"使人感动"和"感动人心"套在一起了。应改为"……多么感动人心啊"或"使人感动啊"。例②把"鲁迅坚韧不拔的战斗精神值得我们学习"或"具有坚韧不拔的战斗精神的鲁迅是我们学习的榜样"套在了一起，应改为"鲁迅坚韧不拔的战斗精神值得我们学习"或"具有坚韧不拔的战斗精神的鲁迅是我们学习的榜样"，也可以改成复句"鲁迅具有坚韧不拔的战斗精神，他是我们学习的榜样"。

（五）歧义及歧义的消除

歧义句是指在语言交际中存有两种或多种意义的句子。如"我去上课"，既可理解为"我去讲课"，也可理解为"我去听课"。

1. 造成歧义的原因

造成歧义的原因是多种多样的，下面是造成歧义的几类原因。

（1）由同音词语造成的歧义。例如：

①生产的产品全部（全不）合格。

②我在（再）写一篇文章。

这种歧义只出现在口语交际中，在书面上不会出现。

（2）由兼类词或多义词语造成的歧义。例如：

①我的门没有锁。

②这个人又上台了。

例①"锁"兼属名词和动词，所以有不同理解。例②"上台"既可理解为"登台演出"，又可理解为"当领导"。这种歧义产生在一定的语境中，一般是不会出现的。

（3）由多义短语造成的歧义，可以分为以下3种情况。

第一，句法关系两可造成歧义。例如：

学习文件　　保留意见

出口商品　　研究方法

改良品种　　表演节目

动词接上名词，可以构成述宾关系，也可以构成偏正关系。一般情况下，由于词义的制约，短语只体现一种关系。如"建筑房屋"是述宾短语，而"建筑材料"只能是定中短语。但上面的例子属句法关系两可，用在句中就可能产生歧义。如"我们要学习文件""研究方法十分重要""他们打算试验改良品种"。

第二，施受关系含糊造成歧义。例如：

鸡不吃了

谁都不认识

女子理发店

找一个人去

上面例子中的"鸡""谁""女子"可以理解为施事，也可以理解为受事。"找一个人去"中的"人"可能是"去"的施事，也可能不是。比如有人问："你上哪儿去？"听话的人回答："找一个人去。"

第三，层次关系不明造成歧义。例如：

本店出售自行车和汽车配件。（是否包括自行车的配件？）

下午我们小组讨论。（是"我们下午小组讨论"，还是"我们小组下午讨论"？）

2.消除歧义的方法

（1）更换词语。这种方法多使用于由同音词语造成的歧义。如"生产的产品全部合格"，"部"可能误作"不"，可将"全部"换成"完全"；"我在写一篇文章"，可将"在"换成"正在"，或将"在"换成"还要"。

（2）更换句式。这种方法多用于由多义词语造成的歧义。如"这个人又上台了"有歧义，可以说成"……上台演出了"或"……上台掌权了"，变述宾谓语为连述谓语。

（3）利用上下文的联系。有些句子孤立地看有歧义，联系上下文看并没有歧义。例如：

①（这件事是官僚主义造成的，）有关领导应当处理。

②对小王的意见，（领导很重视）。

由于有了上下文的联系，例①不会被理解为"有关领导处理别人"，例②不会被理解为"给小王提的意见"。

（4）借助语音。利用语音的停顿、轻重是口语中常用的消除歧义的方法。例如：

①公开对话的/时间。

②公开/对话的时间。

例①语音停顿在"对话的"后面，是定中型，指"什么时间公开对话"；例②语音停顿在"公开"之后，是述宾型，指"把对话的时间公开"。又如：

③一天就复习两门功课。

④一天就复习两门功课。

例③重音落在"一天"上，表示复习的功课多。例④重音落在"两门"上，表示复习的功课少。

第六节　复句

一、复句概述

复句是包含两个或几个分句的语法单位。从构成的结果看，复句的构成单位是分句。

一个复句，其构成单位不管是多少个分句，都在整个复句的末尾才出现一个终止性停顿，书面上一般用句号。例如：或者你写，或者我写。|或者你写，或者我写，或者我们俩人都写。|或者你写，或者我写，或者我们俩人都写，或者我们俩人都不写。

由于语气的需要，书面上复句句末有时也可以用问号或感叹号。例如：不是你写，就是我写？|不是你写，就是我写！

（一）分句间的关系

复句中的各个分句，既相对独立，又相互依存。相对独立是指每个分句都有"句"的地位，甲分句不是乙分句里的一个成分，乙分句也不是甲分句里的一个成分。相互依存是指各分句处在一定的关系之中，往往由特定的关系词语联结起来，特定的关系词语往往形成特定的复句句式。

分句之间的关系主要包括以下几种。

1. 事理关系、逻辑关系、心理关系

观察复句当中分句和分句之间的关系，可以有不同的角度。

（1）如果着重客观事实之间的关系，那么看到的是事理关系。例如：

①我姓王，他姓李。（两事并列）

②小孩跑过去，把球拾了起来。（两事前后连贯）

（2）如果着重判断与判断之间的关系，或前提和结论之间的关系，那么看到的是逻辑关系。例如：

①或者你说错了，或者我听错了。（全句是个复合判断，两个分句各代表一个判断，它们之间有选择关系。）

②只要功夫深，铁杵磨成针。（全句是个复合判断，两个分句各代表一个判断，它们之间有假设条件的关系。）

③冷空气已经南下了，气温马上会降下来。（前一分句代表小前提，后一分句代表结论，大前提省略了。分句之间表示的是因果关系。）

（3）如果着重强调说话人的主观意图，那么看到的是某种心理关系。试比较下面内容相同而说法不同的句子。

①他不但文章写得好，字也写得漂亮。

②他不但字写得漂亮，文章也写得好。

③我们虽然取得了很多成绩，但是有不少缺点。

④我们虽然有不少缺点，但是取得了很多成绩。

例①和例②、例③和例④，从事理角度看，反映的客观事实并无二致。从逻辑角度看，这

里的复句都是断定两种情况同时存在的复合判断。而从心理角度看，说话的着重点并不一样。例①侧重讲字写得漂亮，例②侧重讲文章写得好，通常称之为递进关系的复句。例③侧重讲缺点，例④侧重讲成绩，通常称之为转折关系的复句。

2. 显性关系和隐性关系

对同一复句可以从不同角度来观察，所以确定分句之间的关系有时不免有两可的情况。例如：

①小王着了凉，生病了。

这里两个分句之间既有连贯关系，又有因果关系。前者是从事理角度观察的结果，后者是从逻辑角度分析得出的结论。当然，这个句子也可以加上不同的关联词语：

②小王因为着了凉，所以生病了。

③小王着了凉，于是生病了。

例②加上"因为……所以"，着重表示的是因果关系；例③加上"于是"，着重表示的是连贯关系。表达形式既然有所选择，那么一般都据此来归类。用关联词语表示的是显性关系，但并不排斥隐性关系。例②的显性关系是因果关系，隐含连贯关系。例③恰好相反。至于例①，由于没有显性标志，所以把它归入因果关系或连贯关系都是没有依据的。当然，不用关联词语的复句也可能只有一种关系，不过，关联词语是识别分句之间关系的一个重要依据。

（二）分句的特征

分句表示句子没有完全结束，分句后面一般都有一个较短的停顿，书面上用句中标点（逗号、分号等）表示。

构成复句的各个分句可以是主谓句，也可以是非主谓句，有些分句会根据上下文省略主语，有些也可以不省略。

（1）分句的主语相同，主语一般在第一分句出现，后边的主语承前省略。例如：

我们愿在真理面前低头，不愿在权势面前拜倒。

（2）分句主语相同，有时并不省略。例如：

你要人家怎样对待你，你就得怎样对待人家。

这里的主语重复出现，加强了对比意味。

（3）前边分句的主语有时也可以承后省略。例如：

没有音乐和诗歌，我们将失掉生活的乐趣。

（4）分句主语不同，通常不宜省略。例如：

人家是说了再做，他是做了再说；人家说了也不一定做，他是做了也不一定说。

（5）如果要省略，要求语意明确，不能使人误解。例如：

①人的天赋像火花，既可以燃烧，也可能熄灭。（后边两个分句的主语承第一分句的宾语而省略。）

②青少年时代是长智慧的时代，一定要好好学习。（后边分句的主语承前边分句"时代"的定语"青少年"而省略。）

二、复句和关联词语

复句中，分句和分句在意义上有一定的联系，通常用一些词语来表示。这种表示分句之间关系的词语叫关联词语。

（一）关联词语

（1）关联词语不是一个词类，离开了复句就无所谓关联词语。关联词语的主要成员是连词，但并不是所有的连词都能充当关联词语。如"和""跟""同""与"等连词就不能连接分句。另外，有些连词不仅可以连接分句，还可以连接词。例如：

①你去，或者她去，或者你们两人一起去。

②你在家玩游戏或者看电视都行，就是不要出去。

例①中的"或者"连接的是分句，是关联词语。例②中的"或者"连接的是词，不是关联词语。有些副词也可以用作关联词语。试比较：

③他今年才 20 岁。

④早上 5 点钟他就起床了。

⑤他干活干到夜里 12 点，才睡觉。

⑥他刚走一会儿，我就睡着了。

例③、例④两句中的"才"和"就"不连接分句，不是关联词语。例⑤、例⑥两句中的"才"和"就"连接分句，是关联词语。

除了连词和副词，还有一些别的词（如"一面……一面""首先……其次"等）也可以充当关联词语。例如：

⑦李时珍一面行医，一面研究药物。

⑧我在这里首先说矛盾的普遍性，其次说矛盾的特殊性。

（2）复句中，使用不同的关联词语能表示不同的关系。例如：

①你去，我也去。（并列关系）

②你先进去，然后我再进去。（连贯关系）

③要么你去，要么我去。（选择关系）

④不但你去，而且我也去。（递进关系）

⑤既然你能去，我就能去。（因果关系）

⑥你去，但是我不去。（转折关系）

⑦只要你去，我就去。（条件关系）

⑧即使你去，我也不去。（让步关系）

（3）有的复句中使用关联词语，有的不用关联词语。对不用关联词语的复句，要注意从意义上去分析。例如：

①虚心使人进步，骄傲使人落后。

②他坐在桌前，拿起昨天的报纸看起来。

③白杨树是不平凡的树，我赞美白杨树。

④各种意见都要听，不过听了要做分析。

例①、例②、例③虽然没有使用关联词语，但都是复句。其中，例①是并列关系复句，例②是连贯关系复句，例③是因果关系复句。例④使用了关联词语"不过"，是转折关系复句。

（二）关联词语的运用

关联词语并不是一种特殊的词类，它的性质与词类并不相同。词类离开了句法结构仍旧有相对的独立性，而关联词语是与句法密切相关，不可分离的。因此，把它看作关联成分也许更为恰当。比如"而"是连词，并非在任何语句中都充当关联词语。它可以用在"任重而道远"当中，也可以用在"今天的任务很重，而人手不足"当中，只有后边的"而"才被看作关联词语，因为它表示了分句之间的关系。

运用关联词语应注意以下 3 个方面的问题。

1. 关联词语的位置

使用"不但……而且""一方面……一方面"等关联词语时，如果分句的主语相同，关联词语放在主语之后；如果分句的主语不同，关联词语应放在主语之前。例如：

①他不但会写诗歌，而且会写剧本。

②不但他会写诗歌，而且我也会写。

③小李一方面工作，一方面学习。

④一方面胆子要大，另一方面心要细。

2. 关联词语的搭配

成对的关联词语有一定的搭配习惯，不能任意组合。值得注意的是有些关联词语表示的关系有多种，根据搭配的情况不同，可以加以区别。

3. 关联词语的省略

复句有不需要用关联词语的，也有必须用关联词语的。前者如某些并列关系的复句，虽然不用关联词语，但分句间的关系十分明确。后者如常见的转折复句、让步复句，如果不用关联词语，分句之间的关系就不容易显示出来。还有另一种情况，就是在表达时省略了关联词语，理解时要添上关联词语。例如：

天下雨，我不去。

说话的时候，如果正在下雨，就宜加上"因为……所以"去理解。如果说的话是一种预测，比如说话的时候晴空万里，说话人打算明天出门，那么，就得加上"如果……就"去理解。这里之所以能够省略，是因为有语言环境的帮助。还有少数句子，不需要语言环境的帮助，也能省略关联词语。例如：

好（虽）是好，恐怕时间来不及。

这种句子形成了固定的格式，"是"的前后用的词相同，虽然省略了"虽"，但听话的人却不会误解。

三、复句在结构上的特征

在结构上，复句有以下 4 个特征。

（1）组成复句的各个分句在结构上相对独立，彼此间没有包含关系，即互相不做句子成分。

例如："他们两个都是好学生，小张则更突出。"这是由两个独立的分句构成的复句。

（2）构成复句的各个分句可以是主谓句，也可以是非主谓句；主语可以省略，也可以不省略。例如："那里四面是山，环绕着一潭绿水。"前一个分句是主谓句，后一个分句的主语因为承前省略了。

（3）在语音上，一个复句只有一个统一的语调，句末有较大的停顿，书面上用句号、问号或叹号表示。分句之间有较小的停顿，书面上用逗号、分号或冒号表示。例如："文艺批评有两个标准，一个是政治标准，另一个是艺术标准。"

（4）分句之间的关系有两种表示方法：一种是靠关联词语表达，例如："我先是诧异，接着是很不安。"另一种是不用关联词语，靠语序表示分句之间的关系，例如："一事不做，凭空想象，那是空想。"

四、复句的类型

根据分句间的意义关系可以把复句分成若干类，不同类别的复句使用的关联词语不尽相同。

（一）并列复句

并列复句中的几个分句分别叙说有关联的几件事情、几种情况，或者说明同一事物的几个方面。其分句间的关系是并列的，或者是相对等的。并列复句常用的关联词语有：

也　又　还　同时　同样

既……也（又）……　　也……也……　　又……又……　　一（方）面……（另）一（方）面……

一边……一边……　　有时……有时……　　一会儿……一会儿……

不是……而是……　　是……不是……

例如：

①小李在前面走，大家也尾随而去。

②它既不需要谁来施肥，也不需要谁来灌溉。

③小刘一面擦汗，一面反驳。

④这武器不是机关枪，而是马克思列宁主义。

（二）连贯复句

连贯复句中的几个分句按顺序叙述连续发生的动作或相关的事情。其常用的关联词语有：

就　便　又　才　于是　然后　接着　跟着　终于

首先……然后……　　起先……后来……

例如：

①孔乙己知道自己不能和他们谈天，便只好向孩子们说话。

②我先把菜切好，然后去淘米。

③我先是诧异，接着是很不安。

（三）选择复句

选择复句中的几个分句说明可供选择的事项；或者说出选定的一种，舍弃另一种。其常用的关联词语有：

或　或是　或者　或者……或者……　是……还是……

不是……就是……　要么（要就是）……要么（要就是）……

与其……不如……

宁可……也不……

例如：

①人的死，或重于泰山，或轻于鸿毛。

②不是在沉默中爆发，就是在沉默中灭亡。

③文章与其长而空，倒不如短而精。

④战士们宁可牺牲生命，也不放弃阵地。

（四）递进复句

递进复句中后面的分句比前面的分句意思更进一层，一般由轻到重，由小到大，由浅到深，由易到难。其常用的关联词语有：

而且　并且　况且　何况　甚至

不但（不仅、不只、不光）……而且（还）……

尚且……何况（更不用说）……　别说（不要说）……连（就是）……

例如：

①邮局离我家很远，而且不通公共汽车。

②这种桥不但形式优美，而且结构坚固。

③别说不让她去，连迟去一会儿都不乐意呢。

（五）因果复句

因果复句中的几个分句，有说明原因的，有说明结果的。一般是先说因，再说果；也有先说果，再说因的。因果复句常用的关联词语有：

因为……所以……　由于……就（所以）……

之所以……是因为……

因此　因而　以致

例如：

①由于各拱相连，所以这种桥叫作连拱桥。

②时间之所以宝贵，是因为生命是由时间构成的。

③知识的海洋是无穷无尽的，因此，学习也是无止境的。

（六）条件复句

条件复句前面的分句提出一种条件，后面的分句说明在满足这样条件的情况下所产生的结果。其常用的关联词语有：

只要……就……

只有……才…… 除非……才……

无论（不论、不管、任凭）……都（也、总）……

例如：

①如果不纠正这些缺点，我们的工作就无法更进一步。

②谎言不管重复多少遍，都不能成为事实。

（七）目的复句

目的复句前面的分句表示一种行为，后面的分句表示这种行为的目的。其后一分句常用的关联词语有：

以便　以用　为的　是为了

以免　免得　省得

例如：

①我连夜整理客户意见，是为了明天在会上讨论。

②老赵尽力使车子跑得平稳，以便总指挥睡得安宁一些。

③你一到学校就给家里打电话，免得母亲担心。

（八）推断复句

推断复句是推断事物间因果联系的复句，其常用的关联词语有：

既然……那么……就……　　　　　　……可见……

例如：

①既然找不到会场，那么，会议就只好改期了。

②报考的人那么多，可见奖学金不少。

从推断过程看，推断句往往是"据因断果"，有时是"据果断因"。前者以已然原因为根据，推断结果；后者以已然结果为根据，推断原因。例如：

③既然有奖学金，报考的人一定很多。(据因断果）

④既然报考的人那么多，奖学金可能不少。(据果断因）

（九）假设复句

假设复句是由假设推论结果的复句，其常用的关联词语有：

如果……就……　　要是　假如　倘若

例如：

如果他做了充分的准备，临场就会有很好的发挥。

（十）转折复句

转折复句中的一个分句先说出一层意思，另一个分句不是顺着这个意思说下去，而是说出另一层意思。转折关系一般要用关联词语来表示。转折复句常用的关联词语有：

虽然（虽、尽管、固然）……但是（但、可是、却）……

但是　然而　可是（可）　却

是　不过　倒

例如：

两个人依旧往来，只是贴心话比以前少了。

（十一）让步复句

让步复句是先假设一种条件，接着说明这一条件对所叙述的结果并无影响。其常用的关联词语有：

即使……也……　哪怕……也……　纵然……也……　就算……也（还）……

例如：

①纵然不是栋梁之材，做一棵小草，也是可以的吧！

②哪怕就在房檐下蹲一夜哩，也要节省下这两块钱！

③就算你们每人能有两次生命，对你们来说还是不够的。

五、多重复句

多重复句是由三个或三个以上的分句构成，且同时具有两个或两个以上结构层次，否则就不是多重复句。分析多重复句，有助于认识多重复句的内部结构层次，便于准确理解和掌握复句的内容。

下面是一个多重复句形成的过程：

①如果你不肯下功夫练习，就不可能获得好的成绩。（假设条件复句，有一个层次。）

②如果你不肯下功夫练习，就不可能获得好的成绩，而且也不可能有伟大的成就。（假设条件关系是第一层，其中包括了递进关系，全句有两个层次。）

③即使你的天分很高，可如果不肯下功夫练习，就不可能获得好的成绩，而且也不可能有伟大的成就。（在例②两层复句的基础上，再加上一个层次，形成三层复句，第一层用"即使……也"表示，属让步关系。）

分析例③，可以先在第一分句后画一竖，表示第一层；在第二分句后画两竖，表示第二层；在第三分句后画三竖，表示第三层；最后在竖线下注明分句间的关系。下面再举两个例子。

④尽管我仰慕某些科学家的大名，‖但我并不因此认为他们就是万能的，｜因为他们不可能
　　　　　　　　　　　　　　　转折　　　　　　　　　　　　　　　因果
掌握真理的全部，‖而他们的权威有时甚至阻碍了他们的进步。
　　　　递进

分析多重复句，首先要综观全局，划出第一个层次，确认在总体上这个多重复句是什么关系的复句；其次再层层深入地划分清楚第二个、第三个、第四个等层次。在逐层划分的过程中，要注意作为标志的关系词语的使用，看看用了什么关系词语，或者能否添加什么样的关系词语。

六、紧缩句

紧缩句是由复句的分句与分句凝合而成的形式，是复句的单句化变形。分句与分句之间，本来有句间承接停顿；然而，有时为了语句的凝练，句间承接停顿被取消，书面上不出现逗号，于是产生凝合联结的状态，形成了形式简短的紧缩句。

根据凝合形式的不同，紧缩句可以分为以下两类。

（一）直接紧缩句

直接紧缩句由两个或几个可以成为分句的结构直接凝合而成。书面上，若加上个逗号，紧缩句便恢复为一般的复句。例如：

姑娘大了管不了！（紧缩句）

姑娘大了，管不了了！（复句）

这类紧缩句可以包含多种关系。例如：

电闪雷鸣。（并列）

雨过天晴太阳红。（连贯）

人在阵地在。（条件）

眼高手低！（转折）

人逢喜事精神爽。（因果）

（二）加标紧缩句

加标紧缩句用了带有标志性的关系词语，形成了特定的格式。

有的用成对关系词语。常见的有：

（1）"不……不……"（相当于"如果……就……"）。如：话不说不明。

（2）"非……不……"（相当于"除非……否则……"）。如：她非二黑不嫁。

（3）"不……也……"（相当于"即使……也……"）。如：这老兄不请也会来。

（4）"再……也……"（相当于"即使……也……"）。如：好书再贵也要买。

（5）"一……就……"（相当于"……接着……"或者"只要……就……"）如：他一毕业就当了记者。|树叶一黄就落。

（6）"越……越……"（大体相当于"只要……就……"）。如：杧果越熟越好吃。

有的用单个关系词语。常见的有：

（1）"……也……"（一般相当于"即使……也……"）。如：天塌下来也顶得住。

（2）"……就……"（相当于"既然……就……""如果……就……"或"只要……就……"）如：他肯出面就好办。|你有想法就请说。

（3）"……才……"（一般相当于"只有……才……"或"因为……才……"）。如：无私才能无畏。|饿坏了才来找您的。

（4）"……却/又……"（相当于"虽然……却/又……"）。如：有职却无权。|说出来又不好意思。

第七节　句群

一、句群概述

句群也叫作句组、语段，是由两个或几个意义上前后衔接连贯的句子，按一定规则组成的、表示一个明晰的中心意思的语法单位。

句群有如下 4 个特点。

（1）由两个或两个以上句子（单句或复句）组成。

（2）几个句子在意义上衔接连贯，表达一个中心意思。

（3）组成句群的各独立的句子之间可以靠语序直接组合，也可以靠关联词语组合。

（4）句群里独立的每一个句子都有自己的语调，书面上都用句末标点，但整个句群的语气是连贯和流畅的。

二、句群的类型

句群可以根据需要从不同角度，运用不同标准进行分类。同复句中分句间的关系一样，句群内部的句子之间没有主谓、述宾等句法关系。我们可以按照句与句间的逻辑、事理联系及表达意图等，参照语序和关联成分的使用，将句群的结构关系分为并列、承接、递进、选择、因果、转折、假设、条件、让步、目的等类型。

（1）并列关系。例如：

风，更猛了。雪，更大了。天也越来越黑了。

（2）承接关系。例如：

鲁迅是从正在溃败的封建社会中出来的，但他会杀回马枪，朝着他所经历过来的腐败的社会进攻，朝着帝国主义的恶势力进攻。他用他那一支又泼辣，又幽默，又有力的笔，画出了黑暗势力的鬼脸，画出了丑恶的帝国主义的鬼脸，他简直是一个高等的画家。

（3）递进关系。例如：

①在这些时候，我可以附和着笑，掌柜是决不责备的。而且掌柜见了孔乙己也每每这样问他，引人发笑。

②那边又有几位，也围着一个石桌子，但只把随身带来的书籍代替了枣子和茶了。更有两位虎头虎脑的青年，他们走过"天下最难走的路"，现在却静静地坐着，温雅得和闺女一般。

（4）选择关系。例如：

①一句话，不了解矛盾各方的特点，这就叫作片面地看问题，或者叫作只看见局部，不看见全体，只看见树木，不看见森林。

②这不正是学生对老师的一片情意吗？或许是孩子对母亲的一颗心。

（5）因果关系。例如：

①倘若要我说说总的印象，我觉得苏州园林是我国各地园林的标本，各地园林或多或少都受到苏州园林的影响。因此，谁如果要鉴赏我国的园林，苏州园林就不该错过。（先因后果）

②那清香纯净疏淡，像是桂花香，又像是兰花香，细想又都不像。因为小寒前后，桂花已开过，兰花却还要迟些日子才开。（先果后因）

（6）转折关系。例如：

小俞放心了。道静却沉重地忧虑着，但不能说出来。

（7）假设关系。例如：

①缩微图书保存和使用都很方便，还可以节约纸张和印刷费用。不妨比较一下，如果把一万种每本十五万字的书放在一块，它的总重量大约有五吨，而缩微以后的胶片只有十五公斤。

这样，一座收藏上万册缩微图书的图书馆，一个人用手提箱就可以拿走了。

②和氏璧已经送回赵国去了。您如果有诚意的话，先把 15 座城交给我国，我国马上把它送来，决不失信。不然，您杀了我也没用，天下的人都知道秦国是从来不讲信用的！

（8）条件关系。例如：

无论准确也好，鲜明、生动也好，就语言方面讲，字眼总要用得恰如其分。这样，表现的概念才会准确，也才能使人感到鲜明。

（9）让步关系。例如：

①站在泰山脚下心气平静的欣赏东方日出，确实不需要付出代价。细想一下，哪里如登上泰山之巅，更早地去迎接那霞海中旭日的到来。

②他们宁愿酷暑炎夏站在路边，宁愿风雪夜里守在桥头，也决不让祖国受到敌人的破坏，不让人民受到敌人的伤害。

（10）目的关系。例如：

我们要在进入这片大沙漠之前把车检修一遍，把油备足，免得在大沙漠里中途"抛锚"，免得给基地带来麻烦。（目的在后）

三、多重句群和多个句群相互间的层次分析

（一）多重句群的层次分析

多重句群由三个或三个以上的句子构成，并且有两个或两个以上的层次。

划分多重句群的层次，可以用两种办法。一种是借用划分多重复句层次的办法，即句子之间第一层次用单竖线"∣"，第二层次用双竖线"∥"，第三层次用三根竖线"Ⅲ"，依此类推，并在竖线下方用汉字注明句子之间的关系。另一种是离开原句进行框式图解，用①②③等分别代表各句，再用框式图解法标明各句之间的层次关系，这种图解可以由大到小来分析，也可以由小到大来分析。下面以一个二重句群为例来说明：

①自己因为一向看到的菱角都是两个角的，就以为天下的菱角都是两个角的，连人们早已调查出来的菱角的各种状态都不知道。∥并列②或者，在书本上看到对蝴蝶、蝗虫的一般性的描绘，就以为蝴蝶、蝗虫的道理"止于此矣"，不再去注意它们"家庭"内的千百种的不同。∣总分③这种认识方法，怎能谈得上精确呢？

由大到小分析上面的二重句群：

自己因为一向看到的菱角都是两个角的，就以为天下的菱角都是两个角的，连人们早已调查出来的菱角的各种状态都不知道。

或者，在书本上看到对蝴蝶、蝗虫的一般性的描绘，就以为蝴蝶、蝗虫的道理"止于此矣"，不再去注意它们"家庭"内的千百种的不同。

（二）多个句群相互间的层次分析

两个句群连接在一起，它们当然只有一个层次，一种关系，三个或更多的句群连接在一起，它们也可能只有一个层次，一种关系。例如：

①当那连绵的雨雪将要来临的时候，卷云在聚集着，天空渐渐涌上一层薄云，仿佛蒙上

了白色的绸幕。②这种云叫卷层云。③卷层云慢慢地向前推进，天气就将要转阴。|承接④接着，云越来越低，越来越厚，隔了云看太阳和月亮，就像隔了一层毛玻璃，朦胧不清。⑤这时卷层云已经改名换姓，该叫它高层云了。⑥出现了高层云，往往在几个钟头内便要下雨或者下雪。|承接⑦最后，云压得更低，变得更厚，太阳和月亮都躲藏了起来，天空被暗灰色的云块密密层层地布满了。⑧这种新的云叫雨层云。⑨雨层云一形成，连绵不断的雨雪也就开始下降。

①~③句是一个句群，写"卷层云"。④~⑥句是又一个句群，写"高层云"。⑦~⑨句是另一个句群，写"雨层云"。这三个句群，鱼贯而连，它们只有一个层次，相互之间只有一种关系——承接关系。

三个或三个以上句群连接在一起的文字，多数不止一个层次，而是有几个层次，那些句群之间不止一种关系，而是有几种关系。例如：

①我团继续担任后卫，随主力部队绕过贵阳，直赴黔南，又折而向西径奔昆明。②一路上，全团沉浸在欢乐的气氛中。③从离开中央根据地以来，这个团经常担任后卫，但从来没有像现在这样轻松愉快。|因果④那时候夜间行军白天战斗，敌人紧紧咬住屁股，吃不上饭睡不成觉。⑤每天夜里走走停停，有时只走十来里路。⑥天一亮，吃饱睡足了的敌人顺着大路又撵上来，于是左边打，右边打，后边也打，实在被动得很。‖并列⑦而现在，我们虽然还是后卫，却把敌人主力甩得远远的。⑧每夜行军八、九十里，天亮进入宿营地以后，立即向群众宣传党的政策和红军的作战目的，调查当地土豪劣绅的罪行，召开群众大会，发动劳动人民开仓分粮。⑨新的胜利更加鼓舞了全体指战员的勇气和信心。

这段文字共有 3 个句群。①~③句是第一个句群，写现在的"欢乐"。④~⑥句是第二个句群，写过去的"被动"。⑦~⑨句是第三个句群，写现在的"主动"。现在的欢乐是由过去的被动变为现在的主动产生的。由此可知，这 3 个句群，第一个句群与第二、第三两个句群之间是因果关系，这是第一层次关系；第二、第三两个句群之间是并列关系，这是第二层次关系。这就有了两个层次，两种关系。

这种两个以上句群相互之间的多层次关系，类似多重复句中的层次关系，因而分析的方法可用分析多重复句的方法。

四、句群中的常见语病

（一）前后不一致

句群中，前言和后语应该取得一致。前言要照顾后语，后语要呼应前言。例如：

①有时做梦也常常和他在一起工作、学习、生活。然而这样的联想不是偶然产生的。

"做梦"是做梦，"联想"是联想，不能混为一谈，中途易辙，叫读者摸不着头脑。

②我们全班五十人，欢度毕业前最后一个国庆节。一半同学参加市里的国庆联欢活动去了。剩下十二个同学在教室里看电视。

这是数量上不一致。全班五十人，走了一半，总还有二十几个吧，怎么只剩下十二个呢？令人费解。可能有其他原因，但是必须交代清楚。

（二）上下不连贯

句群里的句子，从内容到形式都必须连贯衔接。如果不连贯，就不能构成一个句群。例如：

①我办完入学报到手续，就和几位同学向宿舍走去。师院，我虽然只来过一次，今天却感到十分熟悉和亲切。是什么力量使我对这个校园产生深厚的感情呢？是求知的欲望。又是什么力量使我这样求知心切呢？是党的号召，是向四个现代化进军的战鼓。说着，说着，不觉已经来到了宿舍门口。

上文在"说着"之前没有出现过一个"说"字，最后突然冒出一个"说着，说着"，意思就不连贯了。应该把"说着，说着"改为"想着，想着"。

②耳闻陈燕华有广博的艺术爱好。一进家门，墙上挂着她临摹黄山谷的书法习作，书桌上是古今中外的名著，玻璃台板下压着小陈唱歌、绘画、弹钢琴、学英语的近影，此外，陈燕华还是游泳、打羽毛球的爱好者。她为难地说："我没有什么可说的，在艺术道路上，我正在学步。"

上文没有交代访问者问了什么，被访问的"她"怎么会"为难地说"呢？显然，在"她为难地说"前边，少了一句问话，造成上下不连贯。

（三）语无伦次

句群由一组句子构成。这一组句子必须根据内容的逻辑关系，做适当的排列。如果不顾内容，任意排列，就可能出现语无伦次的错误。例如：

①这男孩长得聪明机灵，就是身体虚弱一点。他从小就会下象棋。因为是独生子，父母十分喜爱，不大合群。七岁那年跟舅舅下象棋，五战三胜，去年病了一场，好不容易才恢复健康，他的性格比较内向。

这个句群一共写了三个内容：男孩的聪明机灵、男孩的性格特征、男孩的健康状况。但是，句子排列十分混乱，使读者不得要领。这些句子必须得重新组合：

②这男孩是个独生子，父母十分喜爱，性格比较内向，不大合群。他长得聪明机灵，从小就学会下象棋，七岁那年跟舅舅对弈，结果五战三胜。就是身体虚弱一点，去年病了一场，好不容易才恢复健康。

（四）重复多余

句群中各个句子共同表达一个中心意思。只有每个句子都是不可缺少的，这个句群才简练。如果随意添加可有可无的句子，就会造成重复多余的现象。例如：

张老师来上语文课了。他很胖。他讲课十分生动，引人入胜。我们全班同学都喜欢上张老师的课。

"他很胖。"一句与中心意思无关，是多余的句子。

（五）关联错误

有的句群，可以不用关联词语，有的句群却需要通过关联词语来表示句子之间的关系。关联词语使用不当，也是句群的常见语病之一。例如：

①我认为应当尽可能用简化汉字，不要复活古字，滥造新字。这样，会给汉字的现代化造成无穷麻烦，给儿童学习增加困难。

这两个句子意思相悖，连不起来。原因是用错了关联词语"这样"。"这样"在这儿的意思相当于"如果这样做，就……"，改用"否则"就对了。"否则"的意思相当于"如果不这样做，就……"。

②芙蕖有五谷之实，却没有五谷之名。兼有百花的长处，又避免了百花的短处。由此可见，种植之利，还有比芙蕖更大的吗？

关联词语"由此可见"的后续句应当是陈述句，而这是一个反问句，连接不上。修改的方法不外乎两种：要么更换关联词语（如"那么"），要么改变句式（如"由此可见，种植之利没有比芙蕖更大的了"）。

（六）答非所问

有一种句群的组织方式是自问自答、一问一答。前面问什么，后面就该答什么，要对好口径。否则就是答非所问。例如：

怎样把一度误入迷途的青年引上正路？《姑娘，跟我走》就是对她们的深情的召唤。

问的是"怎样"，答的却是"召唤"，口径不合。

（七）离群

句群里的句子都要围绕一个中心意思。与中心意思无关的句子便是离群的句子。一个句群里，如果有离群的句子，结构就显得松散，中心就不够明晰。例如：

我们每一个人都应该去"种树"，不能去"毁树"。"种树"和"毁树"是一对矛盾。要做到这一点是很不容易的。现在社会上还有"毁树"的现象。

句群中的第二句是一个离群的句子。第三句中"这一点"指的就是第一句的内容。第一、第三两句相连，表意明确。如果插入第二句，"这一点"指代什么，就不清楚了。

思考与练习

1. 语法通常有哪两种含义？这两种含义有什么联系和区别？

2. 根据你的理解，说说名词、动词、形容词、副词这4类实词有什么不同？

3. 指出下列短语的结构类型。

信心足 有干劲 真本领 跳上去 看不到 天气冷

远大理想 安定团结 和谐社会 健康成长

全面考察 唱得好听 受到尊重 讲究策略

4. 分析下列例句的句子成分。

（1）好美丽的校园啊！

（2）不准吸烟！

（3）有多少战士冲过去了？

（4）中国革命历史上的又一个伟大的转折开始了。

5.指出下列复句的关系类型。

（1）我们已经派人领武器去了，但是可以料到，武器是不会多的。

（2）领不来武器，就夺取敌人的！

（3）大家早有了思想准备，没嫌少。

（4）大家一面学着使用，一面等着起义的信号。

（5）我们对战争贩子一定要提高警惕，不管他们说的话怎么漂亮。

（6）以后这些大小汉奸，谁干了恶事，就给他写个白纸帖。

（7）寒暑表上的水银柱已经升高，可见室内气温升高了。

（8）敌人从哪里进攻，我们就把他们消灭在哪里。

第五章

修辞

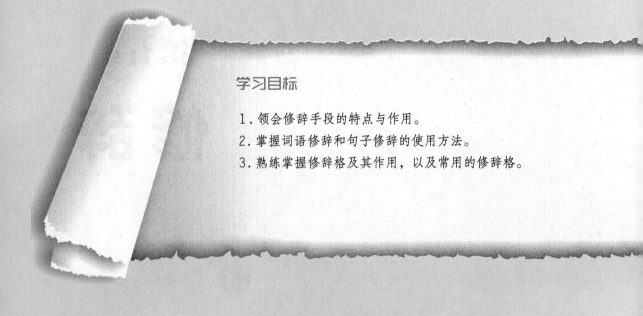

学习目标

1. 领会修辞手段的特点与作用。
2. 掌握词语修辞和句子修辞的使用方法。
3. 熟练掌握修辞格及其作用，以及常用的修辞格。

第一节　汉语修辞概说

一、修辞和修辞学

（一）修辞

"修辞"有三个含义：一是指修辞活动，即在语言运用中积极调整语言以收到最佳语用效果的一种言语行为；二是指修辞现象，即语言运用的技巧、方法和规律；三是指修辞知识，即以语言运用的技巧、方法和规律为研究对象的修辞学。三个含义不同，但又有密切的联系，即修辞现象存在于修辞活动当中，修辞现象和修辞活动都是修辞学研究的对象。下面几句话中的"修辞"就体现了不同的含义：

你不应该这样修辞。（指修辞活动）

我没见过这种修辞。（指修辞现象）

我们应该学好修辞。（指修辞知识）

在通常情况下，修辞是指在语用中，为达到最佳语用效果而对言语形式的选择和调整。

人们运用语言表达思想、交流感情，首先要做到准确无误，明白晓畅，在此基础上，还应该做到生动形象、鲜明妥帖、得体适宜、新颖出奇，以达到理想的表达效果。一般认为，修辞涉及三个方面的问题：一是选取什么样的语言材料；二是采取什么样的表达方式；三是追求什么样的表达效果。

在语用中，同一内容可以选择不同的言语形式，不同的言语形式的语用效果是不一样的，语用效果的产生得力于对言语形式的比较，以及在比较中做出的精心的选择和调整。修辞是为语用效果服务的，所需达到的语用效果不同，对修辞手段的运用也就不一样。有的时候，语用者故意把话说得模糊、冗余，并运用超常搭配的形式，以收到特殊的语用效果。例如：

一个青椰子掉进海里，

静悄悄地，溅起

一片绿色的月光，

十片绿色的月光，

一百片绿色的月光……（李小雨《海南情思·夜》）

"一片绿色的月光，十片绿色的月光，一百片绿色的月光"这三个句子语义模糊。一片究竟是多少？十片、一百片又是多少？同时，这三个句子结构相同，貌似冗余，但正是这样的表达，层层递进地传达出了海南月夜的美丽风景。这三个句子都是超常搭配，想象奇特，突破了固有的语义关系，让读者在强大的视觉冲击下接收到更多的美学信息，如"一片绿色的月光"，"一片"是指波浪，"绿色"指椰林……通过修辞手法的运用，向人们展现了这样一幅景象：海面上月光点点，椰树的倒影静静地投射在海面，椰子掉进海中，打破这种寂静，海面泛起了一道道鱼鳞似的波纹，好像月光下一片片绿色椰叶。从这个例子可以看出，超常搭配是一种有效的语用手段。

（二）修辞学

修辞学是隶属语言学的一门学科，是研究语用中如何提高语用效果的技巧、规律、方法的学科。具体来说，它要研究如何依据语境，运用各种语言材料，恰当地表达作者的思想情感的各种技巧、规律和方法，研究各种修辞现象，用以指导人们的语用实践。在语用中，凡是出于增强语用效果的动机而有效地对语言材料进行选择和调整的现象，都是修辞现象，都是修辞学研究的对象。修辞学同许多学科有关系，尤其是跟语音学、词汇学、语法学和语用学等关系密切。

二、修辞与题旨的关系

所谓题旨，就是要表达的思想内容，大致包括主题思想和写说目的两个方面。修辞运用恰当的语言形式是为了表达特定的内容，因此，修辞与题旨的关系就是形式与内容的关系。人们所要表达的内容决定了人们会采用与之相适应的修辞形式，适合内容的修辞形式可以更好地帮助人们表达内容。由于修辞是解决语言形式和内容相适应的问题，所以必须要求形式服从内容。"修辞立其诚"中的"诚"，即指真情实感。修辞只有建立在表达真情实感需要的基点上，才能发挥作用。为修辞而修辞，堆砌辞藻，必然"以辞害意"，无助于内容的表达。例如：

精警的譬喻真是美妙！它一出现，往往使人精神为之一振。它具有一种奇特的力量，可以使事物突然清晰起来，复杂的道理突然简洁明了起来，而且形象生动，耐人寻味。美妙的譬喻简直像是一朵朵色彩瑰丽的花，照耀着文学。它又像是童话中的魔棒，碰到哪儿，哪儿就产生奇特的变化。它也像是一种什么化学药剂，把它投进浊水里面，顷刻之间，一切杂质都沉淀了，水也澄清了。

上述例句是著名作家秦牧在《艺海拾贝》中讲比喻（譬喻）作用的一段话。作者先说明了比喻的"美妙"和"奇特的力量"，然后又接连用三个比喻来做形象的描述。在这里，表达的内容很明确，修辞形式也很生动，内容和形式相辅相成，和谐统一。

> **知识拓展**
>
> ### 修辞以适应题旨情境为第一义
>
> 陈望道在《修辞学发凡》中说："修辞以适应题旨情境为第一义，……凡是切实的自然的修辞，必定是直接或间接的社会生活的表现，为达成生活需要所必要的手段。凡是成功的修辞，必定能够适合内容复杂的题旨，内容复杂的情境，极尽语言文字的可能性，使人觉得无可移易，至少写说者自己以为无可移易。"（上海教育出版社1997年版，第11页。）"适应题旨情境"是修辞的关键，在学习修辞和运用修辞时，必须牢牢把握这一点。

三、修辞与语境的关系

语境就是人们运用语言来表达思想、进行交际活动的特定的语言环境。它包括上下文语境和情景语境两种。上下文语境一般是作品内的，情景语境是作品外的。构成情景语境的因素有客观因素和主观因素两个方面，前者包括时间、地点、场合、对象等，后者包括使用语言的人的身份、思想、性格、职业、修养、处境、心情、背景等。

语境的作用表现在以下几个方面：

1.语境对修辞形式和修辞效果具有制约作用

（1）语境对修辞形式的制约。人们在语言交际中要采用的修辞形式，包括选用什么样的词语，运用什么样的句子，采用什么辞格等，总是离不开语境的制约。

（2）语境对修辞效果的制约。语境是检验修辞效果的重要依据，只有把修辞形式放到特定的语境中来考察，才能看出其修辞效果。修辞效果的好或是不好，往往取决于修辞形式是不是适应语境，而不在于修辞形式本身。如果不能适应语境，哪怕是再华丽的词句，再花哨的方式，也不能收到好的修辞效果。反之，有时一些看似平常的词句，一般的方式，在特定的语境中往往能收到异乎寻常的修辞效果。例如：

冬至的祭祖时节，她做得更出力，看四婶装好祭品，和阿牛将桌子抬到堂屋中央，她便坦然地去拿酒杯和筷子。

"你放着罢，祥林嫂！"四婶慌忙大声说。

她像是受了炮烙似的缩手，脸色同时变作灰黑，也不去取烛台，只是失神地站着。直到四叔上香的时候，教她走开，她才走开。这一回她的变化非常大，第二天，不但眼睛陷下去，连精神也更不济了。（鲁迅《祝福》）

"你放着罢，祥林嫂"是一句很平常的话，但只有结合语境来分析，才能充分理解这句话为什么会有这样的修辞效果。原来，在旧中国，祥林嫂屡遭不幸，不但在物质上备受剥削，而且在精神上也受到沉重的压迫。为了摆脱精神压迫，祥林嫂用血汗钱在土地庙捐了门槛。她满以为这样就可以摆脱了，可以同常人一样了。谁知在祭祀时刚一动手，就听到了这句话："你放着罢，祥林嫂！"这句话是封建礼教对祥林嫂宣判了死刑，给了她致命的打击，使得她走投无路，求生无门。正是在这样的语境之中，一句看似平常的话，才产生了强烈的修辞效果。

2.语境对言语的理解具有解释功能

语境不仅对言语的表达（说或写）具有制约功能，而且对言语的理解（听或读）具有解释功能，对语言运用有非常大的影响，这主要体现在以下两个方面。

第一，语境规定了言语的含义。从语言运用的角度看，一个句子，一个词语，虽然有意义、有所指，但具体内容、所指对象却离不开语境，只有在一定的语境中，意义才能明确，才能起到交际的作用。例如下面3个句子，似乎都有歧义，但在特定的语境中去理解，并不会引起误会。

①上午甲班操练，乙班参观。

②这种脑袋没地方买帽子。（指头形奇特或过于挑剔）

③汤不热了。

第二，语境规定了言语的表达方式。每个人说话，总要根据不同的交际目的和交际对象，采取适当的表达方式。例如，年长的人与小孩子说话，就要说那些孩子听得懂的话；在公共场合，即使是学者、高级官员，也要按大众的方式说话，才不会使交际中断。

在人们的日常交际中，同样一个内容可以用不同的方式表达。例如，"甲队把乙队打败了"可以说成"乙队被甲队打败了"，"岂有此理"可以说成"哪有这样的道理"，等等，都必须根据语境加以选择。

由于语言表达的丰富性，同一内容有许多不同的表达方式可供人们选择。例如，同样是电台节目主持人介绍一位热心听众，可能有多种表达方式，例如：

①请您做一下自我介绍吧！

②您是哪一位？怎么称呼？

③请您向收音机前的听众做个自我介绍好吗？

④您是不是应该向听众朋友们做个自我介绍呢？

⑤您能向收音机前的听众朋友介绍一下自己吗？

尽管主持人看不到这位听众和其他听众的表情，但如果采取比较委婉的疑问句方式（例⑤），即使这位听众和主持人配合得不好或不愿意暴露身份，主持人也会有退路。

又如，告诫人们不许践踏公共场合的草坪，也可以有多种形式。

①请勿践踏草坪！

②青青路边草，悠悠环保情。

③小草正在生长，请勿打扰。

④您的生活中离不开绿色！

⑤爱护小草就是爱护我们生存的环境。

实践证明，人们易于接受那些触动情感的语句，像"请勿践踏草坪"之类的祈使句就显得苍白无力了。

四、修辞与语言要素的关系

语言包括语音、词汇和语法 3 个要素。语音学、词汇学、语法学是分别以语言的有关组成部分为研究对象的。修辞学和这三者不同，它所研究的是如何根据语言各个要素的构成、特点、规律、规则等来提高表达的效果。有时，修辞手段的运用跟对应的某一语言要素直接有关。例如，语言的声律美和语音有关，词语、句式的精美适当和词汇、语法有关。有时，修辞手段的运用甚至会同时涉及以上几个方面。所以，要学好修辞学，就一定要学好语音、词汇、语法等相关知识，这样才有牢固的基础。

一个句子、一段文章的优劣，概括地说，取决于 4 个方面的因素：一是事理、逻辑，即看它的内容合不合情理，合不合思维规律；二是规矩、习惯，即看它合不合词汇、语法的规范，合不合人们说话的习惯；三是情味、色彩，即看它的语体风格合不合适，感情色彩对不对；四是声音、语气，即看它念起来顺口不顺口，听起来悦耳不悦耳，口气合不合适。这 4 个因素中，除第一个之外，其余的都同语言的三要素——语音、词汇和语法具有密切的关系。怎样运用语音、词汇和语法这些语言材料及其内部的规律来完美的表情达意，正是修辞研究的课题。

（一）修辞与语音的关系

汉语音节界限分明，并且有声韵调之分，这些语音特点为修辞提供了很好的条件，除了可以直接构成拟声、谐音等修辞方式外，更常见的是在语言之中组成大量的双声、叠韵的词语和对仗、押韵的句式，使得语言在节奏上鲜明活泼、音调铿锵，具有很强的音乐感。例如：

①看来很平凡的一块田地，实际上都有极不平凡的经历。在一百几十万年间，人类在这上面追逐着野兽，放牧着牛羊，捡拾着野果，播种着庄稼。（秦牧《土地》）

②曲曲折折的荷塘上面，弥望的是田田的叶子。叶子出水很高，像亭亭的舞女的裙。层层的叶子中间，零星地点缀着些白花，有袅娜地开着的，有羞涩地打着朵儿的；正如一粒粒的明珠，又如碧天里的星星。（朱自清《荷塘月色》）

③春眠不觉晓，处处闻啼鸟。夜来风雨声，花落知多少。（孟浩然《春晓》）

④沧海月明珠有泪，蓝田日暖玉生烟。（李商隐《锦瑟》）

为使音节匀称整齐，增强语言的声音美，例①运用了双音节词"捡拾""播种"，而不用单音节词"捡""种"；例②利用的是叠音词"曲曲折折""田田""亭亭""层层"；例③的韵脚"晓""鸟""少"，韵母相同，念起来和谐悦耳；例④第二句与第一句声调平仄相对，语言抑扬顿挫。

（二）修辞与词汇的关系

修辞同词汇的关系也十分密切。修辞需要研究词汇多方面的表达作用，比如，词语同义形式、反义形式的选择和运用，词语的感情色彩和风格色彩，词语的借用等。汉语的词汇非常丰富，让修辞可发挥广阔的用武之地。例如：

①老栓慌忙摸出洋钱，抖抖地想交给他，却又不敢去接他的东西。那人便焦急起来，嚷道："怕什么？怎的不拿？"老栓还踌躇着；黑的人便抢过灯笼，一把扯下纸罩，裹了馒头，塞与老栓；一手抓过洋钱，捏一捏，转身去了。嘴里哼着说："这老东西……"（鲁迅《药》）

②学务大人大约有四十五六岁的年纪，一张黑黄的脸皮，当中镶着白多黑少的两个玻璃球。一个中部高峙的鹰鼻，鼻下挂着些干黄的穗子，遮住了嘴。（老舍《老张的哲学》）

③知识的问题是一个科学的问题，来不得半点的虚伪和骄傲，决定地需要的倒是其反面——诚实和谦逊的态度。（毛泽东《实践论》）

例①用不同的动作表现出双方各自的性格特征："那人"的贪婪、粗野和老栓的善良、怯懦。例②中"玻璃球"和"穗子"是眼球和胡子的代称，"高峙"一词原是形容高山耸立的样子，这里用来描绘高高耸起的鹰鼻，增添了夸张和幽默的色彩。例③里的"诚实"和"虚伪"、"骄傲"和"谦逊"构成两组反义词的对比。

（三）修辞与语法的关系

修辞同语法有更直接的关系。应充分研究同义句法形式以及各种不同的句式之间的综合运用的表达效果。例如：

①这次考试将在星期二举行，地点是3号楼102教室，时间是三个小时。由于这次考试的难度很大，因此被很多考生称为过鬼门关。

例①采用被动句时注意到了陈述对象一致的问题，若把它改写成主动句"由于这次考试难度很大，所以考生将其称之为过鬼门关"，陈述对象和前面句子衔接得就不顺畅了。

一般论述和论说采用陈述句和判断句较多，但也可以夹杂一些疑问句或者反诘句。例如：

②考不上大学就没有前途吗？我们知道世界著名的科学家法拉第，他的出身是钉书匠，由于刻苦学习，发现了电磁感应现象，制造了世界上第一台感应发电机；中国著名的电光源专家蔡祖泉，仅仅读过三年小学，由于刻苦钻研，终于和同志们一起制成了高压汞灯等几十种新型电光源……高尔基只读过三年小学，马克·吐温是船夫出身，中国作家老舍、赵树理都没上过大学，他们的成就不都是很大？事实说明，没有上过大学的同志，只要刻苦努力，也是可以为

人民做贡献的。

例②一开头就先用反诘句提问，然后通过一系列的举例，最后得出结论：只要刻苦努力，没有上过大学的人也能取得很大的成就。如果全部都用陈述句和判断句，就显得单调平板。

五、修辞的基本原则

（一）适应原则

适应原则要求在修辞中明确目标，看清对象，注意语用时机，适应场合和环境。

说和写，总是有所为而发的，总有一定的表达目的，有时是为了宣传真理，驳斥谬误；有时是为了交流思想，沟通感情；有时是触景生情，抒发胸臆。目的不同，表达方式也就各异，各种修辞手段的运用都要适应这些目的和要求。

对象是交际活动中的一个重要因素。对象有朋友有仇人，有长辈有晚辈，有上级有下级，关系有亲有疏，爱好有同有异。所谓看清对象，一是看清交际的对象（读者或听者），二是看清文章或谈话所涉及的对象。正如俗话所说："射箭要看靶子，弹琴要看听众。"

在交际中把握好说话的时机也非常重要，什么时候讲话，讲些什么话，都要看准时机。如果时机选择不当，就会适得其反。注意交际场合和交际环境，"看菜吃饭""量体裁衣"，这也是适应原则对语用的要求。

（二）得体原则

得体原则是与适应原则紧密联系的又一重要的修辞原则。语用交际目的、交际对象、话语场景等的不同，对人们的语用实践提出了不同的要求。修辞不但要做到适应，而且要做到得体。得体的基本要求是得当、适切；不得当、不适切，就不得体。例如：

①行了几年白话，弄古文的人们讨厌了；做了一点新诗，吟古诗的人们憎恶了；做了几首小诗，做长诗的人们生气了；出了几种定期刊物，连别的出定期刊物的人们也来诅咒了：太多，太坏，只好做将来被淘汰的资料。（鲁迅《并非闲话（二）》）

例①中对四种"人们"的嘴脸，作者表达了鄙夷的态度，由"讨厌"到"憎恶"，由"生气'到"诅咒"，程度逐步加深，十分得体。再如：

②冬至的祭祖时节，她做得更出力，看四婶装好祭品，和阿牛将桌子抬到堂屋中央，她便坦然的去拿酒杯和筷子。（鲁迅《祝福》）

祥林嫂为什么"坦然"？是因为她刚刚为赎罪捐了门槛，认为自己不再是不洁的女人了，所以"她做得更出力"，"坦然的"去拿杯筷，这里的"坦然"一词就用得恰切、适当。

适应原则和得体原则都体现为对语境的适切性。任何修辞手段的运用，只有在特定的语境中才能看出其是否适应、是否得体。

第二节　语音修辞

语音修辞是修辞现象的一种，指的是通过对语音的选择、组合和调整来

如何学习修辞

增强语言的表现力、提高语言表达效果的一种活动。语言是声音和意义的结合体，语音是语言的物质外壳，是语言直接的外在表现形式。在现代汉语的语音中，元音占优势，响亮悦耳；声调有高低，抑扬有致；音节界限清楚，节律分明等，这些特点使得现代汉语语音具有很强的音乐性。人们说话、写文章，应该充分利用现代汉语语音的特点，讲究声音之美，使语言朗朗上口，悠扬悦耳，不仅意义明确，而且声情并茂，从而取得理想的修辞效果。

一、平仄协调

汉语是有声调的语言，声调的高低升降，形成了汉语语音抑扬起伏的特色。利用声调形成声音之美，主要就是注意平仄协调。什么是"平仄"？中古汉语有平、上、去、入四种声调，"平"指平声，"仄"指上、去、入三声。中古的声调演变到现代普通话的声调，变成了阴平、阳平、上声、去声4种。"平"指阴平、阳平，"仄"指上声、去声。平仄协调的规律是，既有重复，又有变化。因为光有重复，显得单调；光有变化，又显凌乱。既有重复，又有变化，才能体现节奏。如果是四个音节，一般是平平仄仄或者是仄仄平平。这样平仄协调相间，才能充分体现汉语抑扬顿挫的语音特色。

格律诗是非常讲究声调平仄的。例如（举例中以"—"表平，以"丨"表仄，下同）：

①无 边 落 木 萧 萧 下，

  — — 丨 丨 — — 丨

  不 尽 长 江 滚 滚 来。（杜甫《登高》）

  丨 丨 — — 丨 丨 —

②春 蚕 到 死 丝 方 尽，

  — — 丨 丨 — — 丨

  蜡 炬 成 灰 泪 始 干。

  丨 丨 — — 丨 丨 — （李商隐《无题》）

上面两例，平仄完全符合格律诗的要求，体现了汉语讲究声调平仄的传统。

其实，不仅仅是诗歌讲究声调平仄，就是一般的散文或文章，往往也很讲究声调平仄。例如：

③远望天山，美丽多姿，那长年积雪高插云霄的群峰，像集体起舞的维吾尔少女的珠冠，

    丨丨— —   丨丨— —

银光闪闪，那富于色彩的连绵不断的山峦，像孔雀开屏，艳丽迷人。（碧野《天山景物记》）

— 丨 丨   丨 丨 — — 丨 — —

④这时少长咸集，群贤毕至。当时著名的数学家有熊庆来、华罗庚、张宗燧、闵嗣鹤、

    丨 丨— —   — —丨 丨

吴文俊等许多明星灿烂，还有新起的一代俊彦，陆启铿、万哲先、王元、越民义、吴方，等等，

     — —丨 丨   — 丨 丨 丨   — — 丨 丨

如朝霞烂漫，还有后起之秀，陈汝铃、杨乐、张广厚等已入北京大学求学。（徐迟《哥德巴赫猜想》）

      丨 丨— 丨

这些词句，非常注意声调平仄协调，所以读起来抑扬顿挫、波澜起伏，给人以声音上美的享受。

人们习用的成语以及常用的一些词语，在多年流传和广泛运用中，往往形成了平仄协调的优美形式。例如：

千秋万载　　铜墙铁壁　　花言巧语
心花怒放　　争奇斗艳　　拈轻怕重
粗枝大叶　　拖泥带水　　颠三倒四　（这些都是平平仄仄的形式。）
刻骨铭心　　破釜沉舟　　柳暗花明
锦上添花　　力挽狂澜　　万水千山
半夜三更　　弄假成真　　树大招风　（这些都是仄仄平平的形式）

有的时候，人们甚至打破正常的组合，采用超常的搭配，以求得语音的平仄协调。例如："江山易改，禀性难移"的"改"和"移"本应互换位置，才是正常的主谓搭配，但是，为了求得平仄协调，人们宁愿采取超常的主谓搭配。

"山清水秀"的"山清"和"水秀"也是超常的主谓搭配（本应是"山秀"和"水清"），这也是为了求得平仄协调，声调扬抑。

二、押韵和谐

汉语元音占优势，韵母中都有元音。把韵母（主要指韵腹、韵尾）相同或相近的字放在诗文的不同句子的同一位置上，就形成了押韵。押韵的字一般在句子的末尾，所以又叫"韵脚"。这样，韵脚在不同句子的同一位置上反复出现，形成语音上的回环往复之美。

押韵能很好地体现节奏，所以诗歌一般是押韵的，无论是诗、词、曲，还是自由体的诗，一般都必须押韵。人们所讲的韵文，大都是指讲究押韵的文字。例如：

①用笔何如结字难（an），纵横聚散最相关（uan）。一从证得黄金律，顿觉全牛骨隙宽（uan）。（启功《论书绝句》）

②风雨送春归，飞雪迎春到（ao）。已是悬崖百丈冰，犹有花枝俏（iao）。俏也不争春，只把春来报（ao）。待到山花烂漫时，她在丛中笑（iao）。（毛泽东《卜算子·咏梅》）

③骆驼，你星际火箭（ian），

　　你，有生命的导弹（an）！

　　你给予了旅行者以天样的大胆（an），

　　你请导引着向前（ian），

　　永远，永远（üan）！（郭沫若《骆驼》）

上面这些诗歌都是押韵的，读起来韵脚和谐悦耳，反复回旋。押韵，已经成为诗歌语言的要素之一。

与韵文相对的散文，一般不要求押韵，但是，有的散文在适当的地方也讲究押韵。这样的散文抒情性很强，作者实际上是把它当作诗来写的，从而使它形成了诗一样的语言。例如：

④哪一颗星没有光（uang），哪一朵花没有香（iang），哪一个庄稼人的心里又不怀着屈辱和期望（ang）？在过往的日子留下的这片废墟上（ang），哪一个庄稼人又不在为明亮的日子而奔忙（ang）？这虽然像梦又实不是梦（eng）！日头才刚刚西斜，阳光是无边无际，乡场上

密得不透风（eng），好比一朵正当节令的金秋芙蓉（ong）。（何士光《赶场即事》）

这是小说中的一段文字，很讲究押韵。这段押韵的文字，是对人物场景的描写，读来朗朗上口，具有诗情画意。

不光是描写性的文字，有些议论性的文字也可以押韵。例如：

⑤革命的集体组织中的自由主义是十分有害的。它是一种腐蚀剂（i），使团结涣散，关系松懈，工作消极（i），意见分歧（i）。（毛泽东《反对自由主义》）

这一段押韵的文字，读起来顺口，听起来入耳，具有很强的说服力。

押韵的修辞效果主要有以下 3 点：第一，同韵相应，回环往复，和谐悦耳，可以拨动读者的心弦，与作者产生共鸣。第二，韵脚反复出现，强调句末重点，可以凸显句子的焦点，使人充分理解句子的含义。第三，韵脚和谐，顺口悦耳，便于传诵，便于记忆。

要做到押韵和谐，就得安排好韵脚。常见的安排韵脚的方法有选用同义词、调整句子结构、改变语序等。例如：

⑥书中夹红叶，红叶颜色好（ao）。请君隔年看，真红不枯槁（ao）。（陈毅《题西山红叶》）

⑦未出阳关（uan），

以为阳关会把我们怨（üan）；

临近阳关（uan），

以为阳关会把我们拦（an）；

出了阳关（uan），

才知阳关以外最把我们盼（an）。（郭小川《边塞新歌》）

⑧一身换得百花开（ai），赤日丹心映日来（ai）。赢却生前身后誉，汗青已记任狼豺（ai）。（《天安门诗抄·江山千古仰英名》）

例⑥为了押韵，在同义词"干枯、枯萎、枯槁"中选用了"枯槁"。例⑦没有说成"怨我们、拦我们、盼我们"，而是运用了"把"字句，安排动词做韵脚，说成"把我们怨、把我们拦、把我们盼"。例⑧改变了"豺狼"的语序而说成"狼豺"，以做到韵脚和谐。

三、双声叠韵

双声叠韵是汉语语音特有的一种表现形式，利用双声叠韵造成声调和谐的语句也是汉语传统的语音修辞手法之一。

格律诗中对仗的部分，常常有双声叠韵相对的情形。例如：

①梦里依稀慈母泪，城头变幻大王旗。（鲁迅《惯于长夜过春时》）

②风飘律吕相和切，月傍关山几处明。（杜甫《吹笛》）

例①中"依稀"和"变幻"，例②中"律吕"和"关山"，两两相对，互相配合，对仗十分工整。

不只是在诗歌中，即使在现代的文章中，也常常运用双声叠韵。例如：

③真的猛士，敢于直面惨淡的人生，敢于正视淋漓的鲜血。（鲁迅《记念刘和珍君》）

④它没有婆娑的姿态，没有屈曲盘旋的虬枝。（茅盾《白杨礼赞》）

例③的"惨淡"是叠韵，"人生"从宽泛的角度看也是叠韵，"淋漓"和"鲜血"都是双声。例④的"婆娑"是叠韵；"屈曲"两字同音，但不同于叠音，可以看作既是双音，又是叠韵；"盘旋"

是叠韵。上面这些文章中运用了双声叠韵词语，声韵铿锵，增强了文章的说服力和感染力。

现代日常生活中人们常用的一些词语，有不少就是双声叠韵的结构。双音节的如"批评、丰富、大地、虚心、开阔"等；叠韵的如"辛勤、教条、利息、响亮、阳光"等；双声叠韵的如"意气风发、欢天喜地、战天斗地、灿烂辉煌、汹涌澎湃、惨淡经营、小巧玲珑"等。如果能恰当地运用这些词语，可以明显地提高表达效果。

四、节拍自然

节拍就是指有一定数量的音节构成的语言节奏单位，这样的节拍也叫音步。汉语语音具有很强的音乐性。人们调配节拍，追求节拍自然，就是要充分表现语言的节奏感，充分展示汉语的音乐美。

诗歌的节拍比较明显，并有一定的规律，一般是两个音节一个节拍，间有一个音节一个节拍。常见的节拍安排方式：三字句，二/一式或一/二式；四字句，二/二式；五字句，二/二/一式或二/一/二式；六字句，二/二/二式；七字句，二/二/二/一式或二/二/一/二式。例如：

①太阳/出，冰山/滴；真金/在，岂/销铄？（郭沫若《满江红》）

②指点/江山，激扬/文字，粪土/当年/万户/侯。（毛泽东《沁园春·长沙》）

③床前/明月/光，疑是/地上/霜。举头/望/明月，低头/思/故乡。（李白《静夜思》）

④宁化/清流/归化，路隘/林深/苔滑。（毛泽东《如梦令·元旦》）

⑤群峰/壁立/太行/头，天险/黄河/一望/收。两岸/烽烟/红/似火，此行/当可/慰/同仇。（朱德《出太行》）

这些诗歌的节拍，十分明显，很自然，并且和句子的意群相吻合。

现代的自由体新诗，有的句子字数比较多，节拍的音节数目也可多一些，但节拍安排的基本方式与古体诗词基本一致。例如：

⑥你看/那浅浅的/天河，

定然是/不甚/宽广。

我想/那隔河的/牛女，

定能够/骑着牛儿/来往。（郭沫若《天上的街市》）

散文也有节拍。散文的节拍当然不像诗歌那样相对固定，它带有一定的灵活性和主观性，通常也是采取以两个音节或四个音节为一个节拍的形式为主。例如：

⑦东有东山，/西有西山，/北有卧虎，/南有鸡笼，/太原/正好/坐落在/一个/肥沃的/盆地里。（吴伯箫《难老泉》）

现代汉语中双音节词占多数，形成这种状况的原因外，除了现代汉语中单音节词活动受限制，总要通过种种方式扩充为双音节词才能自由活动等语法原因外，从节拍方面看，双音节语言单位与单音节语言单位相比，多具有稳定和独立的特点，两个双音节语言单位用在一起，这个特点就更为突出。所以，现代汉语中就出现了大量的双音节词和四音节的成语，而且成语绝大多数是二/二式的节拍。例如：

⑧风调/雨顺　　　称心/如意　　　屈指/可数　　　节外/生枝

　口是/心非　　　文过/饰非　　　五花/八门　　　上行/下效

即使是从结构和意义上分析不是二/二式的，通常在节拍上仍然处理为二/二式。例如：

⑨乘人/之危　　　病从/口入　　　众矢/之的　　　一衣/带水

例⑨的前两个成语本是一/三式，后两个成语本是三/一式，但是，人们还是把它们读成二/二式。这就是节拍在起作用。

当然，一味地使用双音节、四音节词语，虽然平稳，但显得单调，那就得有些变化。人们常用的变化的方法是在作品中安排成对的三音节词语。例如：

⑩一跺脚，刀横起，大红缨子在肩前摆动，削砍劈拨，蹿越闪转，手起风生，忽忽直响。（老舍《断魂枪》）

⑪说凤阳，道凤阳，凤阳本是好地方。（安徽歌谣）

三音节词语显得活泼轻快，但是单独使用容易使人产生不稳定的感觉。而两个三音节词语连在一起，就如负负得正一样，变得稳定了。例⑪的"道凤阳"从表意上来看没有必要，但是从节拍上来看却很有必要。

懂得了节拍的道理，遣词造句时就要注意音节的调配，使句子音节相称，节拍自然、平稳，富于变化。现代汉语中有不少的单音节、双音节和多音节同义词并存，可供人们根据语境和行文在音节上的需要加以选择。另外，有些虚词也可供人们调配音节使用。这方面的范例不胜枚举。例如：

⑫这种作风，拿了律己，则害了自己；拿了教人，则害了别人；拿了指导革命，则害了革命。（毛泽东《改造我们的学习》）

例⑫中的"己"和"自己"、"人"和"别人"，都是同义的。一处用"己"，另一处用"自己"，一处用"人"，另一处用"别人"，完全是根据调配音节、安排节拍的需要做出的选择。同时，虚词"了"的运用也跟调配音节、安排节拍有关。

第三节　词语修辞

词语修辞着眼于词语的选择和搭配，类似于古人的"炼字"，也就是要对所使用的词语加以选择和锤炼。鲁迅的《孔乙己》中有这样的话："他不回答，对柜里说，'温两碗酒，要一碟茴香豆。'便排出九文大钱。"句中这个"排"字，生动地刻画出孔乙己的性格和情态。如果换成"拿"字，可能就境界全无了。可见，有时候"句工只在一字之间"。正如古罗马诗人贺拉斯所言："如果你安排得巧妙，家喻户晓的字便会取得新义，表达就能尽善尽美。"

人们说话、行文总是从运用词语组成句子开始的。运用词语的好坏，最先影响到修辞的成败。南朝梁文学理论批评家刘勰说："夫人之立言，因字而生句，积句而成章，积章而成篇。"苏联著名作家高尔基说："一个作家——艺术家必须广泛地熟悉我国最丰富的词汇，必须善于从其中挑选最准确、最明晰而生动有力的词。"贾岛对词语的"推敲"，杜甫"语不惊人死不休"的苦吟，等等，历来都被人们传为佳话。

现代汉语的语汇极其丰富，这为人们开展语汇修辞奠定了坚实的物质基础。只有积累词语，不断丰富个人的语汇库，并在此基础上积蓄深厚的文化修养和各方面的知识，提高观察、认识事物的能力，才能在说话、行文时，根据题旨和语境的需要，准确、得体地使用词语，有效地通过词语修辞来增强表达效果。

词语修辞主要包括词语的选择和词语的配合两个方面。

一、词语的选择

（一）动词的选择

传统和现代的语言学理论都十分强调动词在结构句子和传递信息中的独特作用。从修辞的角度看，人们在叙事、写人或描绘景物时，用好动词往往也特别重要。例如：

①司令员向外看，黑暗已经悄悄地从他身边逝去，黎明爬上了窗子。（杜鹏程《保卫延安》）

照理说，是黎明的光线"照"到了窗子上，可是作者没有那样说，而是锤炼出一个动词"爬"来写黎明的到来，这样写，寓静于动，把全句写活了。

②是烟是雾，我们辨识不清，只见灰蒙蒙一片，把老大一座高山，上上下下裹了个严实。（李健吾《雨中登泰山》）

烟雾一般是"笼罩"着高山，但是这里用了"裹"这个动词，以说明烟雾很浓，好像一块幕布把高山裹了起来，使人看不清山的真面目。这样写景，不仅描述得真实，而且写出了人的主观感受。

（二）形容词的选择

形容词表示事物的性状，对形容词加以选择，可以使事物的性质更为明显，状态更为生动。例如：

①从此就看见许多陌生的先生，听到许多新鲜的讲义。（鲁迅《藤野先生》）

例①中的"陌生"和"新鲜"，在初稿中都用了同一个词"新"，这当然也可以。但"新的先生"是新到校的，还是新认识的？"新的讲义"是指新印出的，还是指有新内容的？表意不是很明确。改为"陌生的先生"表示从未见过，那就是新认识的；改为"新鲜的讲义"表示从未听过，那就是指新的内容。这样一改，表意就非常明确了，事物的性质就十分明显了。又如：

②话犹未了，林黛玉已摇摇地走了进来。（《红楼梦》第八回，庚辰本）

以"摇摇"来描写林黛玉进来的状态，的确生动而传神，使得林黛玉那弱不禁风的身影，娇娆轻盈的姿态，活灵活现地展现在眼前。这一句，戚序本没有"摇摇"二字，成了平淡的叙述；程高本为"摇摇摆摆"，多了两字，反而使人觉得轻浮而有失庄重，背离了林黛玉的气质，有损人物形象。三个本子比较起来，显然是庚辰本的"摇摇"最为恰当，使林黛玉的形象跃然纸上。

（三）名词的选择

名词表示人或事物的名称，似乎没有什么可锤炼的。其实用什么名词来指称人或事物，还是很有讲究的。例如：

①我就像遭到了雷击，赶忙问他："爸爸呢？"他避开我的眼光低声告诉我，根据林彪一号通令，爸被疏散去外地了。（陶斯亮《一封终于发出的信》）

这里的"眼光"是由原稿中的"眼睛"改成的。"眼睛"是视觉器官，"眼光"是视线，避开的应是"眼光",而不是"眼睛"。可见改为"眼光"才准确。

②学务大人大约有四十五六岁的年纪,一张黑黄的脸皮,当中镶着白多黑少的两个玻璃球。一个中部高峙的鹰鼻,鼻下挂着些干黄的穗子,遮住了嘴。(老舍《老张的哲学》)

例②中的"玻璃球"是指眼球,"穗子"是指胡子,然而把它们说成"玻璃球"和"穗子",顿生诙谐幽默之趣。

(四)量词、副词、代词、虚词的选择

词语的选择不限于动词、形容词和名词,量词、副词、代词及虚词的使用也都应精益求精。量词很具形象色彩,如"一片、一朵、一丝、一缕、一点、一线"等,形象各不相同。例如:

①过了八公里长的瞿塘峡,乌沉沉的云雾突然隐去,峡顶上一道蓝天,浮着几小片金色浮云,一注阳光像闪电样落在左边峭壁上。(刘白羽《长江三日》)

蓝天怎么是"一道"?因为是在三峡中看蓝天,不能把整个蓝天尽收眼底,所以看上去只是"一道";浮云是"几小片",也很恰当;"一注"阳光尤其精彩,"注"本是动词,这里借来作为量词,形象地写出了阳光不是大片而是成线条状照射在峭壁上,就像水注射到峭壁上,像闪电落到峭壁上,"一道""一注"写出了三峡的奇特美景。

副词起修饰限制作用,选择得好往往使其作用更为明确。例如:

②白求恩同志,我也要批评你两句。你不很注意——不,是很不注意——自己的健康!(电影《白求恩大夫》)

"不"和"很"两个副词,组合顺序不同,表意就不一样。"不很注意",说明还比较注意;"很不注意",说明非常不注意。先说"不很注意",说话者认为表意不精确;改用"很不注意",就充分表现了白求恩同志毫不利己、专门利人的崇高精神,表意十分精确。

代词和虚词的选择也有很好的修辞效果。如郭沫若的《屈原》剧本中"你是没有骨气的文人"这句台词,经演员建议,改为"你这没有骨气的文人",使台词的语气大为增强。老舍的话剧《宝船》中"开船喽"一句,用"喽"而不用"啦",是因为老舍经反复朗诵后体会到,"开船喽"是表示对大家说的,"开船啦"只是表示对自己说的。

📖 **知识拓展**

"红杏枝头春意闹"

王国维在《人间词话》中说:"'红杏枝头春意闹',着一'闹'字而境界全出。"

从选择词语的角度看,"闹"字确实用得精彩。"红杏枝头春意闹"是北宋宋祁《玉楼春》中的词句。关于"闹"字,前人做过很多分析。有人认为,非一"闹"字,不能形容其杏之红。有人认为,"闹"字形容其杏之红,还不够确切;应当说,形容其花之盛(繁)。"闹"字把无声的姿态说成好像有声音的波动,仿佛在视觉里获得了听觉的感受。

二、词语的配合

（一）色彩的配合

1. 感情色彩的配合

词语的感情色彩有褒义、贬义、中性之分，它反映人们对客观事物的评价态度。不少词语是带有感情色彩的，在运用时要注意词语感情色彩的配合。例如：

①我已经说过：我向来是不惮以最坏的恶意来推测中国人的。但这回却很有几点出于我的意外。一是当局者竟会这样地凶残，一是流言家竟至如此之下劣，一是中国的女性临难竟能如是之从容。（鲁迅《记念刘和珍君》）

"凶残""下劣"带有贬斥的感情色彩，用来抨击"当局者"和"流言家"；"从容"带有褒扬的感情色彩，用来赞颂刘和珍等"中国的女性"。鲁迅先生将这3个褒贬色彩不同的词运用于不同的人，运用在3个整齐的分句中，配合得当，爱憎分明。

有些词语本身没有感情色彩，但如果把它们安排在一个特定的语言环境中，它们也就会临时带上感情色彩而确切地表达人们的思想感情。例如：

②而青松啊，

决不与野草闲花为伍！

一派正气，

一副洁骨，

一片忠贞，

一身英武。（郭小川《青松歌》）

"一派""一副""一片""一身"这些数量词，本身并不带有什么感情，可诗中将它们分别同"正气""洁骨""忠贞""英武"配合，以表现青松完全、彻底、表里如一的高贵品质，这就使得这些数量词带有了褒扬的感情色彩。

2. 语体色彩的配合

语体分为口语和书面语两大类及若干小类。有些词语通用于各种语体，则这些词语不具有语体色彩。有些词语常用于某一语体或专用于某一语体，这样的词语则具有相应的语体色彩。一般具有语体色彩的词语同某一语体有着稳定的适应性而排斥其他语体，因此，运用这些词语时就要充分考虑词语的语体色彩与语体的配合，以取得和谐一致的效果。例如：

①生产责任制真神。俺们才搞了一年，农民就开始显富了，干部和群众之间的那堵墙也给平掉了，真是叫人喜欢。

②所谓形而上学的或庸俗进化论的宇宙观，就是用孤立的、静止的和片面的观点去看世界。这种宇宙观把世界一切事物，一切事物的形态和种类，都看成是永远彼此孤立和永远不变化的。（毛泽东《矛盾论》）

例①是一位农民干部的谈话，属口头语体，运用的词语是"真神""俺们""显富"等口语词，朴实、自然，富有生活气息。例②属书面语体，运用的一些哲学术语、书面词语等与语体是相一致的。

具有语体色彩的词语一般只适用于相应的语体，但也有一定的灵活性。有时候，为了创造某种风格或取得某种修辞效果，可以故意用上少量的不同语体色彩的词语。例如：

③在李宝珠看来，她这位丈夫也不能算是最满意的，只能说是"比上不足比下有余"——因为不是干部——所以只把他作为个"过渡时期"的丈夫。（赵树理《锻炼锻炼》）

这是赵树理小说中的语言，属文艺语体。"过渡时期"是政治术语，一般用于政论语体，将这一词语运用到小说中来描写丈夫，使人感到诙谐、幽默。

3. 形象色彩的配合

词语的形象色彩是所指对象在人的意识里的一种感性的、具体的反映。汉语中不少词语具有形象色彩，以视觉形象为多，如"马尾松、鸡冠花、丹顶鹤"等。也有作用于听觉、嗅觉、味觉、触觉的，如"哗啦啦、香喷喷、甜丝丝、硬邦邦"等。要做形象的描绘，就得注意词语的形象色彩的配合，以期收到形象生动的效果。例如：

看近处，那些落光了叶子的树木上，挂满了毛茸茸亮晶晶的银条儿，那些冬夏常青的松树和柏树上，挂满了蓬松松沉甸甸的雪球儿。（峻青《瑞雪图》）

上例中，由于使用了"毛茸茸""亮晶晶"这两个词，使树枝上的雪条儿有了形象和色泽；由于使用了"蓬松松""沉甸甸"这两个词，使松柏上的雪球儿有了质地和重量。这些具体可感的词语，给这幅图景以形象的渲染，使这段文字犹如一幅画卷，成了名副其实的瑞雪图。

4. 时代色彩的配合

词语的时代色彩是不同时代给词语打下的烙印。人们表现不同时代的内容，必须注意词语的时代色彩的配合。例如：

在以前的戏园子里，往往看得见"禁止喧哗"四个字的木牌，但在戏曲演出的时候，大声谈天说话的有，唱彩以至于打口哨的也有。现代戏院只有发暗的红灯发出"请勿吸烟"的禁告。（王朝闻《起哄与欣赏》）

写以前的剧场，用"戏园子""禁止喧哗""木牌"这些词语；写现代的剧场，用"戏院""发暗的红灯""请勿吸烟"这些词语，这反映了不同时代人们对事物的称说和文明水平，体现了不同时代的特点。

（二）义类的配合

1. 同义词的配合

同义词的运用是语汇修辞的一个重要方面。除了在语句的某一处选择运用同义词之外，人们常常将一组同义词同时在多处运用，互相配合，效果明显。例如：

①他的新著《红楼风俗谭》，叙岁时，记年事，说礼仪，谈服饰，讲古董，言官制，道园林，论工艺，兼及顽童深读，学究讲章，"太上感玄""八股"陈腔，道士弄鬼，红袖熏香，茹鳌鹿肉，荷包槟榔，至琐至细，无不包藏。

这里的"叙""记""说""谈""讲""言""道""论"既表同义，又有变化，错综避复，相得益彰，同中有异，配合得当。这就充分反映了作者运用同义词的娴熟，又充分显示了汉语语汇的丰富。

同义词不仅可以在多处使用，而且还可以连续使用。这样，接连而下，互相配合，以加强气势，协调音节，增强效果。例如：

②你们的这样许多言论行动，既然和敌人汉奸的所有这些言论行动一模一样，毫无二致，毫无区别，怎么能够不使人怀疑你们和敌人汉奸互相勾结，或订立了某种默契？（毛泽东《质问国民党》）

这里的"一模一样""毫无二致""毫无区别"是同义的成语或四字格词语，在意义上没多大差别，但字面上有变化。接连使用，并不让人感到重复，而是让人感到配合有方，痛快淋漓，使人觉得唯有如此，才能充分揭露国民党反动派的罪恶本质。

2. 反义词的配合

反义词的使用可以揭示事物的相反或相对的关系，突出事物的本质特征，同时表意周到，所以人们在语汇修辞中经常运用反义词。反义词往往是成双成对地配合使用的。例如：

①笑的声音有大有小；有远有近；有高有低；有粗有细；有快有慢；有真有假；有聪明的，有笨拙的；有柔和的，有粗暴的；有爽朗的，有沉闷的；有现实的，有浪漫的；有冷冷的，有热情的，如此等等，不一而足，这是笑的辩证法。（高士其《笑》）

这里把"大——小、远——近、高——低、粗——细"等11对反义词配合起来，运用在11个分句里，概括全面，包罗了笑的百态，阐明了笑的辩证法。

修辞上所讲的反义词还包括临时反义词。临时反义词指的是有些词语本来不具有直接的相反或相对的关系，但在特定的语言环境中，人们为了表达的需要而使它们临时具有了相反或相对的关系。临时反义词的使用尤其要注意前后文内容互相配合。例如：

②没有蒲公英，显不出雏菊；没有平凡，显不出超绝。而且不能因为大家都爱雏菊，世上便消灭了蒲公英；不能因为大家都敬礼超人，世上便消灭了庸碌，即使这一切都因着世人的爱憎而生灭；只恐到了满山满谷都是菊花和超人的时候，菊花的价值，反不如蒲公英，超人的价值，反不及庸碌了。（冰心《寄小读者》）

"蒲公英"与"雏菊""菊花"，本来不是反义词，可是，因为作者在文中将"蒲公英"与"雏菊"对举配合以"平凡"与"超绝"对举，将"雏菊""菊花"与"蒲公英"对举配合以"超人"与"庸碌"对举，这样的安排配合，显然就使"蒲公英"与"雏菊""菊花"临时具有了反义关系。

3. 类义词的配合

类义词是表示同类概念的一组词，或者说指同一类属语义场中的一组词。类义词的运用在语汇修辞中是很有特色的，它既有相同点（同类）以显出整齐，又有不同点（不同的事物或形状）以显出错综。把一组类义词在一段文字中配合运用，往往能取得很好的修辞效果。例如：

①他悠悠地踱着步子，嗑着牙花子，慢吞吞地吐着每一个字，好像是在掂每一个字的分量；又像是在咂每一个字的滋味。是的，他的话语就像五香牛肉干，浓缩、醇厚。（王蒙《说客盈门》）

作者把"踱""嗑""吐""掂""咂"这5个表示人的动作的类义词，各自带上合适的宾语，运用在这段文字中，再配以一个比喻和两个形容词，就把一个说套话、保乌纱、有官僚习气且老谋深算的人物形象活脱脱地勾勒出来了。

有时，人们把一组一组的类义词连续排列，铺陈夸张，修辞效果也非常强烈。例如：

②一下子，鸡鸭蟹猪牛马驴狗雁兔子王八，头尾翅腿肚肠肝肺心腰子下水，有煎有炒有烹有炸有炖有蒸有熬有爆有烧有拌有外加一坛子水，碟架碗碗架碗，严严实实把这个僧人围在中央。（冯骥才《阴阳八卦》）

这一段文字，有动物类的类义词，有动物脏器类的类义词，有烹饪类的类义词，接连使用，效果很好，配合上很有特色。

第四节　句子修辞

句子修辞一般包括句子的调整和句式的选用两个方面。

一、句子的调整

句子的调整，也称"句子的锤炼"或"炼句"，这要求人们根据题旨和语境的需要，对句子的结构、句子的表意、句子的衔接加以调整，以求句子结构合理、表意周密、衔接连贯。为达此目的，必须掌握辩证原则，处理好句子调整中的常和异、显和隐、通和顺。

（一）常和异

1.常序句和异序句的特点

句中成分或分句的组织，可以依据常规，构成一般说法；也可以突破常规，造成变异形式。所谓常序句，是指句子成分或分句按照常规次序排列的句子；所谓异序句，是指句子成分或分句改变了常规次序的句子。例如：

①多么好，祖国！多么好，生活！多么好啊——物理！（柯岩《奇异的书简》）

②水生笑了一下。女人看出他笑得不像平常。"怎么了，你？"（孙犁《荷花淀》）

③他们应该有新的生活，为我们所未经生活过的。（鲁迅《故乡》）

④如果我能够，我要写下我的悔恨和悲哀，为子君，为自己。（鲁迅《伤逝》）

⑤我只是他弟弟，又不是他最知己的朋友。当然可以去，如果他肯出旅费。（于梨华《交换》）

⑥我好像做了一场大梦。满园的创伤使我的心仿佛又给放在油锅里熬煎。这样的熬煎是不会有终结的，除非我给自己过去十年的苦难生活作了总结，还清了心灵上的欠债。（巴金《小狗包弟》）

这些都是异序句。前四例是成分的异序，其中例①和例②是主语+谓语的异序，例③和例④分别是定语+中心语和状语+中心语的异序。后两例是分句的异序，其中例⑤的后句是假设分句与结果分句的异序，例⑥的后句是条件分句与结果分句的异序。它们如果将易位的成分或分句置于常位，就成为常序句。如例①可以说成：祖国多么好！生活多么好！物理多么好啊！例⑥的后句可以说成：除非……，这样……才……。

2.常序句和异序句的运用

改变句中成分或分句的常规语序，往往是出于表达的某种需要。有时是为了突出语意，强调易位成分或分句所要表达的内容，或是抒发说话人的某种特殊情感。如上例①，通过成分的易位，表达了说话人对"祖国""生活""物理"无比热爱的感情。

有时是为了合辙押韵，求得声音的和谐、优美。例如：

①灭了，风中的蜡；

僵了，井底的蛙；

倒了，泥塑的菩萨。（郭小川《大风雪歌》）

例①中三句都是将谓语前置，使"蜡""蛙""菩萨"位于句末，构成押韵。

有时是为了简化结构，使句子显得结构清晰。例如：

②科学家是不哭的吗？不，他们泪下如雨，有的白发苍苍的老科学家几乎像孩子一样地哭了：当党和国家领导人亲切地同他们握手，勉励他们为建设社会主义祖国、为攀登世界科学高峰不断做出新贡献的时候；当他们手捧着叶剑英同志为科学大会题诗"……宏观在宇，微观在握……吴刚愕"的时候；当他们听着邓小平同志在科学大会上嘱咐他们勇往直前，由他来做"后勤部长"的时候；当他们听着小麦专家金善宝说他"今后82岁要当28岁过"的时候；当他们看着身患绝症危在旦夕仍坚持在战斗岗位的陈篪同志走上大会讲台的时候；当他们知道离"哥德巴赫猜想"王冠上的明珠只有一步之遥的陈景润每天晚上回所去向支部书记汇报的时候……（柯岩《奇异的书简》）

例②将6个并列的状语"当……时候"后置，一方面为了特别强调状语的内容，充分抒发作者的情感。另一方面是为了调整句子的结构，因为6个状语都形体较长，结构复杂，如果放在中心语前边，就会使句子显得肚子过大，结构松散，挪到中心语后边，句子的结构就变得清晰而紧凑了。

选用异序句，有时是为了衔接自然，使话语显得连贯、流畅。例如：

③他会原谅我的匆忙的，因为我还要往前赶路啊！前边的路是这样的长，在我们繁花似锦的祖国还有多少花朵待我去摘，多少信件等我去看啊。（柯岩《奇异的书简》）

例③的前一句是个因果句，将原因分句后置，正好与后一句的前分句"前边的路是这样的长"在语意上相承接，显得自然、流畅。

异序句多用于文艺语体。它具有特殊的修辞作用，运用得当，可以增强话语的表现力；但如果不分场合地随意滥用，就会适得其反。

（二）显和隐

1. 凸显话题

从语用角度分析，句子有话题和述题。话题是陈述的对象，述题是对话题的陈述。从信息结构上分析，话题传递旧信息（已知信息），述题传递新信息（未知信息）。从语序上分析，话题在前，居于句首，述题在话题之后。从认知上分析，话题居于句首，能最先引起人的注意。由于话题具有这些特点，所以，人们在调整句子时，十分注意话题的调整，把需要首先引起注意的信息放在话题的位置上，使之得到凸显。

凸显话题的方法主要有两种。

（1）直接将一些词语置于句首，充当话题。例如：

①这副对联知道的人很少，颇有介绍的必要。（马南邨《事事关心》）

②十一子和巧云的事，师兄们都知道，只瞒着老锡匠一个人。（汪曾祺《大淖记事》）

例①的"这副对联"本是"知道"的受事，如果说成"知道这副对联的人很少"也可以，但凸显的部分就不一样了，并且同下一句也不连贯。作者将"这副对联"置于句首，充当话题，最先凸显了它，引起人们注意，这有利于表现《事事关心》全文的主旨。例②的"十一子和巧云的事"也是"知道"的受事，如果将它放在"知道"的后面，那就不能使它最先引起人们的注意。

（2）运用介词将一些词语置于句首，充当话题。例如：

①关于牛郎星和织女星，民间有个美丽的传说。

②熊是杂食的，吃肉，也吃果实块根。至于熊猫，是完全素食的。

例①用介词"关于"引出词语，凸显话题。例②是用介词"至于"引出词语，凸显话题。"关于""对于""至于"等介词，具有介引话题的功能，可以说是话题的一种标记，特别是"至于"这个介词，它的功能就是介引话题。

2. 凸显焦点

话题传递旧信息，述题传递新信息，新信息的重点是焦点。焦点是说话人最想让听话人注意的部分。调整句子，往往就是要把最需要强调的部分、最新的信息放在焦点的位置上，使之得到最为充分的凸显。

凸显焦点的方法主要有3种。

（1）将焦点置于句子末尾，形成"句末焦点"。"句末焦点"是由句子组织的一般规律决定的，由旧信息到新信息，再到新信息的重点，这在认知上比较容易，反之则比较困难。所以，"句末焦点"又叫"自然焦点"。例如：

我国的诗人爱把拱桥比作虹，说拱桥是"卧虹""飞虹"，把水上拱桥形容为"长虹卧波"。（茅以升《中国石拱桥》）

这里为了描绘拱桥的形象，把"虹""卧虹""飞虹""长虹卧波"放在焦点的位置上加以凸显。为达此目的，作者在两处用了"把"字句，以便让虹处在末尾，形成句末焦点。

（2）运用对比来凸显焦点，形成"对比焦点"。对比是有效的突出重点的方法，在运用对比的句子中，对比的部分无疑就成了焦点而得以凸显。例如：

骆驼很高，羊很矮。骆驼说："长得高多好啊！"羊说："不对，长得矮才好呢！"（《骆驼和羊》）

前面叙述中的"高"和"矮"是句末焦点，也是对比焦点。后面对话中的"高"和"矮"不在句末，但因为是对话中针锋相对的对比点、强调点，所以仍是焦点，仍得到凸显，这是更典型的对比焦点。对比焦点不一定在句末，也可以在句中。

（3）采用焦点标记来凸显焦点。常用的焦点标记为"是"或"是……的"，焦点处在"是"之后。例如：

①我是昨天买的票。

②我昨天是买的票。

③我昨天买的是票。

例①中用"是"来凸显焦点"昨天"，表明"我"买票是在昨天，而不是在前天或今天。如果将"是"移到"买"的前面，如例②，那就凸显了焦点"买"；如果将"是"移到"票"的前面，如例③，那就凸显了焦点"票"。"是"的位置不同，凸显的焦点就不同，表意的重点也就不一样。

（三）通和顺

1. 通顺兼备

人们一般笼统地要求句子通顺。如果细加分析，"通"和"顺"则是既互相区别又互相联系的两个方面。两者的区别为，通是语法方面的要求，顺是修辞方面的要求，也可以说，通是消极修辞的要求，顺是积极修辞的要求。两者的联系为，通是基础，顺是提高；不通一定不顺，但通了不一定顺。调整句子，就是要做到不但要通，而且要顺，也就是说，不但使单个的句子合乎语法，没有语病，而且要使句子与句子之间衔接连贯，语势顺畅。许多作家对句子的修改都说明了这一点。例如：

①原句：最难堪的，自然是妻儿的远离，而且不通消息……（叶圣陶《潘先生在难中》）

改句：最难堪的，自然是妻儿远离，而且消息不通……

②原句：度过了讨饭的童年生活，在财东马房里睡觉的少年，青年时代又在秦岭荒山里混日子，他不知道世界上有什么可以叫作困难！（柳青《创业史》）

改句：他童年时候讨过饭，少年时候在财东马房里睡过觉，青年时候又在秦岭荒山里混过日子，简直不知道世界上有什么可以叫作困难。

例①原句中的"妻儿的远离""不通消息"都是通的，但结构上不一致，字数上不相等，连在一起是不怎么顺的。改为"妻儿远离""消息不通"结构相同，字数相等，连在一起显然顺多了。例②叙述了梁生宝童年、少年、青年时期的生活，原句童年时期用了一句，少年和青年时期合为一句，三个时期的叙述虽然没有什么不通之处，意思也使人明白，但总让人觉得拗口不顺。改句用三个句子叙述三个时期的生活，并且结构基本一致，让人感到语句连贯，语势顺畅。

2. 话题衔接

话题是陈述的对象，传递旧信息，居于句首。话题往往是表述的出发点，是获取新信息的基础。因此，利用话题来衔接句子，是保证句子通和顺的最基本的衔接方法。

常见的话题衔接的方式主要有两种。

（1）平行衔接的方式。采用这种方式，可以用一个话题引出多个述题，贯串始终，平行推进；也可以用不同的话题引出不同的述题，这些不同的话题往往是平行的、对举的。例如：

①他头上顶着一条麻袋，背上披着一条麻袋，抱着被窝卷儿，高兴得满脸笑容，走进一家小饭铺。他要了五分钱的一碗汤面，喝了两碗面汤，吃了他妈给他烙的馍。他打着饱嗝儿，取下棉袄口袋上的别针，掏出一个红布小包来。他在饭桌上很仔细地打开红布小包，又打开一层写过字的纸，才取出那些七拼八凑地凑起来的人民币来，拿出一张五分票，付了汤面钱。（柳青《创业史》）

②一批人咕噜着离开了万盛米行，另一批人又从船埠头跨上来。（叶圣陶《多收了三五斗》）

例①是用话题"他"（梁生宝）引出了多个述题。尽管这个话题"他"有时出现，有时不出现，但都是同一个话题一连而下，平行推进，构成了这一段连贯得体的文字。例②是两个话题"一批人""另一批人"分别引出两个述题，平行对举，衔接得当。

（2）分层衔接的方式。这种方式由一个话题（总话题）引出一些子话题，总话题与子话题有上下位关系，处在不同层次上。例如：

露天会场。西边是黑黝黝的群山。东边是流水汤汤的延河，隔河是清凉山。南边是隐隐约

约的古城和城上的女墙。北边是一条路，沿了延河，蜿蜒过蓝家坪，狄青牢，直通去三边的阳关大道。（吴伯箫《歌声》）

例句的总话题是"露天会场"，由它引出子话题"西边""东边""南边""北边"，衔接有方，层次分明，叙述清楚。

3. 述题衔接

述题衔接的主要方式也有两种。

（1）平行衔接。采用这种方式可以用述题反复来形成衔接；也可以用上一句的述题作为下一句的话题，形成话题链，一环一环地相接。例如：

①我们年轻时候的新鲜哪儿去了？

我们年轻时候的甘美哪儿去了？

我们年轻时候的光华哪儿去了？

我们年轻时候的欢爱哪儿去了？（郭沫若《凤凰涅槃》）

②一见面是寒暄，寒暄之后说我"胖了"，说我"胖了"之后即大骂其新党。（鲁迅《祝福》）

例①是利用述题"哪儿去了"的反复来衔接句子，显得反复有方，整齐流畅。例②第一句的述题"寒暄"充当了第二句的话题，第二句的述题"说我'胖了'"充当了第三句的话题，这样环环相扣，衔接紧密，连贯顺畅。

（2）分层衔接。这是由一个述题引出一些子话题，这个述题与引出的子话题处在不同层次上。例如：

语用学是一门古老而又年轻的学问。说它古老，是因为它所涉及的内容早在古希腊、罗马时期就引起学者们的注意；说它年轻，是因为它只是在 20 世纪 70 年代才作为语言学的一门新兴的独立学科出现，并得到语言学界的承认和支持。

这里由首句的述题"是一门古老而又年轻的学问"引出两个子话题"说它古老""说它年轻"，再分别加以阐述，条理清楚，衔接连贯。

二、句式的选用

汉语作为一种历史悠久的语言，不但词汇丰富，而且句式多样。句式的多样化，为人们充分地表情达意提供了选择的可能性。我们要恰当地选择句式，就得对句式有一定的了解。

（一）长句和短句

长句是指词语多、结构复杂的句子。短句是指词语少、结构简单的句子。长句表意丰富、周密、精确、细致。短句表意简洁、明快、活泼、有力。例如：

①所谓团结，就是团结跟自己意见分歧的，看不起自己的，不尊重自己的，跟自己闹过别扭的，跟自己作过斗争的，自己在他面前吃过亏的那一部分人。（毛泽东《增强党的团结，继承党的传统》）

②王三胜，大个子，一脸横肉，努着对大黑眼珠，看着四周。大家不出声。他脱了小褂，紧了紧深月白色的"腰里硬"，把肚子杀进去。给手心一口吐沫，抄起大刀来："诸位，王三胜先练趟瞧瞧。不白练，练完了，带着的扔几个；没钱，给喊个好，助助威。这儿没生意口。好，上眼！"（老舍《断魂枪》）

227

例①是长句，宾语中心"人"前面有一长串定语，从不同角度列举了应该团结的人的范围，表意非常严密、周到。例②用短句，描写一个练武卖艺人的容貌、穿着、语言、动作，有声有色，简洁有力。

长句和短句各有其适用的语体，政论语体、科技语体多用长句，文艺语体多用短句。当然，在具体的运用中有较大的灵活性，在许多情况下是长句、短句配合着使用，以同时收取这两种句式的修辞效果。

一般说来，在不妨碍内容、感情充分表达的情况下，说话、行文以用短句为好，而且这也符合汉语表达的习惯，符合人们的认知心理。长句修饰成分多，联合成分多，运用中稍不留意就会出现语病。所以，人们常常在句子修辞中把长句化为短句。常见的长句化短句的方法有两种。

（1）把长句中的修饰成分抽出来，形成分句。例如：

原句：在妇女代表队伍里，我看见从农村来的，坚持了十三年的斗争，把亲爱的独子贡献给解放战争，经历了无数次战争、监狱考验的中国劳动人民伟大的母亲李秀珍。（刘白羽《记北京的胜利日》）

改句：在妇女代表队伍里，我看见从农村来的中国劳动人民伟大的母亲李秀珍，她坚持了十三年斗争，把亲爱的独子贡献给解放战争，自己为革命经历了无数次战争和监狱的考验。

例子原句"李秀真"前面有很长的定语，读起来很吃力。改句把长定语抽出来，变成几个分句，读起来明快多了。

（2）把长句中的联合成分拆开，重复与之直接组合的成分，形成并列的句子。例如：

原句：我十分憎恨地主、资本家和一切卖国军阀，我真诚地爱我阶级兄弟、我们的党和我中华民族。

改句：我十分憎恨地主，憎恨资本家，憎恨一切卖国军阀；我真诚地爱我阶级兄弟，爱我们的党，爱我中华民族。（方志敏《狱中纪实》）

例子原句"憎恨"和"爱"后面都有较长的以联合短语充当的宾语。改句如果看作是原句变化而来，那就是把联合短语拆开，重复与之直接组合的"憎恨"和"爱"，这就把长句变成了短句。

（二）整句和散句

整句是指结构相同或相似、形式整齐的一组句子。散句是指结构不整齐、各式各样的句子交错运用的一组句子。整句形式整齐，气势贯通，表意强烈，体现的是均衡美、整齐美。散句不拘一格，活泼自然，表意生动，体现的是参差美、变化美。例如：

①春分刚刚过去，清明即将到来。"日出江花红胜火，春来江水绿如蓝。"这是革命的春天，这是人民的春天，这是科学的春天。（郭沫若《科学的春天》）

②他揉眼一看，这是哪里？一群人围着自己：惊、窘、奇、怕，一人一态，有人手拿架势，好像随时准备逃跑。他定定神再看，这才发现是到了火葬场。孙三老汉激灵打个寒战：我的爹！可拉到好地方来了。（赵本夫《卖驴》）

例①是整句，共由三个复句组成，各个复句的每个分句结构都相同，形式非常整齐。从辞格运用的角度看，前两个复句都用了对偶，第三个复句用了排比。这样整齐的句子，读来气势贯通，仿佛一股春风扑面而来。例②是散句，运用了长短不一、结构不同的多种句子，说的是孙三老汉在驴车上睡着了而被误拉到了火葬场，周围的人误认为他死而复活。这样有趣的场景，这样复杂的人物的动作、神情，凭借这样多变的散句而生动活泼地表现了出来。

在实际运用中，人们常常把整句和散句结合起来使用，整中见散或散中见整，整散结合，错综有致，以同时收到这两种句式的修辞效果。例如：

③当然我们无产阶级有自己的英雄气概，有自己的骨气，这就是决不向任何困难低头，压不扁，折不弯，顶得住，吓不倒，为了社会主义、共产主义建设的胜利，我们一定能够克服任何困难，奋勇前进！（吴晗《谈骨气》）

例③整个看形式不整齐，是散句，但其中的"压不扁，折不弯，顶得住，吓不倒"是四个整齐的动补结构的句式，这体现了散中见整。再细看这四个动补结构的句式，"压不扁""折不弯""吓不倒"是否定式，"顶得住"是肯定式，整齐中又有变化，这又体现了整中见散。短短的一段文字竟有如此的变化，实在令人叹服。

（三）主动句和被动句

以施事做主语的句子叫主动句。以受事做主语的句子叫被动句。一般来说，主动句和被动句表意的侧重点不同，适用的场合不尽相同，修辞效果也不一样。可根据表意和语境的需要，做出恰当的选择。

人们平时说话、行文，用主动句的时候比较多，因为主动句比被动句直截了当。现代汉语中的被动句，从形式上看，有的用"被""叫""让"等标记来表示被动，有的不用标记词，直接让受事充当主语来表示被动。从句式选用的角度看，下列情况中，适宜选用被动句。

（1）强调受事，而施事不需要说出，或不愿说出，或无从说出。例如：

伽利略也因为信仰和传播哥白尼的学说，在一六三三年他已经七十岁的时候，还被审讯，受到严刑的威胁。（竺可桢《哥白尼》）

例句强调了伽利略被审讯，而不必、不愿说出施事。

（2）保持叙述方向的一致和话题的连贯。例如：

好了，月亮上来了，却又让云遮去了一半，老远的躲在树缝里，像个乡下姑娘，羞答答的。（朱自清《松堂游记》）

例句用了一个被动句"却又让云遮去了一半"，这是为了保持叙述方向的一致，让"月亮"这个话题贯串下去。假如不用被动句而说成"云又遮去了一半"，那就使得话题一会儿是"月亮"，一会儿是"云"，叙述方向变来变去，使人感到别扭。

（3）表示不如意、不幸的事情。例如：

①由于宣传哥白尼的新宇宙观，意大利哲学家布鲁诺坐了七年牢，最后被处火刑；意大利物理学家伽利略七十岁时受到宗教法庭审判，并被终身监禁。（钱三强《科学技术发展的简况》）

②1600年2月17日，布鲁诺在罗马百花广场上，被活活烧死。（李迪《日心说和地心说的斗争》）

例①和例②和前面（1）中举的例句，在说到布鲁诺和伽利略的不幸遭遇时，作者们不约而同选用了被动句。

（四）肯定句和否定句

肯定句是对事物做出肯定判断的句子。否定句是对事物做出否定判断的句子。肯定和否定是互相联系的，肯定一面的同时也就意味着否定另一面，所以，肯定句、否定句可以互相变换。如"老王干劲大"和"老王干劲不小"，这两句的基本意思相同，但在语义的深浅、口吻的轻重、语气的强弱等方面就有差别。这里着重说明肯定句、否定句运用中常见的两种情形。

（1）肯定、否定相互映衬。人们常常将肯定句和否定句并用，做先后的排列，肯定否定相互映衬，相互补充，从正反两个方面说明情况或表明态度，以加强语势，增强表达效果。例如：

①我们实行的是社会主义民主，不是资本主义民主。（邓小平《目前的形势和任务》）

②（蜜蜂）不是为自己，而是在为人类酿造最甜的生活。（杨朔《荔枝蜜》）

例①是肯定在前否定在后，例②是否定在前肯定在后，这样的肯定否定先后并用，都起到了相互映衬、增强效果的作用。

（2）双重否定的运用。人们都知道双重否定表示肯定，但双重否定并不是完全等同于肯定。"非学不可"不是学就可以的意思，而是一定得学的意思；"不能不说"不是能说的意思，而是必须要说的意思。这么看来，双重否定表示肯定，往往使语气更强烈，使人感到不容置疑，从而加强了肯定。例如：

①从前线回来的人说到白求恩，没有一个不佩服，没有一个不为他的精神所感动。（毛泽东《纪念白求恩》）

例①中的"没有一个不佩服"比起"个个都佩服"，"没有一个不为他的精神所感动"比起"个个都为他的精神所感动"，显然语气强烈得多，这就高度赞扬了白求恩精神的崇高和感人。

双重否定表示肯定，有时也表示委婉的语气。例如：

②当然，这些人有的不是没有错误，犯了错误，作了自我批评，就有了正反两方面的经验嘛。（邓小平《各方面都要整顿》）

例②里的"不是没有错误"是有错误的意思，然而语气比较委婉。这显示了批评的艺术。

第五节　修辞格

一、修辞格概述

修辞格，又叫辞格，是具有特定的构成方式和相应的表达效果的格式，是具有生动性和高度形式化的积极修辞方式。

（1）辞格的修辞效果能使表达的内容富有可体验性、具体性，并能利用语辞的形、音、义，使形式呈现出动人的魅力。

（2）辞格在组织结构上高度形式化，具有一定的模式或程式。辞格多数具有较为明显的形式上的标志。例如，比喻有本体、喻体、比喻词语3个要素，这3个要素的组合就构成了一定的结构形式。少数辞格，如夸张、反语等在意义上也是有规律可循的：夸张必是言过其实，反语必是意在反面。这些规律也是一种程式。

二、常用的修辞格

（一）比喻

比喻就是通常所说的"打比方"，是利用甲事物来说明与其本质不同而又有相似之处的乙事物的一种修辞方式。

1.比喻的构成要素及构成条件

比喻的特点是以彼喻此。"彼"指比喻的事物，叫喻体；"此"指被比喻的事物，叫本体；二者构成比喻辞格的两大基本要素。喻体和本体赖以组合成比喻的纽带是它们之间的相似点。标示这种相似关系的语词叫喻词（或比喻词），喻词是比喻的语词标志。

比喻中本体和喻体的相似点一般不直接点明，让读者从中去寻味领悟，也有在比喻中点明其相似点的，如"那孩子像花朵般可爱"。

构成比喻，从内容上说，有需要表现的事物、另外的事物和相似点这3个要素；从形式上说则需要本体、喻体和比喻词3个成分。通常人们把本体、喻体、比喻词叫比喻的三要素，也有的会加上相似点，称为四要素。

构成比喻的条件：喻体和本体必须是本质不同但有相似点的事物。这也就是说本质相同的事物构不成比喻，没有相似点的事物也构不成比喻。

2.比喻的基本形式

（1）明喻。直接、明白地用喻体来描写或说明本体，常以"像""似""如""仿佛"等词语连接本体和喻体。结构形式："本体"像"喻体"（甲像乙）。例如：

记得那年泼水节，一朵凤凰花就像一团火焰，一树凤凰花就像一支燃烧的火把。（张长《泼水节的怀念》）

（2）暗喻。直接将本体等同于喻体以描写或说明本体，常用"是""成为""等于"等词语连接本体和喻体。结构形式："本体"是"喻体"（甲是乙）。例如：

一个爱说话的女人是朵盛开的花，没有什么味道；一个不爱说话的女人，是朵半开的花，没有人知道它藏着一个什么样的花心，最吸引人。（於梨华《变》）

（3）借喻。不出现本体，也没有喻词，直接用喻体描写或说明本体。结构形式：只有喻体（乙）。例如：

她曾经远离过这些人，在她与她们之间筑了一堵墙。为了显示自己的不同凡响，她长期忍受孤独寂寞的痛苦。（贺光涛《路》）

以上所述的3种比喻形式，是比喻的基本结构类型。从明喻到暗喻再到借喻是一层进一层的比喻，越推进一层，比喻和被比喻的事物关系越密切。大致说来，表达激昂情绪或强调比喻的事物时，宜于用暗喻或借喻，在一般情况下，宜于用明喻。这要由表达内容和特定语境来决定。

3.比喻的变式

（1）倒喻。就是把本体和喻体的关系倒过来，即喻体在前，本体在后。

（2）反喻。从反面说明本体不像（或不是）喻体，即用否定形式构成的比喻。

（3）回喻。就是先提出喻体，紧接着又对喻体加以否定，最后引出本体。

（4）互喻。它是两个比喻连用，前一个比喻的本体和喻体是后一个比喻的喻体和本体。

（5）博喻。用几个喻体从不同角度反复设喻去说明一个本体。

（6）较喻。就是比喻兼比较，即在某一相似之点上，本体超过了（或不及）喻体。

（7）引喻。又叫平列式比喻，本体和喻体各自成句，前后并列。

（8）等喻。本体和喻体之间，结构上是一种同位的关系，意义上是一种复指、注释的关系。

（9）缩喻。本体和喻体之间是修饰和被修饰的关系。

4. 比喻的功能与运用

恰当地运用比喻，可以使抽象的事物具体化，概括的事物形象化，深奥的事理浅显化，给人以生动形象之感。

运用比喻要注意以下 3 点。第一，本体和喻体必须是本质不同的事物，其种类差越远审美价值越大。第二，喻体应是常见、易懂的。第三，情感色彩不能颠倒。

（二）比拟

根据想象把物当作人或把人当作物或把甲物当作乙物，这种修辞方式叫比拟。运用比拟，思想上要把表达对象（本体）看作是他类事物（拟体），而字面上并不出现这个事物。

1. 比拟的类别

（1）拟人。将物当作人，赋予物以人的动作行为或思想情感。例如：

群山肃立，江河挥泪，辽阔的祖国大地沉浸在巨大的悲痛之中。（《敬爱的周恩来总理永垂不朽》解说词）

"肃立""挥泪""悲痛"等词，常用于表达人的感情、行为，不用于物。现在移用于物，把"群山""江河""大地"也当作人来描写，赋予它们人的动作，人的感情，从而抒发了深切的悼念之情。

（2）拟物。将人当作物或将甲事物当作乙事物。例如：

因为公演的地点恰巧是孔夫子的故乡，在那地方，圣裔们繁殖得非常多，成着使释迦牟尼和苏格拉底都自愧弗如的特权阶级。（《鲁迅全集》）

把原来用于物的"繁殖"移来叙述"圣裔们"，表现出鲁迅对"圣裔们"的极度蔑视与辛辣讽刺。

还有一问，是："公理"几块钱一斤？（《鲁迅全集》）

把抽象的"公理"当作可以论"斤"、可以定价的具体的物来写，深刻地揭露"正人君子"冠冕堂皇的鬼蜮伎俩，并给以辛辣讽刺。

2. 比拟的功能与运用

恰当地运用比拟，可以增添语言的形象性，增加爱憎、褒贬的感情色彩。

运用比拟要注意：其一，拟体形象的美丑与情感的爱憎褒贬应统一；其二，比拟的要点在于人格化或物性化，因此用来比拟的人和物与被比拟的人和物在性格、形态行为等方面应该有相似或相近之处。

3.比拟和比喻的区分

比拟和比喻有相似之处——二者都是以甲事物比乙事物。但它们有一个根本的不同点，那就是结构上的不同：比喻有本体、喻体和比喻词，不管何种比喻，喻体一定出现；比拟有本体、拟体和比拟词语（即适用于拟体的词语），不管何种比拟，拟体绝不出现（它只能是潜在的）。

（三）夸张

故意言过其实，对客观的人或事做扩大或缩小的描述，这种修辞方式叫夸张。夸张重在情感的抒发，而不重在事实的记叙。透过夸张的形容，人们感受到的是语言的美妙和显现出的情理的真，而非客观事实的真。

1.夸张的类别

（1）扩大夸张。故意把一般事物往大（多、快、高、长、强……）处说，也就是对事物的形象、性质、特征、作用、程度等加以放大。例如：

我也忍不住哈哈大笑，笑得山摇地动，日月无光。（韩小蕙《欲说还休》）

（2）缩小夸张。故意把一般事物往小（少、慢、矮、短、弱……）处说，也就是对事物形象、性质、特征、作用、程度等加以缩小。例如：

柔嘉虽然比不上法国剧人贝恩哈脱，腰身纤细得一粒奎宁丸吞到肚子里就像怀孕，但瘦削是不能否认的。（钱锺书《围城》）

（3）超前夸张。故意把后出现的事说成是先出现的，或是同时出现的。这是从时间上进行夸张，即在时间上总是把后出现的事抢前一步。例如：

……这些情景，就像在眼前展开了一样。家里煮的狍子肉，烧的热炕头，在等他们回来，甚至他们已经嗅到了肉香……（曲波《林海雪原》）

"他们"还在离家很远的路上，根本嗅不到家里煮的狍子肉的香味，却写成"已经嗅到了肉香"，把后出现的事提前了。

2.夸张的功能与运用

恰当地运用夸张，可以引起人们丰富的想象，有利于突出事物、行为的特征；可以表达强烈的感情、态度，增强感染力。

运用夸张要注意3点。第一，夸张有据。夸张要有客观基础，要有事实做根据。第二，夸张有节。使用夸张要有节制，夸张不同于浮夸、吹牛。第三，运用夸张要使接受者明白是故意言过其实，不能既像夸张，又像写实，容易产生误解。

（四）移就

把描写甲事物性状的词语移来描写乙事物，这种修辞方式叫移就。

1.移就的类别

（1）移情。把属于人的感受或感情移用于物。例如：

①她们被幽闭在宫闱里，戴了花冠，穿着美丽的服装，可是陪伴着她们的只是七弦琴和寂寞的梧桐树。（周而复《上海的早晨》）

②冬天的夜好长，好痛苦，冬天的夜又好幸福。

例①和例②都是将人的感受移属于物。例①将人的感受"寂寞"移用于物"梧桐",更显人的寂寞。例②的夜无所谓"痛苦""幸福",这些都是人的感受,作者把它移用于物。

（2）移性。把属于甲事物的性状移用于乙事物。例如:

吴荪甫突然冷笑着高声大喊,一种铁青色的苦闷和失望,在他紫酱色的脸皮上泛出来。（茅盾《子夜》）

例句把原来描写脸色的"铁青色"移来描写"苦闷"和"失望"。

移性,多数是把具有感情色彩的色彩词移作没有感情色彩的事物的修饰语,有人称之"移色"。

移就主要的结构形式:把状写彼物的形容词（多属写人的词语）移用过来做此物（多属写物的词语）的修饰语。移就的语言表达形式多数是定中式结构,只有少数不是,如（1）中的例②。

2. 移就的功能与运用

恰当地运用移就,可以突出所描绘事物的性状和本质,增加写景、状物、抒情等方面的表现力。

运用移就要注意:移就经常出现在文艺语体中,它是一种在特殊语境中临时迁就的描绘色彩浓重的修辞,写实性语体不宜使用。

3. 移就和拟人的区别

移就大多是把属于人的性状词语移属于非人的或无知的事物上面,这一点跟拟人有些相似,但它们是两种不同的修辞方法。其一,在内容上,拟人侧重在把物人格化;移就只是把甲性状词语移属于乙,侧重在移而就之,不把物人格化。其二,在形式上,移就的移用词语常做定语,拟人所选用的词语多做谓语。

（五）通感

在叙事状物时,用形象性的语言使感觉转移,从而启发读者联想、体味,这种修辞方式叫通感,又称移觉。

1. 通感的常见类别

（1）由听觉移到视觉。例如:

蓦然,她哈哈地笑动……笑声如同欲滴而未滴的露珠,似含似吐,颤而不落。（朱苏进《金色叶片》）

由听觉感觉到的"笑声"移到视觉感觉到的"露珠",描绘出了"她"的笑声的动人魅力。

（2）由听觉转移到味觉。例如:

她的声音像蜜,听着甜滋滋的。（李叔德《赔你一只金凤凰》）

由听觉感觉到的"声音"移到味觉感觉到的"甜滋滋"。

（3）由视觉移到嗅觉。例如:

我的情人啊!

你的微笑像新奇的花卉的芳香,是单纯而又费解。（泰戈尔《流萤集》）

由视觉感觉到的"微笑"移到嗅觉感到的"芳香"。

（4）由嗅觉移到听觉。例如:

微风过处，送来了缕缕清香，仿佛远处高楼上渺茫的歌声似的。（朱自清《荷塘月色》）

由嗅觉感知的"清香"移到听觉感知的"歌声"。

（5）由视觉移到听觉。例如：

方鸿渐看唐小姐不笑的时候，脸上还依恋着笑意，像音乐停止后袅袅空中的余音。（钱锺书《围城》）

由视觉感知的"笑意"移到听觉感知的"余音"，惟妙惟肖地刻画出方鸿渐为唐小姐痴倾的情态。

（6）由视觉移到触觉。例如：

杨澜说："那笑容，暖暖的……"（杨晓《阳光杨澜》）

由视觉感知到的"笑容"移到触觉感知到的"暖暖"。

2. 通感的功能与运用

恰当地运用通感，可以绘形绘声绘色，强化体验，增加语言韵味。

运用通感要注意：通感是建立在视觉、听觉、味觉、嗅觉和触觉等感觉挪移与丰富想象的生理和心理基础之上，常常借助比喻、比拟、夸张等修辞方式来表达，其词语变异组合以自然巧妙为宜。

3. 通感和移就的区别

通感和移就从语言形式上看，有相同之处，但它们又有着内在的区别：其一，由一种感官感知的事物移到另一感官所感知的事物是通感，由一种不能用感官感知的抽象的事物移到某种感官能感觉到的是移就；其二，通感被描写的对象往往是具体名词，移就被描写的对象往往是抽象名词。

（六）借代

不直接说出事物的本名，而借用同它密切相关的事物的名称来代替，这种修辞方式叫借代，也叫换名。被代替的事物叫本体，用来代替的事物叫借体。

1. 借代的常见类别

（1）借事物的特征、标记代替。例如：

①"一年一次？"长辫子很有把握地问。（王友生《漩涡》）

②来一杯"雪地"！

例①"长辫子"指小说中那个有着长辫子的叫李明的女子。例②中的"雪地"是商标，代替这种品牌的啤酒。

（2）借特称代泛称，即用具有典型性的人或物的专用名称做借体代替本体事物。例如：

小朱说："老赵您不是做生意了吗？什么时候您也请咱们上那儿撮一顿，让咱们这帮刘姥姥也长回见识。"（宁空《赶海》）

例句中用"刘姥姥"代没有见识的人。

（3）借具体事物代替抽象事物。例如：

当时我在重庆《新华日报》工作。重庆迷雾低垂，浓云密布。人民浴血奋战赢得的胜利，又将为血泊所淹没。中国往何处去？（刘白羽《红太阳颂》）

例句中用"血泊"代替"战争"。

（4）借部分代替整体。例如：

我们都是来自五湖四海，为了一个共同的革命目标，走到一起来了。（毛泽东《为人民服务》）

"五湖四海"，具体说，"五湖"是指洞庭湖、鄱阳湖、太湖、洪泽湖、巢湖；"四海"指东海、南海、黄海、渤海，例句中的"五湖四海"代全国各地。

部分代和具体代既有联系又有区别，主要是措辞的侧重点不同。

（5）借结果代原因。例如：

"宝宝"都上山了，老通宝他们还是捏着一把汗。（茅盾《春蚕》）

"捏着一把汗"是提心吊胆，过分紧张的结果，例句中是以果代因的借代。

（6）以作者替代作品。例如：

方鸿渐从此死心不敢妄想，开始读叔本华……（钱锺书《围城》）

"叔本华"不能读，例句中指他的作品。

借代是一种广泛运用的修辞方式，只要本体和借体有相关性就可以构成。除了上面列举的，还有很多。

2. 借代的功能与运用

恰当地运用借代，可以突出事物特征，使行文简洁，使表达新颖别致、形象生动。

运用借代要注意：第一，借体必须有代表性，即借体一定要能代表本体。第二，有时还需要在一定的上下文中对本体有所交代，否则可能表意不明。

3. 借代和借喻的区别

借代与借喻有相似之处——都有代替性，但二者也有很大的不同。第一，在形式上，借代是"以乙代甲"，借喻是"以乙喻甲"。借喻可以改成明喻，借代则不行。第二，表达作用不完全一样。一般说来，运用借喻时，想象的意味较重；运用借代时，特征的鲜明性较强。第三，借喻的客观基础是两个不同事物的相似点，借代的客观基础是事物内部或外部的紧密联系，即相关性。借喻重在比方，借代重在指称。

（七）双关

在特定语言环境中借助语音或语义的联系，使语句同时关涉两种事物或兼含两种意义，这种言在此而意在彼的修辞方式叫双关。

1. 双关的类别

（1）谐音双关。利用音同或音近的条件，使词语或句子具有两种不同的意义。例如：

不写情词不写诗，一方素帕寄心知，心知接了颠倒看，横也丝来竖也丝。这般心事有谁知？（冯梦龙《山歌》）

例句中"横也丝来竖也丝"的两个"丝"字，谐音双关"思"。就第二句的一方素帕而言，是"丝"；就末句的"心事"而言，是思念的"思"。

（2）语义双关。利用词语或句子的多义性，使表达具有两种不同的意义，例如：

母亲和宏儿都睡着了。我躺着，听船底潺潺的水声，知道我在走我的路。（鲁迅《故乡》）

例句中"在走我的路",表面上看是"我"离开故乡,在走水路,但作者扩展开去,将情、景自然地融合在一起,指的是人生的道路。作者发挥了丰富的想象力,借此寄托了自己美好的希望。

2. 双关的功能与运用

恰当地运用双关,可以使语言含蓄、委婉、饶有风趣。

运用双关要注意:要依据特定的语言环境和特定的接受者巧用表里两层含义,做到含蓄而不晦涩,做到不造成歧义或误会。

(八)拈连

甲乙两类事物连在一起叙述时,把用于甲事物的词语就势巧妙地拈来用于乙事物,这种修辞方式叫拈连。拈连的两件事物,往往甲比较具体,在前;乙比较抽象,在后。运用拈连,便赋予了抽象事物以具体形象,增加了语言的艺术美。

1. 拈连的常见类别

(1)述宾式。把适用于甲事物的词语移用到平常不适用的乙事物上来,构成具有特定修辞效果的述宾关系。例如:

铁窗和镣铐,坚壁和重门,锁得住自由的身,锁不住革命精神!(杨沫《青春之歌》)

单独看"锁"和"革命精神"是搭配不拢的,但是由于有上文"锁得住自由的身"为条件,就不感到别扭,这种前后联系巧妙自然、生动活泼、新颖别致。

(2)主谓式。把适用于甲事物的词语移用到平常不适用的乙事物上来,构成具有特定修辞效果的主谓关系。例如:

"哼!你别看我耳朵聋——可我的心并不'聋'啊!"(郭澄清《大刀记》)

"耳朵聋"主谓相配,这是一般的用法,"心不聋"是变通说法,"心"一般和"明"之类形容词搭配,现在顺势与"不'聋'"搭配,显得新颖、深刻、有力。

2. 拈连的功能与运用

恰当地运用拈连,可以使语言简约,引人联想,可以使语言新颖别致,增添新的情味。

运用拈连要注意:既要考虑拈连词语形式上的联系,也要考虑甲乙事物语义上的关联,做到贴切自然。

(九)设问

本无疑问,有意自问自答,这种修辞方式叫设问。

1. 设问的类别

(1)自问自答。例如:

生活像什么?生活像一条河,生活像一座山……

(2)只问不答。提出问题,不做回答,或答寓文中,或无须也无法回答。例如:

①妹在屋里织绫罗,

　哥在门前唱山歌;

　山歌唱得人心乱,

　织错几尺花绫罗,

你说该怪哪一个？（《民间情歌三百首》）

②谁家今夜扁舟子？

何处相思明月楼？（张若虚《春江花月夜》）

例①中"该怪哪一个"？当然怪"哥"。这是只问不答，但答寓文中。例②中"谁家""何处"尽管用了问句的形式，但无须也无法回答。也正因为如此，才衬托出诗人离愁别绪的感人意境。

2. 设问的功能与运用

恰当地运用设问，可以引人注意，启发思考或者突显重点，使行文不呆板，有波澜。

运用设问要注意：设置问题要有针对性和启发性，防止不分轻重地滥用。

（十）对偶

思政小课堂

把字数相等、结构相同（或基本相同）、意义相关的两个句子或短语对称地排列在一起，表示相反、相关或相连的意思，这种修辞方式叫对偶。

1. 对偶的类别

（1）正对。上下联内容相关，从两方面说明同一个事理，或描写一种情景，两联从内容上相互补充、互相映衬。例如：

四面荷花三面柳，一城山色半城湖。（刘凤浩《咏大明湖》）

（2）反对。上下句的词或短语意义相反，对称地组织在一起，使对偶两句的内容相反。例如：

行善之人，如春园之草，不见其长，日有所增；

行恶之人，如磨刀之石，不见其损，日有所亏。（吴承恩《西游记》）

（3）串对。上下两联的意思相关，有承接、因果、条件、假设等关系。串对又叫流水对。例如：

①春种一粒粟，秋收万颗子。（李绅《古风》）

②即从巴峡穿巫峡，便下襄阳向洛阳。（杜甫《闻官军收河南河北》）

对偶的上下两联一般由两个分句组成，也有由短语或语段组成的。从结构上看，对偶可分为严对和宽对两种。严对要求上下句字数相等，结构相同，词性一致，平仄相对，不重复用字。我国古典诗歌中的格律诗很讲究平仄相对和词语的对仗，所以多用严式对偶。宽对在格式上要求就不是那么严格，只要求结构基本相同，音韵大体和谐，可以用相同的字，只要基本符合对偶的格式就可以了。例如：

③那红花一朵朵——开遍千山万壑，

那红霞一片片——照亮莽原大漠。（郭小川《春歌〈之二〉》）

2. 对偶的功能与运用

对偶是一种具有民族特点，为群众所喜闻乐见的语言表达形式。它形式上整齐、匀称，富于节奏感和音乐美，便于记忆和传诵；内容上凝练、集中，前后语句相互补充或相互映衬，可以揭示事物之间的内在联系，反映事物对立统一的辩证关系。

（十一）对比

把两种对立的事物或同一事物的两个不同方面，放在一起相互比较，这种修辞方式叫对比，又称对照。

1. 对比的类别

（1）两体对比。把两种对立的事物放在一起描述，使对立更加鲜明突出，又叫两物对比。例如：

一丛深色花，十户中人赋。（白居易《买花》）

（2）一体两面对比。把同一事物的两个对立的方面放在一起描述，使事理阐述更透彻、全面，又叫一物两面对比。例如：

他们是羊，同时也是凶兽；但遇见比他更凶的凶兽时便现羊样，遇见比他更弱的羊时便现凶兽样。（鲁迅《忽然想到〈七〉》）

2. 对比的功能与运用

恰当地运用对比，可以揭示矛盾对立的意义，能使事理、语言鲜明突出。两体对比，能使人更易鉴别不同事物的好坏、善恶、美丑；一体两面对比，能使人更易认识同一事物的正反方面的特性、矛盾统一的关系。

运用对比要注意：对比的两种事物或同一事物的两个方面应该存在矛盾对立的联系，否则便是强做对比。

3. 对比与对偶的区别

对比要求两项意义必须"对立"，不管结构是否相同、字数是否相等；对偶要求两项结构必须"对称"，字数必须"对等"，除了"反对"之外，不一定要求意义对立。由此可见，二者立足点不同，对比立足内容上"对立"，对偶立足形式上"对称"。对偶中的"反对"，从内容上说是对比。

（十二）衬托

为了突出主要事物，用相似、相关或者相反的事物做背景，从旁陪衬、烘托，这种修辞方式叫衬托，又叫映衬。

1. 衬托的类别

（1）正衬。利用事物的类似关系，采用和本体相同或相近的事物来正面衬托本体事物。一般是用美好的景物来写快乐，用凄凉的景物来写悲哀。它使喜者更喜，悲者更悲，突出本体事物，加深欢快或哀伤情绪。例如：

第二天，是个阴湿的日子，灰色的云层，压得挺低，下着蒙蒙的牛毛细雨，石板路上湿滑滑的。朱老忠和江涛踩着满路的泥泞，到模范监狱去。（梁斌《红旗谱》）

用"阴湿的日子""灰色的云层"等这样一个坏天气衬托朱老忠和江涛探监时的心情。

（2）反衬。用事物的相对关系，采用和本体相反或相对的事物，从反面衬托本体或主体事物。它往往是以乐景写哀，以哀景写乐。它比正衬显得更有力量。例如：

一九三七年四月中旬，正是樱花盛开的季节。日本横滨码头噪声沸腾，无数彩色的纸带，在远行人与送行者手中飘动。只有一个少妇，孤单地站在一艘英国轮船的甲板上，两手空空，没有彩带，默默地向祖国告别。这就是绿川英子——当时在日本叫长谷川照子。(《中日两国人民忠实女儿》)

借樱花盛开的美好季节和彩带"在远行人与送行者手中飘动"的欢快场面，反衬出长谷川照子离别祖国时的痛苦和惜别的心情。

2. 衬托的功能与运用

恰当地运用衬托，可以使主次分明，让需要突出的事物更鲜明，更突出。

运用衬托要注意：主体和陪衬的事物之间联系要自然，主次要分明，不能喧宾夺主。

3. 反衬和对比的区别

反衬利用和主要事物相反的事物做陪衬，对比则是两种根本对立的事物或同一事物的两个矛盾对立面的比较，二者有相似之处，但也有不同之处：衬托是以宾托主，有主次之分；对比是表明对立现象的，两种对立的事物是平行的并列关系，无主次之分。

（十三）反复

为了突出强调某种思想感情而有意重复词语或句子，这种修辞方式叫反复。

1. 反复的类别

（1）连续反复。连续重复相同的词语或句子。例如：

一见面，他车子还没放稳，就很激动地对我说："大有文章可做，大有文章可做呀！"（李存葆《高山下的花环》）

（2）间隔反复。重复的同一词语或句子中间，隔着其他词语或句子。例如：

她嫁了，女婿是个清秀的人，我喜欢。她生儿子了，是个聪明活泼的孩子，我喜欢。他们俩高高兴兴当教员，和和爱爱相对待，我更喜欢，因为这样才像人样。（叶圣陶《夜》）

2. 反复的功能与运用

恰当地运用反复，可以突出语意重点，抒发强烈的感情；可以加强语气，增添节奏感。

运用反复要注意：反复是强烈感情的自然流露，如果没有充实的内容、强烈的情感，而一味重复词语则会使表达拖泥带水、单调乏味。

（十四）排比

把几个内容密切关联、结构相同或相似、语气一致的短语或句子接连说出，这种修辞方式叫排比。

1. 排比的类别

（1）句子成分的排比。句中同一句子成分的排比。例如：

①在他的词作中，你见不到一丁点世俗的哀怨，感到的只是祖国跳动的脉搏、民族不懈的追求、时代探索的脚步、人民热切的期盼。（王衍诗《倾情领唱主旋律》）

②深夜，在大庆一间客房的会客厅里，王启民述说着往事，他的久违的父母、他的久违的故乡、他的久违的童年。（文乐然《宁静地带》）

例①是宾语的排比，例②是同位成分的排比，此外还有主语、谓语、定语、状语、补语的排比等。

（2）句子的排比。分句与分句、句子与句子的排比。例如：

①不要轻信你听到的每件事，不要花光你的所有，不要想睡多久就睡多久。

②为什么人一定要当"官"或取得其他高级职位才算是活得有"价值"呢？为什么一定要高人一头、超人一等才算是有"前途"呢？为什么只有清闲、少劳或不劳动才算是"幸福"和"快乐"呢？为什么要把服务性行业看得那么卑鄙见不得人呢？这是多么可怕而又可鄙的偏见！（魏巍《路标》）

（3）段落的排比。例如：

他哭了，不是因为邻居的眼色，这个从南市来的孩子从小见惯了各种各样冷漠和怀疑的眼色。

他哭了，不是因为路人的歧视，这个在各国港口为中国争取到荣誉的海员，有的是对付歧视的办法。

他哭了，不是因为亲人们——妻子儿女，特别是哥哥，那个一心一意支持他走上这条路的哥哥的质问。虽然他们疑虑的视线在他心上织起了压迫的和有罪的雾似的迷网……（柯岩《船长》）

2. 排比的功能与运用

恰当地运用排比，可以使语句整齐匀称，音律铿锵，节奏感强；可以深化语义表达；可以增强语势，抒发强烈感受，加强感染力。

运用排比要注意：第一，排比的结构强调相同性，但允许有不伤害整体统一的小变化。第二，排列讲究次序，有条不紊。第三，不可单纯追求形式，硬凑排比。

（十五）层递

用三项或三项以上结构相似的语句，按照一定的逻辑关系，使语意内容递升或递降排列，这种修辞方式叫层递。

1. 层递的类别

（1）递升。按照数目的多少、范围的大小、时间的长短、程度的深浅、面的宽窄、量的轻重等依次上升排列，即由少到多、由小到大等去排列。例如：

生活中的许多厂长都像吕建国一样，为了上百号人、上千号人乃至上万号人的吃喝拉撒，在披肝沥胆地工作着。（卢腾《厂长看〈厂长〉》）

（2）递降。递升的特点是步步上升，与此相反，递降是步步下降的，即语意由深到浅、由重到轻、由高到低、由大到小等排列。例如：

他父亲留下的一份家产就这么变小，变做没有，而且现在负了债！（茅盾《春蚕》）

2. 层递的功能与运用

恰当地运用层递，可以强化认识、升高感情、加深印象，营造出事理和语言的"渐层美"。

运用层递要注意：层递具有严密的逻辑性，使用时，一定要注意依次排列的逻辑关系，不可紊乱。

3. 层递和排比的区别

层递和排比都是由三项或三项以上结构相似的语句组成，都有结构整齐、气势贯通的特点，但也有所不同：第一，层递着眼于内容上具有级差性，排比主要着眼于内容上的平列性。第二，层递在结构上不强调相同或相似，排比在结构上必须相同或相似。

（十六）仿拟

故意模仿现成的词语或句子、篇章而仿造一个新的词语或句子、篇章，这种修辞方式叫仿拟。这现成的词语、句子等一般是上文出现的或者是人们所熟悉的，仿造的词语、句子等和原义相反或相似、相近。

1. 仿拟的类别

（1）仿词。更换现有词中的某个词素，临时仿造出新的词。例如：

"您真是个天才！"戈勒校长笑道，"您的胆量令人钦佩，女士。"

"我是'地才'，博士！"女科学家冷冷一笑，"正如生命起源于大地一样，我的认识也是脚踏实地摸索出来的。"（张扬《第二次握手》）

（2）仿语。更换固定词组中的一个或几个字，仿造出一个新语来，一般是仿造成语。例如：

那时，因为有个她，我处处显得财大气粗：文娱晚会么？咱有杨悦，保准曲惊四座，胜券稳操；作文竞赛么？只要杨悦上场，别班只好望"杨"兴叹。（方伟《忏悔》）

（3）仿句。故意仿造既成的句法格式。被仿造的句子一般是名句或熟语句。例如：

当街的几个孩子，既不敢问他，又舍不得不看他，只远远地好奇地盯着他。他是谁？他就是那个"青年被抓走老大回，儿童何敢问相识"的中学教师李八一！（高尔品《"细胞"闲传》

例句仿拟的是贺知章《回乡偶书》中的两句："少小离家老大回……儿童相见不相识……"。

（4）仿篇。仿造既成的篇章，这既成的篇章一般也是有名的。例如：

走走访访，秀秀丽丽，欢欢心心乐乐。风和日丽时节，最好赏景，三杯两盏浊酒，怎尽兴，举杯狂饮！蝶飞也，正喜之，原是旧时相识。

满园花开正艳，春色添，幸得无人忍采。独自怎享得完？杨柳更兼夕阳，到子夜，星星点点，这次第，怎一个悦字了得！（清亦水菲《仿声声慢》）

例句是仿了李清照的《声声慢》。

2. 仿拟的功能与运用

恰当地运用仿拟，可以给人新鲜活泼、生动明快之感。由于仿造的词语句篇和原词语句篇在意义上相反或相似、相近，所以又有对比之效。

运用仿拟要注意：为了表达明晰，临时仿照的词语通常需要被仿照的词语在上文或下文进行照应。

三、辞格的综合运用

一段话之中包含多个辞格，这便为辞格的综合运用。它包括兼用、套用、连用。

（一）辞格的兼用

几种辞格兼而用之，互相交织在一起，融为一体。例如：

①他赢而又赢，铜钱变成角洋，角洋变成大洋，大洋又成了叠。（鲁迅《阿Q正传》）

例①是层递和顶真的兼用。"铜钱—角洋—大洋"，概念一个比一个大，表达了层层递进的意思，从这个角度看，是层递，但是"……角洋，角洋……大洋，大洋……"词语蝉联，从这个角度看，是顶真。

②真的假不了，假的真不了。

例②兼用了回环、对偶、对比。

兼用的特点是"横看成岭侧成峰，远近高低各不同"，从这一角度看是甲格，从另一角度又是乙格。兼用可使多种不同的修辞效果交织在一起起作用，相互补充，浑然一体，增添文采和力量。

（二）辞格的套用

一个主要的辞格中包孕着另外的辞格。其特征在于辞格分层次地结合，辞格里面包孕着辞格。例如：

①一站站灯火扑来，像流萤飞走；

一重重山岭闪过，似浪涛奔流……（贺敬之《西去列车的窗口》）

例①两个分句合起来是第一个层次，是对偶；第一、第二分句各是一个比喻，这是第二个层次；第三个层次"一站站灯火扑来"和"一重重山岭闪过"是比拟；第四个层次"一站站""一重重"是复迭。

②为什么洪山礼堂今天这样明亮？因为被你们初升的太阳照亮！为什么我们大家心情这样激动？因为你们的青春给了我们无限希望！（徐迟《要叫大自然听从你们摆布》）

例②总看是对偶，对偶中又套用两个设问。

辞格套用，相互照应陪衬，使大的辞格有所借助，小的辞格有所增补，相得益彰。

（三）辞格的连用

几个辞格接连运用，它们之间的关系不分主次，平等并列，互相衬托。例如：

①我始终相信"青出于蓝，而胜于蓝"这句老话，《译林》杂志将永远会是一棵屹立不倒的、绿如翡翠的常春树！（杨苡《一点小小感触》）

例①第一分句是引用，第二分句是暗喻，它们是异类辞格的连用，且第二句中又包含明喻。例如：

②我静静地坐在书桌前面。回忆凝成一块铁，重重地压在我的头上；思念细得像一根针，不断地刺着我的心；血像一层雾在我的想象中升上来，现在连电灯光也带上猩红的颜色。（《巴金小说精编》）

例②第二、第三、第四分句都是比喻，它们是同类辞格的连用。

同类辞格连用可以使同一辞格表达效果更强。异类辞格连用，可以使思想内容表达得更加丰富多彩、鲜明有力。

修辞格还有更为复杂的综合运用。兼用、套用、连用之间相互并用的形式在实际的语言中也很常见。

第六节 语体和语言风格

一、语体

（一）语体与修辞

1. 语体及其分类

语体是为适应题旨和语境的需要，实现交际功能而形成的语言运用体式。在社会生活中，人们的语言交际，根据不同的交际领域、交际对象、交际内容、交际方式等，实现了不同的交际功能：有的解决一般日常生活问题，有的处理行政事务，有的宣传思想理论，有的探求科学规律，有的致力形象塑造，等等。为此，人们在语言交际中对语言材料进行有意识地选择、安排，从而使语言材料在功能上出现了分化，形成了不同的语言运用的特征体系和方式，这就是语体。

语体的分类多种多样，根据不同的标准可以分出不同的类别。一般情况下，根据交际方式和功能，人们把语体先分为口头语体和书面语体两大类，再做下位的分类，口头语体又可分为谈话语体和演讲语体；书面语体又可分为公文语体、政论语体、科技语体和文艺语体。

不同的语体之间既互相区别又互相联系。各种语体都有其特定的语言运用的特征体系、方式或约定的程式，一经形成，就具有约束效应，遵守它才能很好地完成交际任务。同时，各种语体之间也互相影响、互相渗透。

口头语体，自然、活泼、通俗、生动。它充分利用语音手段，抑扬顿挫，停顿较多，语气词较多，富有感情；大量运用通俗生动的生活化词语，包括方言、俗语；运用灵活简短的句子形式，常用省略，有时也用重复；话题经常变换，具有游移性、跳跃性。

书面语体，严密、规范、文雅、庄重。它节拍分明，富有音乐感；大量使用书面词语，包括术语及文言词语；句子结构比较完整，合乎规范，修饰成分、并列成分、关联词语用得较多；话题集中，中心突出，表现出明显的连贯性、逻辑性。

口头语体和书面语体各有特色，又密切联系。口头语体是书面语体的源头，书面语体是口头语体的升华；口头语体给书面语体注入新鲜的血液，书面语体为口头语体架起规范的骨骼。两者相互作用，相互影响，增强了语体的功能，促进了语言的发展。

2. 修辞与语体密切相关

任何修辞活动都离不开一定的语体，都要受到语体的制约。切合语体，是修辞要时刻把握的重要方面。修辞所遵循的原则，与切合语体密不可分。

修辞必须遵循功能原则，一切修辞都是为了增强语言的交际效果。语体正是为了实现交际功能而形成的语言运用体式，它使语言材料在功能上出现了分化。词语具有语体色彩，修辞必须注意词的语体色彩是否得当。句子也有语体色彩。我们所讲的句类，陈述句、疑问句、祈使句、感叹句，可以看作是句子在功能上的基本分类。这4类句子功能不同，在不同的语体中使用情况不一样，如在专门科技语体中，陈述句用得最多，疑问句用得极少，祈使句、感叹句则基本不用。因此，我们在说话、行文遣词造句时，必须把握好词语、句子的语体色彩，这样才能增强表达效果，实现交际功能。

修辞必须遵循得体原则，得体原则中就包括切合语体。一种语体形成之后，往往有它典型的表达手段和方式，以保持它的稳固性和独立性。虽然语体之间具有渗透性，但某一语体对其他语体的典型的表达手段和方式具有排斥性。比方说，公文语体就排斥文艺语体形象化的表达手段和方式。如果我们在一则通知中运用了比喻，就会使人觉得不伦不类；如果我们在一份合同中运用了夸张，那只能造成交际的失败。比喻、夸张本身是非常有效的修辞手段，但如果不切合语体，就不能取得有效的交际效果。

（二）书面语体的类别及其特征

1.事务语体

事务语体是机关团体以及人民群众之间相互处理事务时运用的一种语体。事务语体又分公文体和日用体两类，其中公文体又可分为行政公文体、法律文书体、财经文书体；日用体又可分为书信体、告白体、条据体等。

事务语体的主要特点是质朴、平实、简明，有些固定格式和专用术语。公文体具有庄重性、程式性和套语性，术语运用较多，常用带有套语的框架式句子格式，陈述句和非主谓句运用较多。例如：

北京××房屋服务公司（以下简称甲方）自××××年××月××日起，将北京市×××（地点）建筑面积××平方米的房屋及其设备租给××公司（以下简称乙方）作××之用。双方签订如下协议。

日用体平实、简明。比如书信体，正文灵活多变，形式不拘一格，但是开头、结尾和信封都有特定的格式，而且有一些固定的问候语和祝颂语。

2．政论语体

政论语体又叫宣传鼓动语体。它的功能是对国际国内的政治生活和人们社会生活中的各种问题做出评述，表明立场，宣传真理，驳斥谬误，鼓舞斗志，从而起到宣传教育作用。政论语体的运用范围较广，政治评论、思想评论、时事评论、文艺评论、社会小品文以及一些新闻报道等，都属于政论语体的范围。

政论语体旨在阐明道理、鼓动群众，所以它的论述逻辑性强，表达有鼓动性，在语言运用上表现出以下特色。

（1）用词广泛，带有感情。政论语体涉及的领域很多，用词十分广泛，除了较多地运用政治性词语外，还运用各行各业的词语甚至专业术语，如经济、文学、军事、法律、科技以及工农业生产、交通运输等方面的词语，并随着社会的发展而不断运用一些新词语，如"承包、特区、电子商务、三角债、信息技术"等。用词的感情色彩鲜明，以表明作者的立场。

（2）句子严密，表意准确。政论语体要展开论述，使用的句子较为严密，多用主谓句，常用复句尤其是多重复句。这会使概念的表述具有准确性、推理具有逻辑性，增强论述的力量。从句类来看，陈述句用得最多，借以显示严密的逻辑性；疑问句也常用，特别是常用设问句和反问句，借以增强鼓动性；祈使句、感叹句也会用，借以加大号召力和感染力。

（3）修辞手法多样。与公文语体相比，政论语体在修辞上限制较少，可以运用多种修辞手法，除了经常运用长句短句、肯定句否定句等之外，还较多地运用比喻、排比、层递、对偶、对比、引用、设问、反问、反语等辞格，以增强论述的说服力和鼓动性。

3. 科技语体

科技语体又叫知识语体。它的功能是总结、阐述自然现象和社会现象的内在规律，为自然科学和社会科学的研究、发展、普及服务，并进而服务于社会的进步和生产力的发展。科技语体涉及科学技术的各个领域，主要的表现形式有学术专著、学术论文、学术报告、实验报告、技术标准、科技教材，以及有关的读书笔记等，也包括通俗性的科普读物。由于交际对象、目的和语言表达上的不同，科技语体又分为专门科技语体和通俗科技语体。

专门科技语体具有精确性、专业性等特征，在语言运用上表现出以下特色。

（1）用词的专业性、国际性和符号化。专门科技语体运用大量的专业术语，表意单一而且精确。有的术语，在不同的领域有不同的含义。如"聚合"，在化学中指"单体结合成高分子化合物而不产生副产品"，在语言学中指"有共同点或有替换关系的语言单位的结合"。这一语体还经常运用一些国际通用的词语和符号，如"欧姆、加仑、尼古丁、逻辑、克隆"等词语，⊥（垂直）、>（大于）等符号。还用一些字母词语，如DNA（脱氧核糖核酸）、CPU（中央处理器）等。

（2）句子的单一性。专门科技语体运用的句子比较单一，所谓单一是指句子严整而较少变化。从句型看主要运用比较完整的主谓句，句子的限制性成分较多，一般不用或谨慎运用省略句，多用复句，特别是多重复句，注重句子表意的精确性和层次性。从句类看，主要运用陈述句，有时也用疑问句，基本不用祈使句和感叹句。

（3）修辞的平实性。专门科技语体注重表述上的精确、严密、简洁，不追求语言的艺术化，主要追求消极修辞的表达，对积极修辞的手段有所限制，有时运用比喻、引用、对偶、排比等辞格，但不用夸张、反语、双关等辞格。

通俗科技语体是向非专业人员或不大熟悉某一科学领域的知识的人员深入浅出地介绍某一门科学知识，主要是指一些普及性、通俗的科技读物。它与专门科技语体不一样，以通俗性、明快性为特征，往往用口头的通俗的词语代替专业术语，句子也富有变化，经常运用生动形象的修辞手法，以增强读者的兴趣。

4. 文艺语体

文艺语体是运用语言塑造艺术形象反映社会生活时运用的一种语体，它又分散文体和韵文体两类，文艺散文和诗歌是文艺语体的典型言语作品。文艺语体形式活泼多样，要求语言运用应富有情感性、生动性、形象性、多样性、独创性、音乐性、变异性等。同其他语体比较，文艺语体在语言运用上具有以下特色。

（1）用词丰富，注重形象，富有感情。文艺语体用词十分丰富、不受限制，各种语体的词语，词语的各种生动的变化形式都可运用，并且十分注重词语的感情色彩、形象色彩，以描绘事物、抒发感情。比如，政论语体中讲"我热爱祖国"，这样的思想在文艺语体中就可以做如下的描述：

两个神奇的字：祖国！这么美丽的两个字，就是这两个字在激励我的心灵。现在我正是身在国外，因此我对她的感受更深，就是这两个光辉的字，庄严的字，贴心的字，最可贵、最可爱的字呵，祖国，我的祖国！（徐迟《祖国》）

例句中对"祖国"这两个字，用了众多的词语来修饰、描绘，"神奇""美丽""光辉""庄严""贴心""最可贵""最可爱"等，生动形象，色彩鲜明，感情热烈，让人感受到了赤子对祖国强烈的热爱之情。

（2）句子多样，富于变化。文艺语体的句子多种多样，不拘一格，各种句型、句类、句式都广泛使用，并且富有变化，省略句、倒装句等经常使用，以充分显示汉语句子的多样、灵活，表达生动、形象、丰富的内容。比如，公文语体的通知中讲"要向群众宣传长毛兔的优越性"，这在文艺语体中就可以演化成如下生动具体的描述：

"迷信！"黑娃瞥爹一眼，接着，便以一个初中生的聪明和雄辩，向爹宣传了饲养长毛兔的优越性。黑娃首先指出，兔毛是一种高贵的纤维，懂么？纤维！去供销社收购站看看吧，一两特级兔毛，明码实价两块七。一只长毛兔一次能剪一两毛，一年能剪五次，算算，四只长毛兔一年能剪出多少"两块七"？"特别的尤其是"——黑娃强调指出，母兔长到三个月就要当娘了，一个月就生一窝兔娃，一窝少说七八只，一年之中，兔娃生兔娃，兔娃的兔娃再生兔娃，找个电子计算机算算，一年能生养多少兔娃呢？兔娃满月半斤重，一只能卖一块钱，再算算，这笔收入是多少？"更加的尤其是"——黑娃进一步强调指出，长毛兔爱吃百样草，不吃粮食，冬天没青草，就吃蜀黍秆、红薯秧子。喂鸡还得舍把米，喂这长毛兔舍点啥？四两力气。（张一弓《黑娃照相》）

这一例，从句子运用的角度看，有主谓句，有非主谓句；有完整句，有省略句；有单句，有复句；有长句，有短句；有带书面语色彩的句子，有带口语色彩的句子；有陈述句、疑问句、祈使句、感叹句。这些多样的富于变化的句子，衔接连贯，表意清楚，重点突出，从兔毛、兔娃、兔饲料3个方面宣传了养长毛兔的好处，并且使黑娃这个人物形象生动活泼地展现在我们面前。

（3）广泛运用修辞手段。文艺语体对修辞手段是开放的，没有什么限制，我们所讲的语音修辞、语汇修辞、句子修辞，都可在文艺语体中得到广泛运用。辞格在文艺语体中更是大量被运用，各种辞格都可在文艺语体中找到用武之地，特别是那些作用于形象描绘和情感渲染的辞格，在文艺语体中的运用远远高于其他语体，有时甚至是连用、套用、兼用。比如说，科技语体中讲"泰山的石块有多种形状"，在文艺语体中就可运用辞格做如下的描述：

有的石头像莲花瓣，有的像大象头，有的像老人，有的像卧虎，有的错落成桥，有的兀立如柱，有的侧身探海，有的怒目相向。（李健吾《雨中登泰山》）

例句整体看运用了排比，8个句子一连而下，气势非凡；再细看，前6个句子又接连运用了比喻，后两个句子又接连运用了比拟。泰山石头的多种形状，凭借这些辞格而得以生动形象地展示在人们面前。

文艺语体中的韵文体，除了具有散文体的特色之外，还十分注重语音修辞，在用词造句上有时改变语序，采用与散文体不同的方式。

（三）语体渗透

各类语体为了保持自己的稳固性和独立性，对其他语体要素是具有排斥性的。但随着交际领域的日益扩大，交际内容的日益繁复，为了更好地达到交际目的，各类语体又需要吸收一些其他语体的要素，通过相互渗透来丰富自己的表现力。

语体间互相交叉渗透的方式主要有 3 种。

1. 加合式渗透

在语言运用中，有意在甲类语体中加入乙类语体的体素，当乙类语体的体素渗入之后，甲类语体的基本特征保持不变，这种形式的体素渗透称为加合式渗透。

加合式渗透的体素可以是个体形式的，也可以是块状形式的。个体形式即某类词语、某种句式或某个辞格等。个体形式的加合式渗透，如在文艺语体中运用某一科技术语等。块状形式是指一个完整的具有某种语体色彩的语言片段，是一种体素的组合。块状形式的加合式渗透，如在文艺语体中嵌入一段完整的法律公文，或一份规范的财务报表等。这类加合而入的体素，往往色彩鲜明，容易辨认。

加合式渗透是在保持甲语体特征的基础上引入乙语体的体素。来自乙语体的体素被包含在甲语体之中，既适合甲语体的表达，又保留着乙语体的语体特征。渗入的体素以一种有别于甲语体的鲜明特点，在甲语体内产生语体色彩的强烈对照或不协调，在对照和不协调中求得特殊的修辞效果。比如，为了追求特殊的表达效果，我们可以将具有鲜明的科技语体色彩的科技术语运用于属于文艺语体的文学作品，从而造成因语体色彩的不协调而产生的一种幽默感。例如：

他有一次往饺子馅里放了两把盐，把大伙咸得饺子汤不够喝，最后司务长又烧了一锅开水，供大家稀释体内的氯化钠。（石国仕《海战前后》）

这里先说"盐"，后称"氯化钠"，造成语体色彩的不协调，语言的幽默感也因此产生。

加合式的语体渗透因渗入的体素形式的不同，又分为不同的情况。一般说来，政论语体、事务语体等只接受个体形式的体素渗透，如政论、文学评论、某些公文、科学论著等，都允许有少量的文艺体素以个体形式加合渗透。文艺语体就整体而言，对于个体形式和块状形式的体素都可接受。如作为散文体的小说，就可以接受科技文献片段、短小的公文、新闻报道等的板块式渗入，甚至记录一段旋律的乐谱，一幅简单但完整的绘画等，都可以被包含在小说之中，使小说的表现形式显得更加生动活泼。

2. 融合式渗透

融合式渗透是指把两种不同语体的体素浑然交融在一起。

融合式渗透并用两种语体的体素，渗透力是双向作用的，其结果是甲中有乙，乙中有甲，从不同角度观察就是不同的语体形式，即它既是甲，也是乙，或者说它既不是甲，也不是乙，而可能成为一种新的语体丙。丙兼用甲、乙两种语体的体素，具有一种新的语体色彩，这种语体色彩兼有甲、乙的特点，又有别于甲、乙。

融合式渗透往往发展出新的语体。比如，文艺性科学体就是由科学语体与文艺语体的体素渗透融合而产生的一种新语体。文艺语体与科技语体的语体色彩相去甚远：从思维特点看，一为艺术思维，一为逻辑思维；从语言运用的特点看，文艺语体具有生动性、情感性、多样性、变异性等特点，科技语体具有精确性、逻辑性、简练性、程式性等特点。具有这两类特点的语体要素互相融合渗透，在达到相对平衡后就形成文艺性科学语体，这是一种混合语体。混合语体中的语体要素在融合后，其特点与功效都会发生变异，产生出新的特点，以适应混合语体新的交际需要。

同加合式渗透相反，融合式渗透不是在不协调中见效果，而是在两种语体的基础上追求一种新的和谐统一，于和谐中体现出修辞效果。它充分利用两种语体的表现手段，为日益复杂的交际目的和内容服务。

3. 框架借用式渗透

框架借用式渗透是指甲语体借用乙语体的框架格式，以满足交际的需要。比如，用韵文的形式来写公文，用公文的形式来写小说，就属于这种渗透方式。从体素的整体性渗透来看，它近似融合式渗透，但它并不是为了形成一种非甲非乙的融合体系，一般不会形成新的语体，而是重在利用乙语体的框架格式鲜明的语体色彩来映衬甲语体的内容，以获得一种特殊的语用效果。这种从差异中见效果的方式又使得它近似加合式的渗透。例如，李国文的小说《非绝密档案》在语体框架上是由 16 个档案构成的。

◯ 知识拓展

语体词

语体是语言的功能变体，它是在一定的交际环境里为了达到某种交际目的而形成的。不同的语体具有不同的言语风格，词语的运用是形成不同语体言语风格的一个重要方面。各种语体都有相当数量体现其语体风格的词语，可以称为语体词，语体词是构成有关语体在词汇方面的言语风格的核心。口头语体有口头语体的语体词，文艺语体有文艺语体的语体词，科技语体有科技语体的语体词。在语用中有意让属于甲语体的语体词进入乙语体，往往会产生特殊的语用效果，这就是词语的语体变异。

（四）新兴语体

社会的发展，科技的进步，文化的繁荣，经济的发达，都会使语言在某些领域的运用中产生一些新的特点，并通过语体之间的相互渗透和融合，产生出一些新的语体。

新兴语体具有浓厚的时代特征。这里重点说明两种新兴的语体：广告语体和网络语体。

1. 广告语体

广告语体是随着广告的发展而逐步形成的。在改革开放以前，我国的广告不多，形式也单调，从语体的角度看，还不足以成为"体"。改革开放以来，广告事业的飞速发展促成了广告语体的诞生，并使其呈现出开放性、艺术性、独创性的语体特征。

（1）开放性。表达的多种需要和所用媒体的多样化，决定了广告语体对于各种体素的开放性。其排斥性最小，兼容性最强，只要是有利于提高表达效果的语体成分，它都可以吸收运用。比如，它可以兼容各类语体色彩的词语、句式和辞格，表达手段多种多样。就词语的运用而言，既可以选用口语色彩明显的"敢情、今儿"之类的词语，也可以选用书面色彩浓厚的"骄阳、回眸、飘逸、瑰丽"之类的词语，还容许出现"光驱、细颗粒物、变频"之类专业性很强的科技术语。

广告语体的开放性还体现于所借用的语体框架的多样化。由于广告使用的媒体种类较多，表现形式各异，因而广告语体在语体渗透上表现得特别活跃。它可根据媒体的类型及特点，灵活地借用口头语体和各种书面语体，形成灵活多样的表现形态，如借用文艺语体框架的诗歌体广告、小说体广告、散文体广告、曲艺体广告等。

（2）艺术性。广告作品是传播经济信息的艺术品，因此广告语体具有艺术性。广告总是努力调动语言表达的各种手段来塑造生动的艺术形象，以充分发挥艺术的感染力。比如，运用各种语音手段来增添语言的音乐美，运用各种色彩词来增添话语的情感色彩和形象色彩，运用各种形象化的修辞方式来增添表达的形象性。

（3）独创性。广告在语言运用上追求活泼新颖，选择词句、运用辞格力求出新，并常常突破语言规范，以引起受众的注意。因此，独创性成为广告语体的鲜明特征。

在词语选择上，广告语体总是花样翻新。比如，活用成语是其常用手段，如说牙刷"一毛不拔"，言语诙谐且抓住了产品的本质特征，说明牙刷经久耐用的特点，起到了很好的宣传作用。

在辞格运用上，广告语体仅次于文艺语体，多用比喻、比拟、夸张等形象化的修辞方式，而且不落窠臼。比如，"工业的心脏起搏器"（电力公司）、"《计算机世界》，信息高速公路的驾照"（《计算机世界》杂志），这些广告很有新意，能够激发受众的想象。

2. 网络语体

互联网的普及给语言带来了新的特点，形成了一种新的语体，即网络语体。

网络语体的特点主要表现在以下 4 个方面。

（1）创新性。创新性是网络语体最大的特点。网络是一个推崇个性的空间，网民们能够在网络上充分发挥自己的想象力和创造性。与传统的书面语言相比较，网络语言由于减少了束缚、发挥了作者的自由性，往往在构思上更为巧妙，语出惊人。网络语体的创新性主要体现在词汇和语法两个方面：一是对已有词语的变异使用及新词语的创造；二是对常规语法的突破。例如，"打酱油"指我只是路过，我不关心，是对已有词语的变异使用；"菜鸟"指新手，"东东"指东西，是新词语的创造；"走先"应为"先走"，是对常规语法的突破。

（2）专用性。除了通用的词语之外，网上交际还会运用一些只在网络上通行的具有网络语体色彩的特殊专用语。例如，"YYDS（永远的神）""520（我爱你）""emo（有负面情绪）"。

（3）多样性。网络交际在语言运用上比较自由，作者可以张扬个性、信手拈来，因此在语言风格上呈现出多样化的特点，有的庄重，有的随意，有的严肃，有的戏谑。

（4）特殊性。网络语体是一种特殊的书面语体，它不以纸张等为媒介，而是以电脑屏幕为显示媒介，因此，在书面符号的使用上带有网络时代的特点。例如，各种各样的表情包或表情符号，不仅贴合实际，能够准确表达人的情绪，而且幽默感十足，形象生动。

二、语言风格

语言风格是交际参与者在主客观因素的指导下，运用语言表达手段的诸多特点综合表现出来的气氛和格调。语言风格按不同的标准可以分出不同的类别，如时代风格、民族风格、地域风格、个人风格、语体风格、表现风格等。这里着重讲表现风格。

语言的表现风格是从不同侧面对综合运用语言表达手段所形成的气氛和格调做出的抽象概括。常见的表现风格有豪放与柔婉、繁复与简约、明快与含蓄、绚丽与平实、庄重与诙谐等。

（一）豪放与柔婉

豪放即豪迈雄放，其特点是气势雄浑、境界开阔、色彩鲜明、格调高昂、感情激荡、大气磅礴，具有阳刚之美。体现豪放风格，常运用激越昂扬的语气情调、富有奋发精神的豪言壮语、气势酣畅的句子、铺陈夸张的修辞手法。例如：

①没有风，海自己醒了，喘着气，转侧着，打着呵欠，伸着懒腰，抹着眼睛。因为岛屿挡住了它的转动，它狠狠地用脚踢着，用手推着，用牙咬着。它一刻比一刻兴奋，一刻比一刻用劲。岩石也仿佛渐渐战栗，发出抵抗的嘎叫，击碎了海的鳞甲，片片飞散。

海终于愤怒了。它咆哮着，猛烈地冲向岸边袭击过来，冲进了岩石的罅隙里，又拨刺着岩石的壁垒。

音响越来越大了。战鼓声，金锣声，呐喊声，叫号声，啼哭声，马蹄声，车轮声，机翼声，掺杂在一起，像千军万马混战了起来。

银光消失了，海水疯狂地汹涌着，吞没了远近大小的岛屿。它从我们的脚下扑了过来，响雷般地怒吼着，一阵阵地将满含着血腥的浪花泼溅在我们的身上。（鲁彦《听潮》）

柔婉即柔和婉约，其特点是笔调柔和，感情细腻，表意婉转，韵味深幽，气势舒缓，具有阴柔之美。体现柔婉风格，常运用柔和的音律，娓娓动听的词语，深沉细致的句子，委婉别致的修辞手法。例如：

②凉风习习，舟如在冰上行。到过了高丽界，海水竟似湖光，蓝极绿极，凝成一片。斜阳的金光，长蛇般自天边直接到栏旁人立处。上自穹苍，下至船前的水，自浅红至于深翠，幻成几十色，一层层，一片片的漾开了来。（冰心《寄小读者》）

（二）繁复与简约

繁复的特点是泼墨如水，洋洋洒洒，纵横铺写，多方刻画，如同一幅工笔画。繁复的风格，在用词上词语丰富，并多用同义并列；句子枝繁叶茂，并多用叠句；修辞上常用排比、反复、博喻等辞格。例如：

①人们都说："桂林山水甲天下。"我们乘着木船，荡舟漓江，来观赏桂林的山水。

我看见过波澜壮阔的大海，欣赏过水平如镜的西湖，却从没看见过漓江这样的水。漓江的水真静啊，静得让你感觉不到它在流动；漓江的水真清啊，清得可以看见江底的沙石；漓江的水真绿啊，绿得仿佛那是一块无瑕的翡翠。船桨激起的微波，扩散出一道道水纹，才让你感到船在前进，岸在后移。

我攀登过峰峦雄伟的泰山，游览过红叶似火的香山，却从没看见过桂林这一带的山。桂林的山真奇啊，一座座拔地而起，各不相连，像老人，像巨象，像骆驼，奇峰罗列，形态万千；桂林的山真秀啊，像翠绿的屏障，像新生的竹笋，色彩明丽，倒映水中；桂林的山真险啊，危峰兀立，怪石嶙峋，好像一不小心就会栽倒下来。

这样的山围绕着这样的水，这样的水倒映着这样的山，再加上空中云雾迷蒙，山间绿树红花，江上竹筏小舟，让你感到像是走进了连绵不断的画卷，真是"舟行碧波上，人在画中游"。（《桂林山水》）

简约，又叫简洁，其特点是惜墨如金、简练扼要、言简意赅、以一当十。用词精练，富繁于简；句子精约，多用省略；修辞上讲究精警、节缩，运用白描手法。例如：

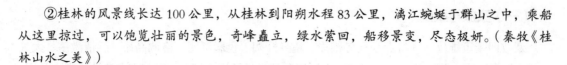

②桂林的风景线长达100公里,从桂林到阳朔水程83公里,漓江蜿蜒于群山之中,乘船从这里掠过,可以饱览壮丽的景色,奇峰矗立,绿水萦回,船移景变,尽态极妍。(秦牧《桂林山水之美》)

(三)明快与含蓄

明快即明白晓畅,其特点是明朗爽快、言明意显、直截了当、辞直义畅,如同竹筒倒豆。明快的风格,在用词上直言快语、色彩鲜明;句子比较简短,常用肯定、否定句式;修辞上注重直言不讳,使人一目了然。例如:

①不是我当嫂的架子大,事到如今,要拿你一把,咱为人就为到底,送人就送到家,只不过呀小秀芝,有些个话儿得先说下。头年春天,是你说人家三锁好,思想进步,干活泼辣,让嫂我出去串串门儿,你们要在这儿谈谈话。门儿也串啦,话儿也谈啦,哪知你以后又变了卦。倒不是怪你变了卦,婚姻的事儿别人当不了你的家,只是说你那颗心,不知是阵什么风眨眼间就给刮迷啦!秀芝你说说,变卦到底是为什么?(张志民《小姑的亲事》)

含蓄即委婉曲折,其特点是引而不发、含而不露、言近旨远、意味深长、余韵无穷。含蓄的风格,在用词上常用一些委婉的词语、转义形式;句子在衔接上有时有跳跃性,在表意上有时隐晦曲折;修辞上常用借代、婉曲、双关、反语等辞格,注重意在言外。例如:

②田秀姑红着脸说:"你喜欢我们山里吗?"何山说:"喜欢。""将来你愿意住在我们山里吗?""我家里还有父亲。""把他接来。"(电视剧《乌龙山剿匪记》)

(四)绚丽与平实

绚丽即词藻华丽,其特点是色彩明艳、文采绚烂、情思丰富、感情浓烈。绚丽的风格,在声音上追求和谐悦耳、声情并茂;在用词上大量运用富丽华美的词语;在句子中多用描绘性、形容性的修饰成分;在修辞上多用生动性、形象性的手法,奇巧多变,艳丽多姿。例如:

①那时我喘息甫定,他们却催促我上观察台去。果然,雨过天又青。天都突兀而立,如古代将军。绯红的莲花峰迎着阳光,舒展了一瓣瓣的含水的花瓣。轻盈的云海隙处,看得见山下晶晶的水珠。休宁的白岳山,青阳的九华山,临安的天目山,九江的匡庐山。远处如白练一条浮着的,正是长江。这时彩虹一道,挂上了天空。七彩鲜艳,银海衬底。妙极!妙极了!彩虹并不远,它近在眼前,就在观察台边。不过十步之外,虹脚升起,跨天都,直上青空,至极远处。仿佛可以从这长虹之脚,拾级而登,临虹款步,俯览江山。而云海之间,忽生宝光。松影之阴,琉璃一片,闪闪在垂虹下,离我只二十步,探手可得。它光彩异常。它中间晶莹。它比彩虹尤其富丽的镜圈内有面镜子。摄身光!摄身光!

这是何等的公园!这是何等的人间!(徐迟《黄山记》)

平实即朴实无华,其特点是确切明白、质朴无华、不加修饰、真切清淡、平易近人,"清水出芙蓉,天然去雕饰"。平实的风格,在用词上明白如话、朴实自然;句子一般不长,少用描绘性的修饰成分;修辞上注重消极修辞的手法,少用积极修辞的手法。例如:

②在光明顶看天都峰和莲花峰,因为是平视,看得最清楚。就岩石的纹理看,用中国画的术语就是就岩石的皴法看,这两个峰显然不同。天都峰几乎全部是垂直线条,所有线条排得相当密,引起我们一种高耸挺拔的感觉。莲花峰的岩石大略成莲花瓣的形状,一瓣瓣堆叠得相当

整齐，就整个峰看，我们想象到一朵初开的莲花。莲花峰这个名称不知道是谁给取的，居然形容得那么切当。（叶圣陶《黄山三天》）

（五）庄重与诙谐

庄重即庄严郑重。这种风格的言语，往往是选用比较庄重典雅的词语，句式力求严整，不用双关、反语、仿拟、飞白之类具有幽默、讽刺效果的修辞方式。例如：

①请收起眼泪吧，亲爱的、可敬的人民！你的泪光是这样倾流不止，已经洒湿了你们的国土。我知道，你是为中国战士的鲜血而痛惜，为中国战士的一点点工作而感怀。你今天的泪，是对中国战士的最崇高的评价，是给予中国战士的无上的光荣！我知道，这泪雨中的每一滴，都不是普普通通的眼泪，一滴，两滴，都是万金难买的友谊的珍珠！（魏巍《依依惜别的深情》）

这段文字典雅凝重，情感真挚，充分表现了朝鲜人民对志愿军战士的深厚情谊。

诙谐即幽默风趣。这种风格的言语，往往是通过变异地使用语言，如活用词类、大词小用，或运用仿拟、飞白等修辞方式，来求得一种幽默的表达效果。例如：

②阶级无往不在，中国的动物也是分阶级的。你信不信？你不信，我信。动物之中，谁是我们的朋友？谁是我们的敌人？这个问题是动物革命的首要问题。我们要分辨真正的敌友，不可不将动物社会各阶级作一个大概的分析。龙和凤是动物界最高的统治阶级，其地位甚至要高过人间的皇帝和皇后。……大象是宰相，这有中国象棋为证，黑子是"象"，红子是"相"，权力相等，级别一样，可见"象"便是"相"，是相国，是丞相。大象是文臣，老虎就是武将，所以只有说"虎将"的，没有人说"猫将""狗将"。这是陆军。在水军里，螃蟹是当将军的，虾是当兵的，所谓"虾兵蟹将"。以上都是统治阶级，是剥削阶级，它们始终站在帝国主义一边，是极端的反革命派。

牛和马是贫下中农，是劳工阶级，它们是革命的主力军，是要革龙和凤的命，要造象和虎的反的。可惜牛和马至今也还没有革命，千百年来一直在做牛做马，甚至过着牛马不如的生活。猴子呢？按照它们的经济地位及其对革命的态度来分析，有点近似流氓无产者。它们在各地都有秘密组织，如在"花果山"等地，揭棒竖旗，占山为王。处置这一批猴爷，是动物社会的困难问题之一。它们很能勇敢争斗，今日欢呼孙大圣，金猴奋起千钧棒，都说明它们很有些造反精神，但也有破坏性，如引导得法，可以变成一种革命力量。…蚂蚁是什么阶级？蚂蚁是"蚁民"，当然是草根阶级。……蜜蜂的情况较为复杂，阶级分化严重。大多数工蜂，终日辛劳，采花酿蜜，极少数雌蜂蜕化变质，当了女皇，脱离工农本色，作威作福，贪污腐化，专制独裁。另有部分雌蜂，因追求刺激，贪图享乐，最根本的还是受了西方蝴蝶的思想腐蚀，一并成了狂蜂浪蝶；但动物界不"扫黄"。对狗的争议最大，是友是敌，中外评价极不一致。但中国的狗绝对不是什么好东西，是地地道道的"狗东西"。……（沙叶新《中国动物各阶级分析》）

这段文字仿拟毛泽东的《中国社会各阶级的分析》。如毛泽东文章的开头：

谁是我们的敌人？谁是我们的朋友？这个问题是革命的首要问题。中国过去一切革命斗争成效甚少，其基本原因就是因为不能团结真正的朋友，以攻击真正的敌人。革命党是群众的向导，在革命中未有革命党领错了路而革命不失败的。我们的革命要有不领错路和一定成功的把握，不可不注意团结我们的真正的朋友，以攻击我们的真正的敌人。我们要分辨真正的敌友，不可不将中国社会各阶级的经济地位及其对于革命的态度，作一个大概的分析。

例②将人类社会的阶级分析法套用到动物世界，文笔诙谐幽默，读来妙趣横生。

1. 修辞的基本原则是什么？

2. 口语句式与书面语句式的区别主要表现在哪些方面？

3. 常用的修辞格主要有哪些？

4. 语言的表现风格有哪些类型？

5. 从不同的角度分析下面两例句中运用的修辞效果。

（1）井冈山五百里林海里，最使人难忘的是毛竹。从远处看，郁郁苍苍，重重叠叠，望不到头。到近处看，有的俊俏挺拔，好似当年山头的岗哨；有的密密麻麻，好似埋伏在深坳里的奇兵；有的看来出世还不久，却也亭亭玉立，别有一番神采。（袁鹰《井冈翠竹》）

（2）这个厂生产的金葵向日、孔雀开屏、红霞万朵、草木争春、繁花似锦等花色的花布，富有民族特色，很受欢迎。

6. 指出下面话语中各运用了什么辞格。

（1）划清两种界限。首先，是革命还是反革命？是延安还是西安？（毛泽东《党委会的工作方法》）

（2）是的，当年用自己的血汗保卫过第一个红色政权的战士们，谁不记得井冈山上的青青翠竹呢？（袁鹰《井冈翠竹》）

（3）邻居内一个人道："胡老爹方才这个嘴巴打得亲切，少顷范老爷洗脸，还要洗下半盆猪油来。"（吴敬梓《范进中举》）

（4）最后，张腊月无可奈何地笑骂道："我现在才认识你，你个顶坏顶坏的女人啊！"她们俩人，虽说只相处了一天，可她们的友谊是那么诚挚深厚……（王汶石《新结识的伙伴》）

（5）鸿渐道："因为我不能干，所以娶你这一位贤内助呀！"柔嘉眼睛瞟他道："内助没有朋友好。"鸿渐道："啊哟，你又来了！朋友只好绝交。你既然不肯结婚，连内助也没有，真是'赔了夫人又折朋'。"（钱锺书《围城》）

（6）可就在这个时候，他俩发生了第一次争吵。原来趁将军弯腰上肩的时候，小李偷偷把绳子往后移了半尺多。这个"舞弊"的做法被将军发觉了。将军扭回身抓住绳子往前移过来，不满地说："这，这不行。"（王愿坚《普通劳动者》）

（7）我只好停下笔到街上嗅了嗅几个臭胳肢窝，还寻了一番花、问了一番柳，等我回来再坐下写的时候，觉得脑子里清楚了许多。（张洁《鱼饵》）

（8）她把自己看作是普普通通的农村女子。而今一些农村女子，做梦也想找个干部、职工做丈夫，把嫁个"吃公粮的"定作终身的最高纲领。这样的纲领，春兰暂时没制订，将来也不准备制订。（杨干华《支部书记的女儿》）

（9）四街市渐渐平静了，珠江水啊，载着一船船商品，载着一船船欢歌，载着一船船酒一般香醇的生活味儿，离开了小墟……（杨羽仪《沸腾的墟日》）

（10）科学需要社会主义，社会主义更需要科学。（郭沫若《科学的春天》）

参考文献

［1］ 邢福义，汪国胜.现代汉语［M］.2 版.北京：高等教育出版社，2020.

［2］ 王力.古代汉语［M］.北京：中华书局，2016.

［3］ 张亚军.语言学概论［M］.上海：华东师范大学出版社，2013.

［4］ 刘利.古代汉语［M］.北京：教育科学出版社，2021.

［5］ 符淮青.现代汉语词汇［M］.北京：北京大学出版社，2020.

［6］ 郭锐.现代汉语词类研究［M］.北京：商务印书馆，2018.

［7］ 罗琼鹏，彭馨葭.语言学［M］.南京：南京大学出版社，2019.

［8］ 姜珍婷，罗主宾.汉语基础［M］.湘潭：湘潭大学出版社，2020.

［9］ 颜迈.现代汉语教学语法研究与应用［M］.北京：高等教育出版社，2008.

［10］ 李金黛.语言学纲要［M］.北京：世界图书出版公司，2012.